GRANDES COMENTADORES

Copyright da edição brasileira © 2016 Editora Filocalia
Título original: *De Sermone Domini in Monte Libri Duo*

Editor
Edson Manoel de Oliveira Filho

Coordenação da Coleção Grandes Comentadores
Carlos Nougué

Produção editorial, capa e projeto gráfico
Editora Filocalia

Revisão
Edna Adorno

Diagramação
Linea Editora Ltda.

Imagem da capa
Retrato de Agostinho de Hipona. Gravura de André Thévet (1516-1590) da edição latina de "True Portraits and Lives of Illustrious Men" (1594) – AF Fotografie/Alamy/Latinstock

Reservados todos os direitos desta obra. Proibida toda e qualquer reprodução desta edição por qualquer meio ou forma, seja ela eletrônica ou mecânica, fotocópia, gravação ou qualquer outro meio de reprodução, sem permissão expressa do editor.

Dados Internacionais de Catalogação na Publicação (CIP)
(eDOC BRASIL, Belo Horizonte/MG)

A275s

Agostinho, Santo, Bispo de Hipona, 354-430.
    Sobre o sermão do Senhor na montanha / Santo Agostinho ; tradução e notas Carlos Nougué. – São Paulo (SP): Filocalia, 2016.
    256 p. : 16 x 23 cm (Coleção Grandes Comentadores)

    ISBN 978-85-69677-07-9
    Título original: *De Sermone Domini in Monte Libri Duo*

    1. Sermão da montanha. 2. Vida cristã – Doutrina bíblica. I. Nougué, Carlos. II. Título. III. Série.

                                                             CDD: 226.9

Editora Filocalia Ltda.
Rua França Pinto, 509 · São Paulo SP · 04016-032 · Tel.: (5511) 5572 5363
atendimento@editorafilocalia.com.br · www.editorafilocalia.com.br

Este livro foi impresso pela Gráfica Assahi em agosto de 2021. Os tipos são da família Baskerville e Geist. O papel do miolo é o Pólen Soft 80 g, e o da capa cartão Supremo AA 250 g.

Santo Agostinho

Sobre o sermão do Senhor na montanha

Incluído o Pai-nosso

Tradução e Notas
Carlos Nougué

2ª impressão

FILOCALIA

COLEÇÃO GRANDES COMENTADORES

Com esta coleção, a Editora Filocalia vem preencher uma grave lacuna no panorama editorial brasileiro: a que diz respeito aos GRANDES COMENTADORES, EM LÍNGUA GREGA E LATINA, DA BÍBLIA, DE PLATÃO E DE ARISTÓTELES. E, se estes comentadores são grandes, é justamente por não se terem restringido a um mero comentar ao modo professoral, e por terem contribuído de modo decisivo para o próprio desenvolvimento da Filosofia e da Teologia. Têm eles efetivo lugar na história das duas ciências supremas.

As obras da coleção, coordenada por Carlos Nougué, nunca foram publicadas em nosso idioma. São dos seguintes comentadores: ALEXANDRE DE AFRODÍSIAS, AMÔNIO DE HÉRMIAS, BOÉCIO, FÍLON DE ALEXANDRIA, PROCLO, SANTO AGOSTINHO, SANTO TOMÁS DE AQUINO e SIMPLÍCIO.

Com aprofundado estudo introdutório e cuidada tradução, os livros da Coleção Grandes Comentadores são obras de permanência e farão parte da biblioteca definitiva do mais alto saber.

SUMÁRIO

BREVE APRESENTAÇÃO DE SIDNEY SILVEIRA
Sermão da Montanha, ápice da vida cristã
| 9 |

NOTA PRÉVIA DO TRADUTOR
| 17 |

SOBRE O SERMÃO DO SENHOR NA MONTANHA

Liber Primus | Livro Primeiro
| 20 | 21 |

Notas do Livro Primeiro
| 131 |

Liber Secundus | Livro Segundo
| 136 | 137 |

Notas do Livro Segundo
| 251 |

BREVE APRESENTAÇÃO

Sermão da Montanha, ápice da vida cristã

Sidney Silveira[1]

I. A fé como suporte da moral

O extraordinário escrito *De Sermone Domini in Monte* enquadra-se entre os tratados morais de Santo Agostinho, não obstante o seu timbre marcadamente exegético. Ele veio à luz nos idos de 394, três anos depois da ordenação do Doutor da Graça como sacerdote, época de grande turbulência política e religiosa: uma crise de caráter universal ameaçava o orbe latino, com as invasões bárbaras e a decadência moral, cultural e material do Império Romano, ao passo que, no campo religioso, a Igreja se via na urgente contingência de dar resposta às heresias oriundas do dualismo gnóstico e à ameaça de retorno às tradições pagãs, defendida por elites que acusavam o cristianismo de levar Roma à dolorosa ruína prefiguradora do seu fim.

Tais circunstâncias históricas exigem posicionamento firme e magistral por parte dos cristãos, e neste contexto Agostinho realiza notável esforço para construir um método teológico baseado em tríplice autoridade: Escritura Sagrada, Tradição e Igreja. Da Escritura – estudada com paixão pelo Bispo de Hipona[2] – são colocadas em relevo a

---

[1] Sidney Silveira, coordenador da Coleção Medievalia, da É Realizações Editora, vem desenvolvendo há mais de dez anos um trabalho de difusão de filósofos medievais no Brasil – seja com a edição de livros, seja com iniciativas pedagógicas em parceria com outros estudiosos do Medievo. Atualmente, ministra cursos de Filosofia e de Literatura no *site* Contra Impugnantes (http://contraimpugnantes.com/cimoodle/).

[2] *Confessionum*, XI, 2, 2-4.

origem divina,³ a inerrância,⁴ a profundidade⁵ e a riqueza inesgotável dos seus textos.⁶ Ressalte-se que Agostinho lê a *Sacra Pagina* exclusivamente no contexto da Igreja Católica, pois "não se pode crer no Evangelho fora da Igreja";⁷ e esta, por sua vez, tem perene e absoluta conformidade com a Tradição apostólica.⁸ Estão, portanto, Escritura, Tradição e Igreja unidas até o fim dos tempos por um laço indissolúvel, porque criado e mantido por Deus. Afastar-se delas é andar no pecado, sucumbir ao mal.

Levando estas premissas às últimas consequências, o Bispo de Hipona chegará à conclusão de que é impossível haver verdadeira moralidade sem fé. Ou seja: é caminhando na fé que a razão prática alcança as verdades fundamentais, e a razão especulativa tende à verdade eterna.⁹ A partir deste ponto de inflexão o labor teológico de Agostinho ultrapassará todas as éticas relativistas, formalistas, materialistas, idealistas e racionalistas que lhe antecederam, cada qual com as suas aporias e insuficiências. Até Cícero, a quem Agostinho nunca deixou de amar, terá a noção de virtude corrigida e aprofundada pelos pressupostos da teologia cristã que a filosofia pagã jamais poderia vislumbrar: as virtudes morais, malgrado serem *habitus naturæ* como afirmava o estoico romano, necessitam da graça para alcançar a excelência, razão pela qual Cícero não poderia mesmo saber o que é feito para "liberar e beatificar a natureza dos mortais e fazê-la feliz".¹⁰ Em resumo, só por Cristo, com Cristo e em Cristo pode a virtude humana, hábito da natureza, não se corromper neste mundo e lograr a vida feliz de que o Sermão da Montanha é, ao mesmo tempo, anúncio e prenúncio. Ele anuncia o caminho da perfeição moral com as armas

---

[3] *Enarrationes in Psalmos*, 90.
[4] *Epistulæ*, 137, 1, 3.
[5] *Confessionum*, XII, 14, 17-32.
[6] *Confessionum*, XI, 2, 2-4.
[7] *Contra Ep. Manichaeiquam Vocant Fundamenti*, V, 6.
[8] *De Baptismo*, IV, 24, 31.
[9] Cf. *De Trinitate*, XIV, 2.4.
[10] *Contra Iulianum*, IV, 3, 19.

sobrenaturais da fé e prenuncia a felicidade perfeita que os bem-aventurados terão no céu.

Como testemunha ocular do desmantelamento da cultura antiga, transviada espiritualmente desde a sua base e envolta em vícios políticos irresolvíveis, o Bispo de Hipona observa que "a alma [humana], ávida de eternidade porém sobressaltada pela fugacidade da existência, luta contra o sublime esplendor da autoridade divina".[11] Tal luta, herança maldita do pecado original, não tem a mais remota chance de sucesso porque implica o afastamento de Deus, fonte de todos os bens. Ademais, trata-se da autoridade sem a qual toda e qualquer tentativa de construir uma moral se esboroa, se esfuma, por lhe faltar o único sustentáculo firme – a fé, que tem princípios retirados da Sagrada Escritura, é mantida pela Tradição e custodiada magisterialmente pela Igreja.

Vê-se por este conjunto de teses que as virtudes morais, devido ao seu caráter instrumental, não podem possuir um fim em si mesmas, mas devem forçosamente referir-se, fundar-se, orientar-se a algo que as transcenda.[12] Assim, embora seja possível falar de virtudes isoladamente, será sempre necessário colocá-las no contexto da fé para dotá-las de sentido pleno,[13] embora isto não signifique que para Agostinho elas devam ser substituídas pela fé, conforme observa Felix García (O.S.A.).[14] Na doutrina agostiniana, a razão exige a fé para resolver o problema da felicidade humana, que está situado na raiz de toda moral realista; assim, a *beata vita* é o fim do agir humano bom, pois a verdadeira felicidade exclui todas as

---

[11] *Epistulæ*, 137, 4, 16 ss.

[12] "As virtudes por meio das quais o homem vive forte, temperada e justamente devem referir-se à fé, pois de outro modo não serão verdadeiras" (*De Trinitate*, XIII, 20, 26).

[13] Afastar as virtudes do contexto da fé significa retirar-lhes a devida finalidade, razão pela qual Agostinho afirma, num conhecido paradoxo, haver *virtudes viciosas*. A verdadeira virtude está orientada ao fim último do homem – Deus –, ao passo que a falsa é inautêntica, mentirosa, desordenada. Assim, existe uma misericórdia má, transviada, cativa do mal, etc. (cf. *Contra Iulianum*, IV, 3, 31-32).

[14] Felix Garcia, "Introducción General". *Obras de San Agustín*, Tomo XII (*Tratados Morales*). Madri, Biblioteca de Autores Cristianos (BAC), 1954, p. 19.

espécies de mal[15] – com particular ênfase o mal moral –, e a felicidade é o prêmio da vida honesta construída sobre a bem-aventurança da pobreza de espírito,[16] que, para Agostinho, corresponde ao dom do temor de Deus, ao primeiro pedido do Pai-Nosso e à virtude da *humildade*, degrau inicial da sabedoria.

O Doutor da Graça salienta que ninguém pode ser feliz se não for de alguma forma sábio,[17] nem ser sábio sem ser feliz.[18] Por isso a vida feliz, nota distintiva de uma moralidade retamente ordenada, também consistirá em que o homem caminhe na verdade,[19] ou seja, que alcance a sabedoria pelo esforço conjugado da inteligência e da vontade iluminadas pela fé. Como se pode deduzir, *bonum* e *verum* (objetos formais próprios da vontade e da inteligência) serão os pilares da vida moral, mas com um detalhe: não se trata de qualquer bem e de qualquer verdade, e sim da Verdade e do Bem identificados em termos absolutos com Deus. A propósito, a semelhança do homem com Deus reside justamente nestas potências superiores da alma humana, que o tornam *capax Dei*;[20] defraudá-las implica sucumbir culpavelmente ao pecado, levar uma vida imoral.

Existe, conforme ensina Agostinho, uma *ordem* em toda a realidade,[21] criada e mantida por Deus. Ela está pressuposta na verdadeira moralidade – e respeitá-la é a única forma de levar efetivamente o homem à felicidade. Noutras palavras, a moral requer a aceitação, pelo homem, dessa ordem; ignorá-la ou ir contra ela é uma atitude orgulhosa, cegante, obstinada, pois a felicidade humana tem na eternidade do ser de Deus o seu fundamento ontológico inamovível. O corolário desta premissa é evidente para Santo

---

[15] *De Moribus Ecclesiæ Catholicæ et de Moribus Manichaeorum*, I, 3, 4.
[16] Cf. Mt., 5,3.
[17] *Contra Academicos*, I, 9, 24.
[18] *De Beata Vita*, 2, 14.
[19] "Beata quippevita est gaudium de veritate" ("A vida feliz é a alegria da verdade") (*Confessionum*, X, 23, 33).
[20] *De Trinitate*, XIV, 8, 11.
[21] "Ordo" é uma das características encontráveis em todas as naturezas; as outras, segundo o Bispo de Hipona, são *species* e *modus*. Cf. *De Natura Boni contra Manichaeos*, I, 2-3.

Agostinho: ou a felicidade será eterna ou não será felicidade. O Bispo de Hipona repete este princípio em diferentes obras,[22] e nesta perspectiva o Sermão da Montanha pode ser contemplado como a porta estreita que conduz à felicidade eterna; é ele a regra perfeita da vida cristã (*perfectum vitæ christianæ modum*),[23] o modelo insuperável prescrito por Nosso Senhor para o homem não sucumbir nesta vida aos vícios que lhe trazem intranquilidade, tristeza, desespero, medo, ódio. Para vencer os obstáculos e gozar a paz da vida feliz, embora imperfeitamente no atual estado de *homo viator*, de peregrino à Pátria Celeste.

As correspondências feitas por Agostinho entre as bem-aventuranças em São Mateus, os dons do Espírito Santo, os pedidos do Pai-Nosso e as virtudes morais fazem deste *De Sermone Domini in Monte* uma obra-prima teológica. Nele também impressionam o domínio exegético do recém-ordenado sacerdote, o seu pleno domínio da Sagrada Escritura, o brilhante estilo apologético e a profunda assimilação daquilo que os medievais, mais tarde, chamarão de "preâmbulos da fé". Como estudioso da Sagrada Escritura, valendo-se da Tradição e do Magistério da Igreja o Santo Doutor constrói uma tese de grande profundidade e alcance: a de que o Sermão da Montanha contém os degraus da perfeição cristã.

II. Paralelismo espiritual entre o Pai-Nosso, as bem-aventuranças e os dons do Espírito Santo

No presente opúsculo, graças ao dom do *temor de Deus* (correspondente à bem-aventurança da pobreza de espírito), o homem torna-se capaz de pedir no Pai-Nosso que o nome de Deus seja santificado. O dom da *piedade* (bem-aventurança da mansidão) leva-o a pedir que venha o reino dos céus, com cuja beatitude os mansos possuirão a terra; o dom da *ciência* (bem-aventurança dos que choram), a suplicar que seja feita a vontade de Deus, no corpo e no espírito, para que a paz divina lhe sirva de consolo nas lutas

---

[22] *De Trinitate*, XIII, 13, 8; *De Civitate Dei*, XI, 11; XII, 20; 14, 25.
[23] *De Sermone Domini in Monte*, I, 1.

cotidianas; o dom da *fortaleza* (bem-aventurança dos que têm fome e sede de justiça), a pedir o pão espiritual e material de cada dia; o dom do *conselho* (bem-aventurança dos misericordiosos), a perdoar as dívidas dos devedores e a pedir perdão das suas a Deus; o da *inteligência* (bem-aventurança dos que têm o coração puro), a suplicar que não caia em tentação e não tenha o coração dúplice, hesitante entre o Bem supremo e os males e seduções; e o da *sabedoria* (bem-aventurança dos pacificadores), a pedir que Deus o livre do mal do pecado.

Como não poderia deixar de ser, as virtudes morais estão implicadas nesta correspondência entre dons do Espírito Santo, bem-aventuranças e pedidos do Pai-Nosso, e o grande vislumbre de Santo Agostinho foi propor que se tratasse dos *sete degraus da perfeição cristã* – uma escadinha ontológica que, começando pela humildade, culmina na libertação do pecado e, portanto, no começo do caminho que leva à felicidade perfeita. É esta uma marcha progressiva cujo ápice é o dom da sabedoria identificado por Agostinho com a bem-aventurança dos pacificadores, e não se entenda tal estado como pacificação "política" ou algo que o valha, pois se trata da paz interior, *em Cristo*. Paz interior tanto quanto seja possível ao homem neste mundo.

O presente comentário de Santo Agostinho ao Sermão da Montanha, que a Editora Filocalia apresenta ao público brasileiro em tradução de Carlos Nougué, pode ser vislumbrado em seu aspecto intrinsecamente moral por quem não possua desta a concepção de um rol de obrigações a seguir – imposto arbitrariamente à consciência humana. Isto porque, orientada pelos valores evangélicos, a moral em Agostinho não se funda na obrigação, mas na felicidade; não se funda em um conjunto de imperativos categóricos, mas na bondade divina objetivamente considerada; não em regras exteriores, mas nos bem interiores da alma – reflexos do sumo bem, que é Deus. Neste horizonte, a exequibilidade da lei divina, respondida por Jesus a uma indagação dos discípulos ("Aos homens isto é impossível, mas a Deus tudo é possível", Mt 19,26), tem como precondição psicológica que o homem veja nos preceitos o fardo leve que o liberta do mal moral, ou seja, do pecado. Depende da recepção do ensinamento do Apóstolo de que "a caridade é a plenitude da lei" (Rom 13,9-10).

Em sentido absoluto, o Sermão da Montanha é graça divina, *gratis dada*. Este é o pressuposto fundamental das páginas da melhor teologia agostiniana que perfazem o presente volume. Trata-se da sabedoria de Cristo – benévolo influxo da ordem sobrenatural sobre a natureza humana decaída.

Moral perfeita, devido à sua fonte divina. Em relação a ela, todas as outras concepções de moral, mesmo as melhores já produzidas pela filosofia no decorrer dos séculos, devem ser consideradas por analogia.

NOTA PRÉVIA DO TRADUTOR

1. Este comentário agostiniano traduzimo-lo do original latino *De Sermone Domini in Monte Libri Duo* (Migne Patrologia Latina [1845], vol. 34, cols. 1229-1307.)

2. As quatorze retratações de Santo Agostinho que se leem em notas traduzimo-las de *Retractationum Libri Duo* (Migne Patrologia Latina [1845], vol. 32, cols. 0581-0656), obra escrita pelo Santo já na velhice para corrigir imprecisões cometidas em obras anteriores.

3. Para as citações agostinianas da Bíblia, usamos quase sempre a tradução do Padre Matos Soares (*Bíblia Sagrada*, São Paulo/Rio de Janeiro/Fortaleza, Pia Sociedade de São Paulo para o Apostolado da Imprensa, 1949), feita da Vulgata. Por vezes recorremos a tradução própria, feita diretamente de citações do próprio Santo Agostinho; isso porém só se deu nos casos de discrepância de algum modo significativa entre a citação do Santo e a tradução do Padre Matos Soares. E, cada vez que tal sucede, ou o explicamos suficientemente ou ao menos expomos a discrepância – sempre em nota.

4. Todas as notas ou são do tradutor ou são introduzidas pelo tradutor.

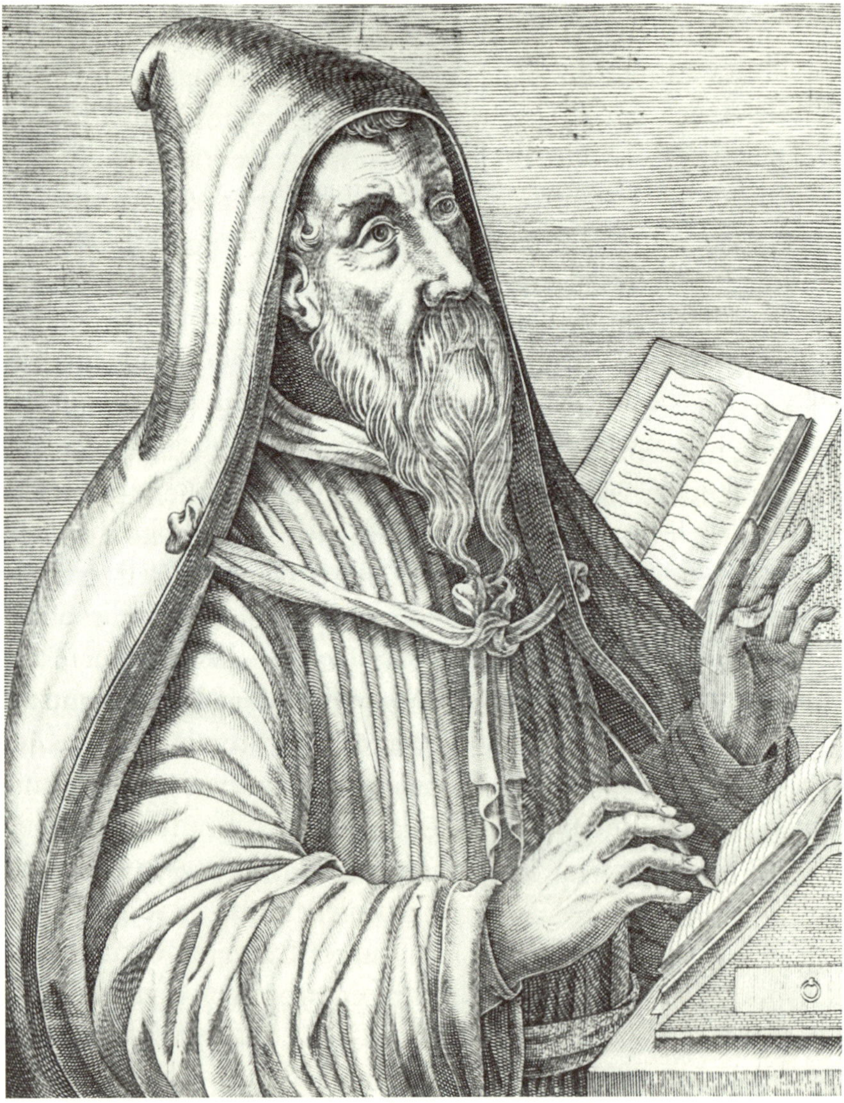

SOBRE O SERMÃO DO SENHOR NA MONTANHA

LIBER PRIMUS

PRAECEPTA QUAE AD INFORMANDAM VITAM PERTINENT

I

1. Sermonem quem locutus est Dominus noster Iesus Christus in monte, sicut in Evangelio secundum Matthaeum legimus, si quis pie sobrieque consideraverit, puto quod inveniet in eo, quantum ad mores optimos pertinet, perfectum vitaechristianae modum. Quod polliceri non temere audemus sed ex ipsis eiusdem Domini verbis conicientes; nam sic ipse sermo concluditur, ut appareat in eo praecepta esse omnia quae ad informandam vitam pertinent. Sic enim dicit: *Omnis ergo qui audit verba mea haec et facit ea, similabo eum viro sapienti, qui aedificavit domum suam super petram. Descendit pluvia, venerunt flumina, flaverunt venti et offenderunt in domum illam et non cecidit; fundata enim erat super petram. Et omnis qui audit verba mea haec et non facit ea, similabo eum viro stulto, qui aedificavit domum suam superarenam. Descendit pluvia, venerunt flumina, flaverunt venti et offenderunt in domum illam et cecidit; et facta est ruina eius magna.* Cum ergo non dixit: *Qui audit verba mea* tantum, sed addidit dicens: *Qui audit verba mea haec*, satis, ut arbitror, significavit haec verba quae in monte locutus est tam perfecte instruere vitam eorum qui voluerint secundum ea vivere, ut merito comparentur aedificanti super petram. Hoc dixi, ut appareat istum sermonem omnibus praeceptis quibus christiana vita informatur esse perfectum. Nam de hoc capitulo diligentius suo loco tractabitur.

LIVRO PRIMEIRO

ACERCA DA PRIMEIRA PARTE DO SERMÃO DO SENHOR NA MONTANHA, CONTIDA NO CAPÍTULO QUINTO DE SÃO MATEUS

I

1. Quem quer que considere de modo piedoso e simples o Sermão que Nosso Senhor Jesus Cristo pronunciou na Montanha, segundo o lemos no Evangelho de São Mateus, julgo que encontrará nele, no tocante à retidão moral, a regra perfeita da vida cristã, o que não ouso afirmar temerariamente, mas deduzindo-o das mesmas palavras do Senhor. Do próprio final do Sermão depreende-se que nele estão contidos todos os preceitos concernentes à regulação da vida. Diz Nosso Senhor, com efeito: *Todo aquele, pois, que ouve estas minhas palavras, e as observa, será semelhante ao homem sábio que edificou a sua casa sobre a rocha; e caiu a chuva, e transbordaram os rios, e sopraram os ventos, e investiram contra aquela casa, e ela não caiu, porque estava fundada sobre rocha. E todo o que ouve estas minhas palavras e não as pratica será semelhante ao homem louco que edificou a sua casa sobre areia; e caiu a chuva, e transbordaram os rios, e sopraram os ventos, e investiram contra aquela casa, e ela caiu, e foi grande a sua ruína* (Mt 7,24-27). Como não disse tão somente: *Todo aquele que ouve minhas palavras,* senão que acrescentou: *Todo aquele que ouve estas minhas palavras,* penso ter-nos dado a entender de modo nítido que as palavras que pronunciou na montanha instruem tão perfeitamente a vida dos que quiserem viver de acordo com elas, que estes são justissimamente comparados com aquele que edifica sobre rocha. Eu disse isto para mostrar que este sermão é perfeito no que toca aos preceitos reguladores da vida cristã, o que se tem de tratar, no devido lugar, com mais detença.

2. Huius igitur sermonis initium sic adsumitur: *Cum vidisset autem turbas multas, ascendit in montem; et cum sedisset, accesserunt ad eum discipuli eius. Et aperiens os suum docebat eos dicens.* Si quaeritur, quid significet mons, bene intellegitur significare maiora praecepta iustitiae, quia minora erant quae Iudaeis data sunt. Unus tamen Deus per sanctos prophetas et famulos suos secundum ordinatissimam distributionem temporum dedit minora praecepta populo quem timore adhuc alligari oportebat, et per Filium suum maiora populo quem caritate iam liberari convenerat. Cum autem minora minoribus maiora maioribus dantur, ab eo dantur qui solus novit congruentem suis temporibus generi humano exhibere medicinam. Nec mirum est quod dantur praecepta maiora propter regnum caelorum, et minora data sunt propter regnum terrenum ab eodem uno Deo, qui fecit caelum et terram. De hac ergo iustitia quae maior est dicitur per prophetam: *Iustitia tua sicut montes Dei*, et hoc bene significat quod ab uno magistro [4] solo docendis tantis rebus idoneo docetur in monte. Sedens autem docet, quod pertinet ad dignitatem magistri. Et accedunt ad eum discipuli eius, ut audiendis illius verbis hi essent etiam corpore viciniores, qui praeceptis adimplendis animo propinquabant. *Aperuit os suum et docebat eos dicens* [5]. Ista circumlocutio qua scribitur: et aperiens os suum, fortasse ipsa mora commendat aliquanto longiorem futurum esse sermonem, nisi forte non vacet quod nunc eum dictum est aperuisse os suum, quod ipse in lege veteri aperire soleret ora prophetarum.

3. Quid ergo dicit? *Beati pauperes spiritu, quoniam ipsorum est regnum caelorum.* Legimus scriptum de appetitione rerum temporalium: *Omnia vanitas et praesumptio spiritus*; praesumptio autem spiritus audaciam et superbiam significat. Vulgo etiam magnos spiritus superbi habere dicuntur, et recte, quando quidem spiritus etiam ventus vocatur, unde scriptum est: *Ignis, grando, nix, glacies, spiritus tempestatis*. Quis veronesciat superbos inflatos dici tamquam vento distentos? Unde est etiam illud Apostoli: *Scientia inflat, caritas aedificat*. Quapropter recte hic

2. O começo deste sermão é exposto da seguinte maneira: *Vendo Jesus aquela multidão, subiu a um monte, e, tendo-se sentado, aproximaram-se dele os seus discípulos. E ele, abrindo a sua boca, os ensinava, dizendo...* (Mt 5,1-2). Se se pergunta o que significa monte, compreende-se muito bem que significa os preceitos maiores da justiça, dado que os menores eram os que se tinham dado aos judeus. Um só Deus, todavia, por meio dos seus santos profetas e servos, deu os preceitos menores ao povo que ainda convinha manter refreado pelo temor, e, por meio de seu Filho, deu os maiores ao povo que Ele já considerara conveniente libertar pela caridade. E, ao se darem os preceitos menores aos menores, e os maiores aos maiores, são dados pelo Único que sabe proporcionar ao gênero humano, no devido tempo, a medicina adequada. E nada há de estranho em que o mesmo e único Deus que criou o céu e a terra dê preceitos maiores para o reino dos céus, e tenha dado menores para o reino terrestre. Diz pois o Profeta acerca desta justiça maior: *A tua justiça é [grande] como os montes de Deus* (Sl 35,7), o que nos dá a entender perfeitamente que ela é ensinada no monte pelo único Mestre capaz de ensinar coisas tão grandes. E ensina sentado, o que é próprio da dignidade do magistério. E aproximam-se d'Ele os discípulos para que, escutando-Lhe as palavras, estejam ainda mais próximos corporalmente os que ao cumprir-Lhe os preceitos também em espírito se aproximem d'Ele. *E ele, abrindo a sua boca, os ensinava, dizendo...* Este circunlóquio, *abrindo a sua boca*, indica talvez, com a sua mesma lentidão, que o sermão se estenderá um tanto longamente, a não ser que não seja demasiado dizer que agora Ele abre a boca porque na antiga Lei costumava abrir a boca dos profetas.

3. E que diz? *Bem-aventurados os pobres em espírito, porque deles é o reino dos céus* (Mt 5,3).[1] Acerca do desejo dos bens temporais lê-se nas Escrituras: *tudo é vaidade e presunção de espírito* (Ecl 1,14).[2] Pois bem, a presunção de espírito envolve audácia e soberba; e dos soberbos diz-se, vulgarmente, que são espíritos fortes; e com razão, uma vez que ao espírito também se chama vento. Por isso está escrito: *o fogo, o granizo, a neve, a geada, o vento tempestuoso* (Sl 148,8). E quem ignora que aos soberbos se chama inflados, como se estivessem inchados de vento? Donde também o dizer do Apóstolo: *A ciência incha, mas a caridade edifica* (1 Cor 8,1). Com razão se entendem aqui por pobres

intelleguntur pauperes spiritu humiles et timentes Deum, id est non habentes inflantem spiritum. Nec aliunde omnino incipere oportuit beatitudinem, siquidem perventura est ad summam sapientiam. *Initium autem sapientiae timor Domini*, quoniam et e contrario: *Initium omnis peccati superbia scribitur*. Superbi ergo appetant et diligant regna terrarum: *Beati* autem *pauperes spiritu, quoniam ipsorum est regnum caelorum.*

II

4. *Beati mites, quoniam ipsi haereditate possidebunt terram*, illam credo terram de qua in Psalmis dicitur: *Spes mea es tu, portio mea in terra viventium*. Significat enim quandam soliditatem et stabilitatem haereditatis perpetuae, ubi anima per bonum affectum tamquam loco suo requiescit sicut corpus in terra, et inde cibo suo alitur sicut corpus ex terra. Ipsa est requies et vita sanctorum. Mites autem sunt qui cedunt improbitatibus et non resistunt malo, sed vincunt in bono malum. Rixentur ergo immites et dimicent pro terrenis et temporalibus rebus: *Beati* autem *mites, quoniam ipsi haereditate possidebunt terram*, de qua pelli non possunt.

5. *Beati lugentes, quoniam ipsi consolabuntur*. Luctus est tristitia de amissione carorum. Conversi autem ad Deum ea quae in hoc mundo cara amplectebantur, amittunt; non enim gaudent his rebus, quibus ante gaudebant et donec fiat in illis amor aeternorum, nonnulla maestitia sauciantur. Consolabuntur ergo Spiritu Sancto, qui maxime propterea paraclytus nominatur, id est consolator, ut temporalem amittentes aeterna laetitia perfruantur.

6. *Beati qui esuriunt et sitiunt iustitiam, quia ipsi saturabuntur*. Iam istos amatores dicit veri et inconcussi boni. Illo ergo cibo saturabuntur de quo ipse Dominus dicit: *Meus cibus est ut faciam voluntatem Patris mei*, quod est iustitia, et illa aqua de qua quisquis biberit, ut idem dicit: *Fiet in eo fons aquae salientis in vitam aeternam.*

em espírito os humildes e tementes a Deus, ou seja, os que não têm espírito inchado. Nem podia ter melhor começo a bem-aventurança, dado que há de chegar à suprema sabedoria: *O princípio da sabedoria é o temor do Senhor* (Eclo 1,16), assim como, pelo contrário, *o princípio de todo pecado é a soberba* (Eclo 10,15). Amem e desejem os soberbos os reinos da terra; mas sejam *bem-aventurados os pobres em espírito, porque deles é o reino dos céus.*

II

4. *Bem-aventurados os mansos, porque possuirão a terra* (Mt 5,4), aquela terra, sem sombra de dúvida, de que se diz no salmo: *Tu és a minha [única] esperança, a minha porção na terra dos viventes* (Sl 141,6). Quer pois dar Ele a entender que se trata da solidez e estabilidade da herança perpétua, onde a alma descansa como em seu lugar próprio em virtude do bom afeto, como o corpo na terra, e de que se alimenta, como o corpo da terra: ela é o descanso e vida dos santos. São mansos os que cedem diante da maldade e não resistem ao malvado, senão que vencem o mal com o bem (Rm 12, 21). Lutem portanto entre si, pelejem os faltos de mansidão; mas sejam *bem-aventurados os mansos, porque possuirão a terra*, da qual não poderão ser expulsos.

5. *Bem-aventurados os que choram, porque serão consolados* (Mt 5,5). Pranto é tristeza pela perda de coisas queridas. Os que porém se convertem a Deus perdem essas coisas queridas que os prendiam a este mundo, pois que já não se deleitam com aquilo com que antes se deleitavam; e, enquanto não se produzir neles o amor das coisas eternas, são trabalhados por alguma tristeza. Por isso são consolados pelo Espírito Santo – ao qual por esta razão se chama Paráclito, ou seja, Consolador – a fim de que os que perdem a alegria temporal gozem a eterna.

6. *Bem-aventurados os que têm fome e sede de justiça, porque serão saciados* (Mt 5,6). Refere-se Cristo aqui aos amantes do bem imutável e verdadeiro. Estes serão saciados com a comida de que diz o próprio Senhor: *A minha comida é fazer a vontade daquele que me enviou* (Jo 4,34), que é a justiça, e com a água que, como afirma Ele próprio, *virá a ser*, em quem a beber, *uma fonte de água em que salte para a vida eterna* (Jo 4,14).

7. *Beati misericordes, quia ipsorum miserebitur.* Beatos esse dicit qui subveniunt miseris, quoniam eis ita rependitur, ut de miseria liberentur.

8. *Beati mundo corde, quoniam ipsi Deum videbunt.* Quam ergo stulti sunt qui Deum istis exterioribus oculis quaerunt, cum corde videatur, sicut alibi scriptum est: *Et in simplicitate cordis quaerite illum!* Hoc est enim mundum cor quod est simplex cor. Et quemadmodum lumen hoc videri non potest nisi oculis mundis, ita nec Deus videtur, nisi mundum sit illud quo videri potest.

9. *Beati pacifici, quoniam ipsi filii Dei vocabuntur.* In pace perfectio est, ubi nihil repugnat; et ideo filii Dei pacifici, quoniam nihil resistit Deo, et utique filii similitudinem patris habere debent. Pacifici autem in semet ipsis sunt, qui omnes animi sui motus componentes et subicientes rationi, id est menti et spiritui, carnalesque concupiscentias habentes edomitas fiunt regnum Dei, in quo ita sunt ordinata omnia, ut id quod est in homine praecipuum et excellens, hoc imperet ceteris non reluctantibus, quae sunt nobis bestiisque communia, atque id ipsum quod excellit in homine, id est mens et ratio subiciatur potiori, quod est ipsa veritas unigenitus Dei Filius. Neque enim imperare inferioribus potest, nisi superiori se ipse subiciat. Et haec est pax quae datur in terra hominibus bonae voluntatis, haec vita consummati perfectique sapientis. De huiusmodi regno pacatissimo et ordinatissimo missus est foras princeps huius saeculi, qui perversis inordinatisque dominatur. Hac pace intrinsecus constituta atque firmata, quascumque persecutiones ille qui foras missus est forinsecus concitaverit, auget gloriam quae secundum Deum est, non aliquid in illo aedificio labefactans, sed deficientibus machinis suis innotescere faciens, quanta firmitas intus extructa sit. Ideo sequitur: *Beati qui persecutionem patiuntur propter iustitiam, quia ipsorum est regnum caelorum.*

7. *Bem-aventurados os misericordiosos, porque alcançarão misericórdia* (Mt 5,7). Diz o Senhor que são bem-aventurados os que socorrem os miseráveis, porque têm por recompensa o libertar-se da miséria.

8. *Bem-aventurados os limpos de coração, porque verão a Deus* (Mt 5,8).³ Quão néscios são, por conseguinte, os que buscam a Deus com estes olhos exteriores, uma vez que a Ele se vê com o coração, como se escreve alhures: *Buscai-o com simplicidade de coração* (Sb 1,1)! Coração limpo é o mesmo que coração simples; e, assim como esta luz não pode ser vista senão por olhos limpos, tampouco podemos ver a Deus se não está limpo aquilo com que O podemos ver.

9. *Bem-aventurados os pacíficos, porque serão chamados filhos de Deus* (Mt 5,9). A perfeição reside na paz, em que não há resistência nenhuma. Por isso são pacíficos os filhos de Deus, porque em Deus nada resiste, e os filhos devem ser semelhantes ao pai. São pacíficos consigo mesmos os que, ordenando todos os movimentos da alma e submetendo-os à razão, isto é, à mente, ao espírito,⁴ e tendo domadas as concupiscências da carne, se transformam em reino de Deus, onde tudo está ordenado de modo que o que é principal e excelente no homem seja o que domine, sem oposição de tudo quanto temos em comum com os animais, e onde isto mesmo que prevalece no homem (a saber, a mente, a razão) está por seu turno submetido ao que lhe é superior, que é a própria verdade, o Filho unigênito de Deus. Pois não pode mandar nos inferiores o que não se submete ao superior. E é esta a paz que se dá na terra aos homens de boa vontade (Lc 2,14); esta, a vida do sábio perfeito e consumado. De tão ordenado e pacífico reino foi lançado fora o príncipe deste século, que domina os perversos e desordenados. Composta interiormente e consolidada aquela paz, por mais perseguições que trame de fora o que foi lançado fora, não fará senão aumentar a glória que é conforme com Deus, sem derrubar nada daquele edifício nem conseguir, ao malograr em suas maquinações, nada mais que patentear a grandíssima firmeza que há lá dentro. Donde se segue que são *bem-aventurados os que sofrem perseguição por amor da justiça, porque deles é o reino dos céus* (Mt 5,10).

III

10. Sunt autem omnes istae octo sententiae. Iam enim cetera compellans loquitur ad illos qui aderant dicens: *Beati eritis, cum vobis maledicent et persequentur vos.* Superiores autem sententias generaliter digerebat; non enim dixit: *Beati pauperes spiritu,* quoniam vestrum est regnum caelorum, sed: *Quoniam ipsorum est,* inquit, *regnum caelorum;* neque: *Beati mites,* quoniam vos possidebitis terram, sed: *Quoniam ipsi possidebunt terram*; et ita ceteras usque ad octavam sententiam, ubi ait: *Beati qui persecutionem patiuntur propter iustitiam, quoniam ipsorum est regnum caelorum.* Inde iam incipit loqui praesentes compellans, cum et illa, quae supra dicta sunt, ad eos etiam pertinerent qui praesentes audiebant, et haec postea, quae videntur praesentibus specialiter dici, pertineant etiam ad illos qui absentes vel post futuri erant. Quapropter iste sententiarum numerus diligenter considerandus est. Incipit enim beatitudo ab humilitate: *Beati pauperes spiritu,* id est non inflati, dum se divinae auctoritati subditanima timens post hanc vitam ne pergat ad poenas, etiamsi forte in hac vita sibi beata esse videatur. Inde venit ad divinarum Scripturarum cognitionem, ubi oportet eam se mitem praebere pietate, ne id quod imperitis videtur absurdum vituperare audeat, et pervicacibus concertationibus efficiatur indocilis. Inde iam incipit scire, quibus nodis saeculi huius per carnalem consuetudinem ac peccata teneatur. Itaque in hoc tertio gradu, in quo scientia est, lugetur amissio summi boni, quia inhaeretur extremis. In quarto autem gradu labor est, ubi vehementer incumbitur ut sese animus avellat ab eis quibus pestifera dulcedine innexus est. Hic ergo esuritur et sititur iustitia, et multum necessaria fortitudo, quia non relinquitur sine dolore quod cum delectatione retinetur. Quinto autem gradu perseverantibus in labore datur evadendi consilium, quia nisi quisque adiuvetur a superiore, nullo modo sibi est idoneus, ut sese tantis miseriarum implicamentis expediat. Est autem iustum consilium, ut qui se a potentiore adiuvari vult, adiuvet infirmiorem in quo est

III

10. Aí estão as oito sentenças. O que se segue, pronuncia-o o Senhor dirigindo-se aos presentes, e dizendo: *Bem-aventurados sois, quando vos injuriarem e vos perseguirem* (Mt 5,11). Aquelas sentenças, endereçava-as à generalidade, uma vez que não disse: *Bem-aventurados os pobres em espírito*, porque "vosso" é o reino dos céus, e sim *porque deles é o reino dos céus*. Nem *bem-aventurados os mansos*, porque "vós" possuireis a terra, e sim *porque* [eles] *possuirão a terra*. E assim as demais, até a oitava sentença, em que diz: *Bem-aventurados os que sofrem perseguição por amor da justiça, porque deles é o reino dos céus*. A partir daqui começa a dirigir-se aos presentes, conquanto o dito anteriormente também se aplicasse aos que o escutavam, e conquanto o que agora dizia aos circunstantes também se dirigisse aos ausentes e aos que ainda estavam por existir. Por conseguinte, deve considerar-se detidamente o número das sentenças. Começa a bem-aventurança pela humildade: *Bem-aventurados os pobres em espírito*, ou seja, os não inflados, em que a alma se submete à autoridade divina, temendo ir depois desta vida para o lugar das penas, ainda que nesta vida se creia bem-aventurada. Passa daí ao conhecimento das Escrituras divinas, o qual deve acompanhar-se de piedosa mansidão para que a alma não ouse vilipendiar o que parece absurdo aos não doutos, e evite toda indocilidade em disputas obstinadas. Começa ela a conhecer, depois, com quantos nós está atada a este mundo pelos pecados e pelos costumes carnais;[5] e assim, neste terceiro degrau, em que está a ciência, se chora a perda do Bem supremo, porque estamos apegados ao mais baixo. No quarto degrau a alma trabalha, sendo-lhe veemente o esforço por abandonar tudo o que a ata com mortal brandura. Sente-se a esta altura fome e sede de justiça, e é então grandemente necessária a fortaleza, pois que não se deixa sem dor o que com gozo se retém. No quinto degrau, aos perseverantes no trabalho dá-se um meio de aliviar-se um tanto dele, uma vez que ninguém se basta a si mesmo para livrar-se de tanto perigo de misérias, sendo necessário que o ajude o que está acima; e é um meio justo que o que deseja ser ajudado por outro, mais poderoso, ajude por seu turno o inferior naquilo em que a ele o supere: daí serem *bem-aventurados os misericordiosos, porque alcançarão misericórdia*. O sexto

ipse potentior. Itaque: *Beati misericordes, quia ipsorum miserebitur.* Sexto gradu est cordis munditia de bona conscientia bonorum operum valens ad contemplandum illud summum bonum, quod solo puro et sereno intellectu cerni potest. Postremo est septima ipsa sapientia, id est contemplatio veritatis, pacificans totum hominem et suscipiens similitudinem Dei, quae ita concluditur: *Beati pacifici, quoniam ipsi filii Dei vocabuntur.* Octava tamquam ad caput redit, quia consummatum perfectumque ostendit et probat. Itaque in prima et in octava nominatum est regnum caelorum: *Beati pauperes spiritu, quoniam ipsorum est regnum caelorum*, et: *Beati qui persecutionem patiuntur propter iustitiam, quoniam ipsorum est regnum caelorum,* cum iam dicitur: *Quis nos separabit a caritate Christi: tribulatio an angustia an persecutio an fames an nuditas an periculum an gladius?* Septem sunt ergo quae perficiunt; nam octava clarificat et quod perfectum est demonstrat, ut per hos gradus perficiantur et ceteri, tamquam a capite rursus exordiens.

IV

11. Videtur ergo mihi etiam septiformis operatio Spiritus Sancti, de qua Isaias loquitur, his gradibus sententiisque congruere. Sed interest ordinis: nam ibi enumeratio ab excellentioribus coepit, hic vero ab inferioribus; ibi namque incipit a sapientia et desinit ad timorem Dei, sed *initium sapientiae timor Dei* est. Quapropter si gradatim tamquam ascendentes numeremus, primus ibi est timor Dei, secunda pietas, tertia scientia, quarta fortitudo, quintum consilium, sextus intellectus, septima sapientia. Timor Dei congruit humilibus, de quibus hic dicitur: *Beati pauperes spiritu*, id est non inflati, non superbi, quibus Apostolus dicit: *Noli altum sapere, sed time*, id est noli extolli. Pietas congruit mitibus. Qui enim pie quaerit, honorat sanctam Scripturam et non reprehendit quod nondum intellegit, et propterea non resistit, quod est mitem esse; unde hic dicitur:

degrau é a limpeza do coração, a qual procede da consciência reta e das boas obras, e com a qual podemos contemplar o Bem supremo, que só uma inteligência pura e serena pode vislumbrar. Em sétimo lugar, por fim, acha-se a própria sabedoria, ou seja, a contemplação da verdade, a pacificar o homem todo e a receber a semelhança de Deus, donde: *Bem-aventurados os pacíficos, porque serão chamados filhos de Deus*. A oitava parece levar-nos de volta ao princípio, pois que lhe assinala a consumação e perfeição; e, assim, tanto na primeira como na oitava se refere o reino dos céus: *Bem-aventurados os pobres em espírito, porque deles é o reino dos céus*; e *bem-aventurados os que sofrem perseguição por amor da justiça, porque deles é o reino dos céus*. É então que se pode dizer: *Quem nos separará, pois, do amor de Cristo? [Será] a tribulação? ou a angústia? ou a fome? ou a nudez? ou o perigo? ou a perseguição? ou a espada?* (Rm 8,35). Sete são, portanto, as bem-aventuranças que aperfeiçoam a vida; a oitava glorifica e mostra o já perfeito, e, como se começasse de novo, desde a primeira, manifesta que é justamente por aqueles degraus que se alcança a perfeição.

IV

11. Parece-me a mim, portanto, que a operação septiforme do Espírito Santo, da qual fala Isaías (Is 9,2-3), corresponde a estes degraus e sentenças, mas em ordem distinta, pois ali a enumeração começa pelos mais excelentes, enquanto aqui começa pelos inferiores. Ali se começa pela sabedoria e se termina pelo temor de Deus; mas *o princípio da sabedoria é o temor do Senhor* (Ecl 1,16). Assim, se se enumera ascendendo por degraus, em primeiro lugar está aqui o temor de Deus, em segundo a piedade, em terceiro a ciência, em quarto a fortaleza, em quinto o conselho, em sexto a inteligência e em sétimo a sabedoria. O temor de Deus corresponde aos humildes, e deles é que se diz aqui: *Bem-aventurados os pobres em espírito*, ou seja, os que não têm inflação nem soberba, e aos quais diz o Apóstolo: *Não te ensoberbeças, mas teme* (Rm 11,20), ou seja, não queiras ser exaltado. A piedade é congruente com os mansos, pois os que investigam piedosamente honram as Sagradas Escrituras e evitam censurar o que ainda não compreende, razão por que não oferecem resistência, consistindo nisso a

Beati mites. Scientia congruit lugentibus, qui iam cognoverunt in Scripturis, quibus malis vincti teneantur, quae tamquam bona et utilia ignorantes appetiverunt, de quibus hic dicitur: *Beati qui lugent*. Fortitudo congruit esurientibus et sitientibus. Laborant enim desiderantes gaudium de veris bonis et amorem a terrenis et corporalibus avertere cupientes, de quibus hic dicitur: *Beati qui esuriunt et sitiunt iustitiam*. Consilium congruit misericordibus. Hoc enim unum remedium est de tantis malis evadendi, ut dimittamus sicut nobis dimitti volumus, et adiuvemus in quo possumus alios, sicut nos in quo non possumus cupimus adiuvari, de quibus hic dicitur: *Beati misericordes*. Intellectus congruit mundis corde tamquam purgato oculo, quo cerni possit *quod* corporeus *oculus non vidit nec auris audivit nec in cor hominis ascendit*, de quibus hic dicitur: *Beati mundicordes*. Sapientia congruit pacificis, in quibus iam ordinata sunt omnia nullusque motus adversus rationem rebellis est, sed cuncta obtemperant spiritui hominis, cum et ipse obtemperat Deo, de quibus hic dicitur: *Beati pacifici*.

12. Unum autem praemium, quod est regnum caelorum pro ipsis gradibus varie nominatum est. In primo, sicut oportebat, positum est regnum caelorum, quod est perfecta summaque sapientia animae rationalis. Sic itaque dictum est: *Beati pauperes spiritu, quoniam ipsorum est regnum caelorum*, tamquam diceretur: *Initium sapientiae timor Domini*. Mitibus haereditas data est tamquam testamentum patris cum pietate quaerentibus: *Beati mites, quoniam ipsi haereditate possidebunt terram*. Lugentibus consolatio, tamquam scientibus quid amiserint, et quibus mersi sint: *Beati qui lugent, quoniam ipsi consolabuntur*; esurientibus et sitientibus saturitas tamquam refectio laborantibus fortiterque certantibus ad salutem: *Beati qui esuriunt et sitiunt iustitiam, quoniam ipsi saturabuntur*; misericordibus misericordia tamquam vero et optimo consilio utentibus, ut hoc eis exhibeatur a potentiore, quod invalidioribus exhibent: *Beati misericordes, quoniam ipsorum miserebitur*; mundis corde

mansidão, e deles é que se diz aqui: *Bem-aventurados os mansos*. A ciência é própria dos que choram, os quais conheceram já pelas Escrituras quais são os males que os mantêm acorrentados, males que eles, por ignorância, desejaram como bons e úteis, e deles é que se diz aqui: *Bem-aventurados os que choram*. A fortaleza corresponde aos que têm fome e sede, os quais, com efeito, se esforçam por desfrutar dos bens verdadeiros e querem rejeitar o amor dos terrenos e corpóreos, e deles é que se diz aqui: *Bem-aventurados os que têm fome e sede de justiça*. O conselho é congruente com os misericordiosos, porque o único meio de evitar tantos males é perdoar, assim como queremos que nos perdoem, e auxiliar os outros no que possamos, assim como desejamos que os outros nos auxiliem no que não podemos, e deles é que se diz aqui: *Bem-aventurados os misericordiosos*. A inteligência compete aos que são limpos de coração, o que é o mesmo que ter olhos limpos, com os quais se pode ver o que nunca *nenhum ouvido ouviu nem nenhum olho viu* (Is 64,4; 1Cor 2,9), e deles é que se diz aqui: *Bem-aventurados os limpos de coração*. A sabedoria corresponde aos pacíficos, nos quais está tudo ordenado e não há nenhum movimento rebelde à razão, senão que tudo obedece ao espírito do homem, assim como este obedece a Deus,[6] e deles é que se diz aqui: *Bem-aventurados os pacíficos*.

12. O mesmo prêmio, que é o reino dos céus, recebe nomes diversos de acordo com tais degraus. No primeiro, como convinha, põe-se o reino dos céus, que é a perfeita e suprema sabedoria da alma racional, e assim se diz: *Bem-aventurados os pobres em espírito, porque deles é o reino dos céus*, como se se dissesse: *O princípio da sabedoria é o temor do Senhor*. Aos mansos dá-se uma herança, por saberem buscar com piedade o testamento do pai: *Bem-aventurados os mansos, porque possuirão a terra*. Aos que choram, a consolação, por conhecerem o que perderam, ou seja, aquilo mesmo em que se encontravam submersos: *Bem-aventurados os que choram, porque serão consolados*. A fartura, aos que têm fome e sede, como refeição merecida por sua valorosa luta e duros trabalhos pela salvação: *Bem-aventurados os que têm fome e sede de justiça, porque serão saciados*. A misericórdia, aos misericordiosos, por seguirem o verdadeiro e sábio conselho de esperar do mais poderoso a ajuda que eles prestam ao mais fraco: *Bem-aventurados os misericordiosos, porque alcançarão misericórdia*. Aos limpos de coração dar-se-á o poder de ver a

facultas videndi Deum tamquam purum oculum ad intellegenda aeterna gerentibus: *Beati mundicordes, quoniam ipsi Deum videbunt*; pacificis Dei similitudo tamquam perfecte sapientibus formatisque ad imaginem Dei per regenerationem renovati hominis: *Beati pacifici, quoniam ipsi filii Dei vocabuntur*. Et ista quidem in hac vita compleri possunt, sicut completa esse in Apostolis credimus; nam illa omnimoda in angelicam formam mutatio, quae post hanc vitam promittitur, nullis verbis exponi potest. *Beati* ergo *qui persecutionem patiuntur propter iustitiam, quia ipsorum est regnum caelorum*. Haec octava sententia, quae ad caput redit perfectumque hominem declarat, significatur fortasse et circumcisione octavo die in Veteri Testamento, et Domini resurrectione post sabbatum, qui est utique octavus idemque primus dies, et celebratione octavarum feriarum quas in regeneratione novi hominis celebramus et numero ipso Pentecostes. Nam septenario septies multiplicato, quo fiunt quadraginta novem, quasi octavus additur, ut quinquaginta compleantur et tamquam redeatur ad caput. Quo die missus est Spiritus Sanctus, quo in regnum caelorum ducimur et haereditatem accipimus et consolamur et pascimur et misericordiam consequimur et mundamur et pacificamur. Atque ita perfecti omnes extrinsecus illatas molestias pro veritate et iustitia sustinemus.

V

13. *Beati eritis*, inquit, *cum vobis maledicent et vos persequentur et dicent omne malum adversus vos mentientes propter me. Gaudete et exultate, quoniam merces vestra multa est in caelis*. Animadvertat, quisquis delicias huius saeculi et facultates rerum temporalium quaerit in nomine christiano, intrinsecus esse beatitudinem nostram, sicut de anima ecclesiastica ore prophetico dicitur: *Omnis pulchritudo filiae regis intrinsecus*. Nam extrinsecus maledicta et persecutiones et detractiones promittuntur de quibus tamen magna merces in caelis est, quae sentitur in corde patientium, eorum qui iam possunt dicere: *Gloriamur in tribulationibus*

Deus, por terem olho limpo para ver as coisas eternas: *Bem-aventurados os limpos de coração, porque verão a Deus*. Aos pacíficos, a semelhança com Deus, por serem sábios perfeitos e formados à imagem de Deus pela regeneração do homem novo: *Bem-aventurados os pacíficos, porque serão chamados filhos de Deus*. Todas essas coisas podem, por certo, cumprir-se nesta vida, como creio se cumpriram nos Apóstolos;[7] porque a transformação total na forma angélica que nos é prometida para depois desta vida não pode expressar-se em palavras.[8] *Bem-aventurados*, portanto, *os que sofrem perseguição por amor da justiça, porque deles é o reino dos céus*. Esta oitava sentença, que volta ao começo e que descreve o homem perfeito, talvez se encontre significada na circuncisão, que na Lei antiga tinha lugar no dia oitavo; e na ressurreição do Senhor, depois do sábado, que é também o oitavo e, ao mesmo tempo, o primeiro dia; e na celebração da oitava das festas que comemoramos da regeneração do homem novo; e no próprio número do Pentecostes: multiplicado por sete o número sete, tem-se quarenta e nove, e, acrescentando-se o oitavo, como se se voltasse ao princípio, chega-se ao cinquenta, dia em que foi enviado o Espírito Santo, por quem somos guiados ao reino dos céus e recebemos a herança, e somos consolados e apascentados, e alcançamos misericórdia, e somos purificados e pacificados, e, assim aperfeiçoados, suportamos pela verdade e pela justiça todos os males que nos vêm de fora.

V

13. *Bem-aventurados sois, quando vos maldisserem e vos perseguirem, e, mentindo, disserem todo o mal contra vós por causa de mim. Alegrai-vos e exultai, porque é grande a vossa recompensa nos céus* (Mt 5,11-12).[9] Percebam os que com o nome de cristãos buscam prazeres mundanos e riquezas temporais que nossa felicidade é algo interior, como dizia da alma religiosa o Profeta: *Toda a glória da filha do rei está no interior* (Sl 44,14); pois que no exterior não nos são prometidas senão maldições, perseguições e detrações, pelas quais certamente se terá recompensa no céu, desfrutando-a já, antecipadamente, os que sofrem e que podem dizer: *Também nos gloriamos nas tribulações, sabendo que a tribulação produz a paciência, a paciência produz a prova, e a prova a esperança, e a esperança não*

scientes quoniam tribulatio patientiam operatur, patientia probationem, probatio spem; spes autem non confundit, quoniam caritas Dei diffusa est in cordibus nostris per Spiritum Sanctum, qui datus est nobis. Non enim ista perpeti fructuosum est, sed ista pro Christi nomine non solum aequo animo sed etiam cum exultatione tolerare. Nam multi haeretici nomine christiano animas decipientes multa talia patiuntur; sed ideo excluduntur ab ista mercede, quia non dictum est tantum: *Beati qui persecutionem patiuntur*, sed additum est: *propter iustitiam*. Ubi autem sana fides non est, non potest esse iustitia, quia *iustus ex fide vivit*. Neque scismatici aliquid sibi ex ista mercede promittant, quia similiter ubi caritas non est, non potest esse iustitia; *dilectio* enim *proximi malum non operatur*, quam si haberent, non dilaniarent corpus Christi, quod est Ecclesia.

14. Quaeri autem potest, quid intersit quod ait: *Cum vobis maledicent*, et: *Dicent omne malum adversus vos*, cum maledicere hoc sit malum dicere. Sed aliter maledictum iactatur cum contumelia coram illo cui maledicitur, sicut Domino nostro dictum est: *Nonne verum dicimus, quod Samaritanus es et daemonium habes?*, aliter cum absentis fama laeditur, sicut de illo item scribitur: *Alii dicebant: Quod propheta est; alii dicebant: Non, sed seducit populum*. Persequi autem est vim inferre vel insidiis appetere. Quod fecit qui eum tradidit et qui eum crucifixerunt. Sane quod etiam hoc non est nude positum, ut diceretur: *Et dicent omne malum adversus vos*, sed additum est: *Mentientes*, additum etiam: *Propter me*, propter eos additum puto qui volunt de persecutionibus et de famae suae turpitudine gloriari; et ideo dicere ad se pertinere Christum, quod multa de illis dicuntur mala, cum et vera dicantur, quando de illorum errore dicuntur. Et si aliquando etiam nonnulla falsa iactantur, quod temeritate hominum plerumque accidit, non tamen propter Christum ista patiuntur. Non enim Christum sequitur qui non secundum veram fidem et catholicam disciplinam christianus vocatur.

15. *Gaudete*, inquit, *et exultate, quoniam merces vestra multa est in caelis*. Non hic caelos dici puto superiores partes huius visibilis mundi – non enim merces nostra, quae inconcussa et aeterna esse debet, in rebus

traz engano, porque a caridade de Deus está derramada em nossos corações pelo Espírito Santo, que nos foi dado (Rm 5,3-5). Não basta suportar tais coisas para receber o prêmio; há que tolerá-las em nome de Cristo, e não só com paciência, mas também com alegria. Muitos hereges, que em nome de Cristo seduzem as almas, padecem tais coisas, mas são excluídos de tal recompensa; porque não se disse simplesmente: *Bem-aventurados os que sofrem perseguição*, mas se acrescentou: *por amor da justiça*; e onde não há fé integral não pode haver justiça, porque *o justo viverá na sua fé* (Hab 2,4; Rm 1,17). Tampouco esperem receber tal recompensa os cismáticos; porque, igualmente, onde não há caridade não pode haver justiça, uma vez que *o amor do próximo não faz o mal* (Rm 13,10), e porque, se tivessem eles este amor, não dilacerariam o Corpo de Cristo, que é a Igreja (Cl 1,24).

14. Perguntar-se-á que diferença há entre a frase: *Quando vos maldisserem*, e esta outra: *Quando disserem todo o mal contra vós*, dado que maldizer é o mesmo que dizer mal. Mas uma coisa é dizer mal de alguém em termos ofensivos e em sua presença, como se disse a Nosso Senhor: *Não dizemos nós com razão que tu és um samaritano, e que tens demônio?* (Jo 8,48), e outra, muito diferente, é manchar o nome do ausente, como também Lhe fizeram a Ele, como se vê pelo escrito: *Uns diziam: É um homem de bem. Outros, porém, diziam: Não é, antes engana o povo* (Jo 7,12). Perseguir, em contrapartida, é atacar violentamente ou investir com insídias, o que fez tanto o que o entregou como os que o crucificaram. E não disse simplesmente: *quando disserem todo o mal contra vós*, senão que acrescentou: *mentindo*; mais ainda: *por causa de mim*. Disse-o, indubitavelmente, por aqueles que querem gloriar-se de ser perseguidos e de ser desonrados, e que dizem que Cristo lhes pertence porque muito se diz mal deles, quando, com efeito, os que o fazem estão com a verdade ao falar de seus extravios; e se alguma vez são caluniados – o que sucede amiúde, dada a leviandade dos homens – não o sofrem por Cristo: não é seguidor de Cristo aquele a que não se chama cristão segundo a fé verdadeira e o ensinamento católico.

15. *Alegrai-vos e exultai* – diz o Senhor – *porque é grande a vossa recompensa nos céus* (Mt 5,12). Não julgo que por *céus* deva entender-se aqui a parte superior deste mundo visível, uma vez que nossa recompensa – que há de ser

volubilibus et temporalibus collocanda est –, sed in caelis dictum puto in spiritalibus firmamentis, ubi habitat sempiterna iustitia. In quorum comparatione terra dicitur anima iniqua, cui peccanti dictum est: *Terra es et in terram ibis*. De his caelis dicit Apostolus: *Quoniam conversatio nostra in caelis est*. Sentiunt ergo iam istam mercedem qui gaudent spiritalibus bonis; sed tunc omni ex parte perficietur, cum etiam mortale hoc induerit immortalitatem. *Ita enim persecuti sunt*, inquit, *et prophetas, qui ante vos fuerunt*. Nunc persecutionem generaliter posuit et in maledictis et in dilaceratione famae. Et bene exemplo adhortatus est, quia vera dicentes solent persecutionem pati. Nec tamen ideo prophetae antiqui timore persecutionis a veritatis praedicatione defecerunt.

VI

16. Rectissime itaque sequitur: *Vos estis sal terrae*, ostendens fatuos esse iudicandos, qui temporalium bonorum vel copiam sectantes vel inopiam metuentes amittunt aeterna, quae nec dari possunt ab hominibus nec auferri. Itaque: *Si sal infatuatum fuerit, in quo salietur?*, id est si vos per quos condiendi sunt quodammodo populi, metu persecutionum temporalium amiseritis regna caelorum, qui erunt homines per quos vobis error auferatur, cum vos elegerit Deus, per quos errorem auferat ceterorum? Ergo: *Ad nihilum valet sal infatuatum, nisi ut mittatur foras et calcetur ab hominibus*. Non itaque calcatur ab hominibus qui patitur persecutionem, sed qui persecutionem timendo infatuatur. Calcari enim non potest nisi inferior; sed inferior non est qui, quamvis corpore multa in terra sustineat, corde tamen fixus in caelo est.

17. *Vos estis lumen mundi*. Quomodo superius dixit: *Sal terrae*, sic nunc dicit: *Lumen mundi*. Nam neque superius ista terra accipienda est, quam pedibus corporeis calcamus, sed homines, qui in terra habitant, vel etiam peccatores, quorum condiendis et extinguendis putoribus apostolicum salem Dominus misit. Et hic mundum non

imutável e eterna – não deve pôr-se em coisas mutáveis e efêmeras. Diz *nos céus* como se dissesse: no firmamento espiritual, onde tem sua morada a eterna justiça, em comparação com o qual se chama terra à alma perversa, à qual se disse após ela pecar: *Terra és, e em terra te hás de tornar* (Gn 3,19).[10] Destes céus diz o Apóstolo: *Nós, porém, somos cidadãos dos céus* (Fl 3,20). Os que põem o seu gozo nos bens espirituais pregustam, desde já, esta recompensa; não alcançará ela, porém, sua inteira perfeição enquanto este corpo mortal não se revestir de imortalidade (1Cor 15,51). *[Também] assim perseguiram os profetas, que existiram antes de vós* (Mt 5,12): falando aqui de modo geral, põe Ele a perseguição nas palavras ofensivas e nos ataques à própria honra, e exorta-nos com tal exemplo, porque os que dizem a verdade sofrem comumente perseguição; não obstante, nunca os antigos profetas deixaram de pregá-la por temor desta.

VI

16. E continua, justissimamente: *Vós sois o sal da terra* (Mt 5,13), dando a entender quão estúpidos são os que, buscando a abundância dos bens temporais, ou temendo-lhes a escassez, perdem os bens eternos, que nenhum homem pode dar nem tirar. *E, se o sal perder a sua força, com que será ele salgado?* (Mt 5,13), ou seja: se vós, que de certo modo deveis condimentar os povos, deixais perder o reino dos céus por medo de perseguição, quem serão os que vos hão de tirar a vós do erro, tendo-vos Deus escolhido para libertar aos demais de seus erros? *Para nada mais serve* [então o sal] *senão para ser lançado fora e calcado pelos homens* (Mt 5,13): não é pisoteado pelos homens o que padece perseguição, mas sim o que, temendo a perseguição, fraqueja e perde a força. Ninguém pisoteia senão o que lhe está debaixo; e o que tem o coração voltado para o céu, por mais que sofra corporalmente na terra, não está debaixo de ninguém.

17. *Vós sois a luz do mundo* (Mt 5,14). No mesmo sentido em que disse antes *sal da terra*, diz Ele agora *luz do mundo*; pois, assim como antes não se referia a esta terra que pisamos, mas aos homens que a habitam, incluídos aí os pecadores, a quem o Senhor enviou o sal dos Apóstolos para curar e livrar da podridão, assim, agora, ao dizer *mundo*, não se refere ao

caelum et terram sed homines, qui sunt in mundo vel diligunt mundum, oportet intellegi, quibus illuminandis Apostoli missi sunt. *Non potest civitas abscondi super montem constituta*, id est fundata super insignem magnamque iustitiam, quam significat etiam ipse mons in quo disputat Dominus.*Neque accendunt lucernam et ponunt eam sub modio sed super candelabrum.* Quid putamus? Ita esse dictum: *Sub modio*, ut occultatio tantum lucernae accipienda sit, tamquam diceret: Nemo accendit lucernam et occultat illam? An aliquid etiam modius significat, ut hoc sit ponere lucernam sub modio: superiora facere corporis commoda quam praedicationem veritatis, ut ideo quisque veritatem non praedicet, dum timet ne aliquid in rebus corporalibus et temporalibus molestiae patiatur? Et bene modius dicitur: sive propter retributionem mensurae, quia ea quisque recipit quae gessit in corpore – *ut illic*, inquit Apostolus, *recipiat unusquisque quae gessit in corpore*, et tamquam de hoc modio corporis alio loco dicitur: *In qua enim mensura mensi fueritis, in ea remetietur vobis* –; sive quoniam temporalia bona, quae corpore peraguntur, certa dierum mensura et inchoantur et transeunt, quam fortasse significat modius. Aeterna vero et spiritalia nullo tali fine coercentur; *non enim ad mensuram dat Deus Spiritum*. Sub modio ergo lucernam ponit quisquis lucem doctrinae bonae commodis temporalibus obscurat et tegit, super candelabrum autem qui corpus suum ministerio Dei subicit, ut superior sit praedicatio veritatis et inferior servitus corporis. Per ipsam tamen corporis servitutem excelsior luceat doctrina, quae per officia corporalia, id est per vocem et linguam et ceteros corporis motus, in bonis operibus insinuatur discentibus. Super candelabrum ergo ponit lucernam, cum dicit Apostolus: *Non sic pugno tamquam aerem caedens, sed castigo corpus meum et servituti subicio, ne forte aliis praedicans ipse reprobus inveniar*. Quod vero ait: *Ut luceat omnibus qui in domo sunt*, domum puto dictam habitationem hominum, id est ipsum mundum, propter id

céu e à terra, mas aos homens que há no mundo e que amam o mundo, os mesmos homens para cuja iluminação foram enviados os Apóstolos. *Não pode esconder-se uma cidade situada sobre um monte* (Mt 5,14), ou seja: uma cidade edificada sobre uma justiça eminente, perfeita, figurada aqui pelo monte de cima do qual fala o Senhor. *Nem acendem uma candeia, e a põem debaixo do alqueire* (Mt 5,15): que pensar destas palavras? Quando se diz: *debaixo do alqueire*, há que entender tão somente a ocultação da candeia, como se o sentido fosse: ninguém acende uma luz e a oculta? Ou o alqueire encerra também algum significado especial, de modo que pôr a candeia debaixo do alqueire seja o mesmo que pôr acima da pregação da verdade as comodidades do corpo, a ponto de deixar a um canto a pregação da verdade por temor de experimentar alguma perda nos bens corpóreos e temporais? É com propriedade que se diz *alqueire*. Antes de tudo, porque a retribuição se fará com medida, uma vez que cada um receberá segundo o que tenha feito enquanto unido ao corpo, como diz o Apóstolo (1Cor 5,10). E alhures parece que se diz deste alqueire corpóreo: *Com a medida com que tiverdes medido, vos medirão também a vós* (Mt 7,2). Ademais, os bens temporais, que concernem ao corpo, têm início e têm fim, isto é, têm determinada medida ou duração, o que talvez esteja significado por alqueire, enquanto os bens espirituais e eternos não são limitados por nenhum termo: *porque Deus não lhe dá o espírito por medida* (Jo 3,34).[11] Assim, põe a luz sob o alqueire todo o que obscurece e cobre a luz da boa doutrina com vantagens de ordem temporal. *Mas sobre o candeeiro* (Mt 5,15), ou seja, põe a luz sobre o candeeiro o que submete seu corpo ao serviço de Deus, de modo que esteja acima a pregação da verdade e abaixo o serviço do corpo, e que por essa mesma submissão do corpo brilhe mais nitidamente a doutrina, que com sua ajuda, ou seja, mediante a voz e a palavra e os demais movimentos corporais que intervêm nas boas obras, se insinua no espírito dos discípulos. Sobre o candeeiro põe o Apóstolo sua luz quando diz: *Combato não como quem açoita o ar; mas castigo o meu corpo, e o reduzo à escravidão, para que não suceda que, tendo pregado aos outros, eu mesmo venha a ser réprobo* (1Cor 9,26-27). *A fim de que ela dê luz a todos os que estão em casa* (Mt 5,15): entendo aqui por casa a morada dos homens, quer dizer, o próprio mundo, razão por que disse Ele antes: *Vós sois a luz do*

quod superius ait: *Vos estis lumen mundi*. Aut si domum quisque vult accipere Ecclesiam, neque hoc absurdum est.

VII

18. *Sic luceat*, inquit, *lumen vestrum coram hominibus, ut videant bona facta vestra et glorificent Patrem vestrum qui in caelis est*. Si tantummodo diceret: *Sic luceat lumen vestrum coram hominibus, ut videant bona facta vestra*, finem constituisse videretur in laudibus hominum, quas quaerunt hypocritae et qui ambiunt ad honores et captant inanissimam gloriam. Contra quos dicitur: *Si adhuc hominibus placerem, Christi servus non essem*, et per prophetam: *Qui hominibus placent confusi sunt, quoniam Deus nihil fecit illos*, et iterum: *Deus confringit ossa hominibus placentium*; et rursus Apostolus: *Non efficiamur inanis gloriae cupidi*; et ipse iterum: *Probet autem se homo, et tunc in semet ipso habebit gloriam et non in altero*. Non ergo tantum dixit: *Ut videant bona facta vestra*, sed addidit: *Et glorificent Patrem vestrum qui in caelis est*, ut hoc ipsum, quod homo per bona opera placet hominibus, non ibi finem constituat, ut hominibus placeat, sed referat hoc ad laudem Dei, et propterea placeat hominibus, ut in illo glorificetur Deus. Hoc enim laudantibus expedit, ut non hominem sed Deum honorent, sicut in ipso homine qui portabatur Dominus ostendit, ubi admiratae sunt turbae de paralitico sanato virtutes eius, sicut in Evangelio scriptum est: *Timuerunt et glorificaverunt Deum, qui dedit potestatem talem hominibus*. Cuius imitator apostolus Paulus dicit: *Tantum autem audientes erant, quia qui aliquando nos persequebatur nunc evangelizat fidem, quam aliquando vastabat, et in me magnificabant Deum*.

19. Posteaquam ergo cohortatus est audientes ut se praepararent ad omnia sustinenda pro veritate atque iustitia, et ut non absconderent bonum quod accepturi erant, sed ea benivolentia discerent, ut ceteros docerent, non ad laudem suam sed ad gloriam Dei bona sua opera referentes, incipiteos iam informare et docere quod doceant, tamquam si quaererent dicentes: Ecce volumus et omnia sustinere pro tuo

mundo (Mt 5,14). E, se aqui alguém entender por casa a Igreja, não incorrerá em nenhum absurdo.

VII

18. *Assim* – diz Ele – *brilhe a vossa luz diante dos homens, para que eles vejam as vossas boas obras, e glorifiquem o vosso Pai, que está nos céus* (Mt 5,16). Se tivesse dito tão somente: *Assim brilhe a vossa luz diante dos homens, para que eles vejam as vossas boas obras*, pareceria pôr o fim delas nos louvores dos homens, os quais são buscados pelos hipócritas, e pelos que ambicionam honras e perseguem a glória vã. Contra estes escreve São Paulo: *Se agradasse ainda aos homens, não seria servo de Cristo* (Gl 1,10); e diz o Profeta: *Porque Deus dissipou os ossos daqueles que procuram agradar aos homens*, e acrescenta: *foram confundidos, porque Deus os desprezou* (Sl 52,6); e novamente o Apóstolo: *Não nos façamos ávidos da vanglória* (Gl 5,26); e ainda o Apóstolo, em outra passagem: *Mas cada um examine a sua obra, e então terá glória somente em si mesmo, e não em outro* (Gl 6,4). Não disse Ele, pois, tão somente: *para que eles vejam as vossas boas obras*, senão que acrescentou: *e glorifiquem o vosso Pai, que está nos céus*, para que ao próprio agradar aos homens em decorrência de nossas boas obras não o tenhamos por fim, senão que o refiramos antes à glória de Deus, e agradamos aos homens a fim tão só de que por isso seja Deus mesmo glorificado. O louvor deve dirigir-se a honrar não ao homem, mas a Deus, como mostrou o Senhor quando lhe levaram aquele paralítico, e quando as turbas, ao vê-lo curado por Ele, admiraram seu poder, como se escreve no Evangelho: *Temeram, e glorificaram a Deus, que deu tal poder aos homens* (Mt 9,8). E diz São Paulo, imitador de Cristo: *Aquele que outrora nos perseguia agora prega a fé que noutro tempo impugnava; e por minha causa davam glória a Deus* (Gl 1,23-24).

19. Depois de ter exortado os ouvintes a que se dispusessem a padecer tudo pela verdade e pela justiça, e a que não escondessem o bem que haviam de receber, mas aprendessem aquela doutrina com a boa intenção de ensiná-la aos outros, sem buscar o louvor para si e referindo todas as suas boas obras a Deus, começa já o Senhor a instruí-los e a ensinar-lhes o que deverão ensinar, como se lhe tivessem dito: Queremos verdadeiramente padecer tudo

nomine et doctrinam tuam non abscondere. Sed quid est hoc ipsum quod vetas abscondi? Et pro quo iubes omnia tolerari? Numquid alia dicturus es contra ea quae in lege scripta sunt? Non, inquit. *Nolite enim putare quoniam veni solvere Legem aut Prophetas; non veni solvere sed implere.*

VIII

20. In hac sententia duplex sensus est; secundum utrumque tractandum est. Nam qui dicit: *Non veni solvere legem sed implere*, aut addendo dicit quod minus habet aut faciendo quod habet. Illud ergo prius consideremus quod primo posui. Nam qui addit quod minus habet, non utique solvit quod invenit sed magis perficiendo confirmat. Et ideo sequitur et dicit: *Amen dico vobis, donec transeat caelum et terra, iota unum vel unus apex non transiet a lege, donec omnia fiant*. Dum enim fiunt etiam illa quae adduntur ad perfectionem, multo magis fiunt illa quae praemissa sunt ad inchoationem. Quod autem ait: *Iota unum vel unus apex non transiet a lege*, nihil potest aliud intellegi nisi vehemens expressio perfectionis, quando per litteras singulas demonstrata est, inter quas litteras iota minor est ceteris, quia uno ductu fit, apex autem etiam ipsius aliqua in summo particula. Quibus verbis ostendit in lege ad effectum etiam minima quaeque perduci. Deinde subicit: *Qui enim solverit unum de mandatis istis minimis et docuerit sic homines, minimus vocabitur in regno caelorum*. Mandata ergo minima significantur per unum iota et unum apicem. *Qui ergo solverit et docuerit sic*, id est secundum id quod solvit non secundum id quod invenit et legit, *minimus vocabitur in regno caelorum*; et fortasse ideo non erit in regno caelorum, ubi nisi magni esse non possunt. *Qui autem fecerit et docuerit sic, hic magnus vocabitur in regno caelorum. Qui autem fecerit* hoc est: qui autem non solverit et docuerit sic, secundum id quod non solvit. Quod vero *magnus vocabitur in regno caelorum*, sequitur ut etiam sit in regno caelorum, quo magni admittuntur. Ad hoc enim pertinet quod sequitur.

pelo teu nome e não ocultar tua doutrina; que é porém o que nos proíbes que ocultemos, e por que temos de padecer tudo? Por acaso vais dizer algo contra o que está escrito na Lei? *Não julgueis* – diz-lhes – *que vim destruir a lei ou os profetas; não vim [para os] destruir, mas sim [para os] cumprir* (Mt 5,17).

VIII

20. Tem dois sentidos esta frase, e a ambos é preciso fazer referência. Porque quem diz: *Não vim para destruir a lei, mas para cumpri-la*, ou lhe acrescenta algo que lhe falta, ou cumpre o que ela contém. Considere-se o que se disse em primeiro lugar. O que acrescenta algo que falta não suprime o que encontra; antes o confirma ao aperfeiçoá-lo. Por isso prossegue Ele, dizendo: *Porque em verdade vos digo que, enquanto não passar o céu e a terra, não desaparecerá da lei um só iota ou um só ápice, sem que tudo seja cumprido* (Mt 5,18).[12] Pois, se se realiza o que se acrescentou para maior perfeição, com mais razão se realizará o que havia já no começo. E, quando Cristo diz: *Não desaparecerá da lei um só iota*, não pode isto constituir mais que expressão enfática da perfeição,[13] uma vez que se cumprirá perfeitamente a Lei em cada uma de suas letras. E por ser o iota a menor de todas as letras, escrevendo-se com um só traço, e por ser o ápice um pequeníssimo sinal que se põe sobre ela, com tais palavras nos dá a entender o Senhor que na Lei até as coisas mais insignificantes têm de ser cumpridas. Em seguida, acrescenta: *Aquele pois que violar um destes mínimos mandamentos, e ensinar assim aos homens, será considerado o mínimo no reino dos céus* (Mt 5,19). Os mandamentos muito pequenos são, por conseguinte, significados pelo iota e pelo ápice, e *aquele que violar um destes mínimos mandamentos, e assim os ensinar*, ou seja, enquanto os viola, não enquanto os encontra e lê, *será considerado o mínimo no reino dos céus*, e por isso mesmo não estará talvez no reino dos céus, onde não podem estar senão os grandes; mas *o que os guardar e ensinar*, ou seja, o que não os violar e que ensinar precisamente a não violá-los, *esse será considerado grande no reino dos céus* (Mt 5,19). E quem é considerado grande no reino dos céus há, forçosamente, de estar nele, porque nele se recebem os grandes. A isto se refere o que se segue.

IX

21. *Dico enim vobis quia, nisi abundaverit iustitia vestra plus quam scribarum et phariseorum, non intrabitis in regnum caelorum*; id est nisi non solum illa minima legis praecepta impleveritis quae inchoant hominem, sed etiam ista quae a me adduntur, qui non veni solvere legem sed implere,*non intrabitis in regnum caelorum.* Sed dicis mihi: Si de illis mandatis minimis, cum superius loqueretur dixit minimum vocari in regno caelorum, quisquis unum eorum solverit et secundum suam solutionem docuerit; magnum autem vocari, quisquis ea fecerit et sic docuerit, et ex eo iam in regno caelorum futurum esse quia magnus est, quid opus est addi praeceptis legis minimis, si iam in regno caelorum potest esse, quia magnus est quisquis ea fecerit et sic docuerit? Quapropter sic est accipienda illa sententia: *Qui autem fecerit et docuerit sic, magnus vocabitur in regno caelorum*, id est non secundum illa minima, sed secundum ea quae ego dicturus sum. Quae sunt autem ista? Ut abundet iustitia, inquit, vestra super scribarum et phariseorum, quia *nisi abundaverit, non intrabitis in regnum caelorum.* Ergo qui solverit illa minima et sic docuerit, minimus vocabitur; qui autem fecerit illa minima et sic docuerit,non iam magnus habendus est et idoneus regno caelorum, sed tamen non tam minimus quam ille qui solvit. Ut autem sit magnus atque illi regno aptus, facere debet et docere sicut Christus nunc docet, id est ut abundet iustitia eius super scribarum et phariseorum. Iustitia phariseorum est, ut non occidant; iustitia eorum qui intraturi sunt in regnum Dei, ut non irascantur sine causa. Minimum est ergo non occidere; et qui illud solverit, minimus vocabitur in regno caelorum. Qui autem illud impleverit ut non occidat, non continuo magnus erit et idoneus regno caelorum, sed tamen ascendit aliquem gradum. Perficietur autem, si nec irascatur sine causa; quod si perfecerit, multo remotior erit ab homicidio. Quapropter qui docet ut non irascamur, non solvit legem ne occidamus sed implet potius, ut et foris, dum non occidimus, et in corde, dum non irascimur, innocentiam custodiamus.

22. *Audistis* ergo, inquit, *quia dictum est antiquis: non occides; qui autem occiderit, reus erit iudicio. Ego autem dico vobis, quia omnis qui irascitur fratri*

IX

21. *Porque eu vos digo que, se a vossa justiça não exceder a dos escribas e a dos fariseus, não entrareis no reino dos céus* (Mt 5,20), ou seja: Se, além dos preceitos da Lei que iniciam o homem, não cumprirdes os que acrescentei eu, que não vim destruir a Lei, mas cumpri-la, não entrareis no reino dos céus.[14] Dir-me-ás, todavia: Se, ao falar anteriormente dos preceitos muito pequenos, disse Jesus que seria considerado muito pequeno no reino dos céus o que violasse um só deles e ensinasse a violá-los, e que seria chamado grande o que os cumprisse e ensinasse a cumpri-los, e que por ser grande haveria de estar no reino dos céus, que necessidade há de acrescentar o que quer que seja aos preceitos pequenos da Lei, se, uma vez que é grande o que os cumpre e ensina a cumpri-los, já pode estar ele no reino dos céus? Por isso, deve compreender-se a frase *o que os guardar e ensinar, esse será considerado grande no reino dos céus* assim: Esse o será não por cumprir aqueles preceitos pequenos, mas os que vou dar. E quais são estes preceitos? Que a vossa justiça seja maior que a dos escribas e maior que a dos fariseus, pois, se não for maior, não entrareis no reino dos céus. Logo, o que violar os preceitos pequenos será chamado pequeno; mas o que os cumprir e ensinar nem por isso será considerado grande e apto para o reino dos céus; não será tão pequeno como o que não os cumpriu, mas, para que seja grande e apto para aquele reino, deve fazer e ensinar o que agora ensina Cristo mesmo, a saber, que sua justiça seja maior que a dos escribas e que a dos fariseus. A justiça dos fariseus limita-se ao não matar; a dos que hão de entrar no reino de Deus chega ao não irar-se sem motivo. O não matar é preceito pequeno; e aquele que o cumprir, ou seja, o que não matar, se nem por isso será grande e apto para o reino dos céus, já sobe todavia um degrau. Aquele porém que não se ira sem motivo, esse já é perfeito; e o que conseguir isto estará muito mais longe do homicídio. Por isso, O que ensina que não devemos irar-nos não só não destrói a lei que nos proíbe o matar mas lhe dá melhor cumprimento, dado que conservamos a inocência por fora ao não matar e por dentro ao não irar-nos.

22. *Ouvistes que foi dito aos antigos: Não matarás, e quem matar será condenado em juízo. Pois eu vos digo que todo aquele que se irar contra seu irmão será condenado em*

suo sine causa, reus erit iudicio; qui autem dixerit fratri suo: Racha, reus erit concilio; qui autem dixerit: Fatue, reus erit gehennae ignis. Quid interest inter reum iudicio et reum concilio et reum gehennae ignis? Nam hoc postremum gravissimum sonat et admonet gradus quosdam factos a levioribus ad graviora, donec ad gehennam ignis veniretur. Et ideo si levius est esse reum iudicio quam esse reum concilio, item levius esse reum concilio quam esse reum gehennae ignis, oportet levius esse intellegatur irasci sine causa fratri quam dicere: *Racha*, et rursus levius esse dicere: *Racha* quam dicere: *Fatue*. Non enim reatus ipse haberet gradus, nisi gradatim etiam peccata commemorarentur.

23. Unum autem hic verbum obscurum positum est, quia nec graecum est nec latinum: *Racha*; cetera vero in sermone nostro usitata sunt. Nonnulli autem de greco trahere voluerunt interpretationem huius vocis putantes pannosum dici *Racha*, quoniam grece pannus ῥάκος dicitur. A quibus tamen cum quaeritur quid dicatur grece pannosus, non respondent *Racha*. Deinde posset latinus interpres, ubi posuit *Racha*, pannosum ponere, nec uti verbo quod et in latina lingua nullum sit et in greca inusitatum. Probabilius ergo est quod audivi a quodam hebreo, cum id interrogassem. Dixit enim esse vocem non significantem aliquid, sed indignantis animi motum exprimentem. Has interiectiones grammatici vocant particulas orationis significantes commoti animi affectum, velut cum dicitur a dolente *Heu* vel ab irascente *Hem*. Quae voces quarumque linguarum sunt propriae, nec in aliam linguam facile transferuntur. Quae causa utique coegit tam grecum interpretem quam latinum vocem ipsam ponere, cum quomodo eam interpretaretur non inveniret.

24. Gradus itaque sunt in istis peccatis, ut primo quisque irascatur et eum motum retineat corde conceptum. Iam si extorserit vocem indignanti ipsa commotio non significantem aliquid, sed illum animi motum ipsa eruptione testantem qua feriatur ille cui irascitur, plus est utique, quam si surgens ira silentio premeretur. Si vero non solum vox indignantis audiatur, sed etiam verbum

juízo. E o que chamar de racca[15] *seu irmão será condenado no conselho. E o que o chamar de louco será condenado ao fogo da geena* (Mt 5,21-22).[16] Que diferença há entre ser condenado em juízo, ser condenado no conselho e ser condenado ao fogo da geena? Com efeito, é muito mais grave este último, o que mostra que há vários graus de condenação, do mais leve ao mais grave, ou seja, do juízo à geena de fogo. Do mesmo modo, se é mais leve ser obrigado a juízo que sê-lo a conselho, e mais leve ser obrigado a conselho que sê-lo ao fogo da geena, deve entender-se que é mais leve irar-se sem motivo contra o irmão que chamar-lhe *racca*; e que é mais leve chamar-lhe *racca* que chamar-lhe louco, pois que não estariam graduadas as penas se não o estivessem igualmente os próprios pecados.

23. Emprega-se aqui uma palavra algo obscura, porque *racca* não é grega nem latina. Todas as demais são comuns em nosso idioma. Alguns, no entanto, quiseram derivá-la do grego, opinando que *racca* significa *trapeiro*, já que *trapo* se diz em grego ῥάκος; se porém se lhes pergunta como se diz *trapeiro* em grego, não respondem *racca*. Além disso, o tradutor latino teria podido pôr *pannosus* [trapeiro] onde pôs *racha*, em vez de empregar uma palavra que não existe em latim e que é duvidosa em grego. O mais provável, portanto, é o que ouvi certa vez de um hebreu, ao perguntar-lhe acerca disto; disse-me que se trata de palavra sem sentido, e que expressa somente o estado de espírito de alguém que está irado. Dizem os gramáticos que as interjeições como esta são partículas da oração que não fazem senão expressar algum estado afetivo, como quando o que sente dor diz: Ai!, ou como quando o que está irado diz: Hum! Estas são vozes próprias de cada língua, e de difícil tradução, circunstância que induziu tanto o tradutor grego como o latino a empregar o mesmo vocábulo, por não encontrar maneira de traduzi-lo.

24. Há graus, portanto, nestes pecados. O primeiro é o irar-se sem, todavia, externar a ira. Pois bem, se a mesma excitação faz brotar uma palavra de ira sem significado concreto, mas denunciadora – no modo mesmo de brotar – desse estado de espírito, e capaz de ferir ao que é objeto de nossa ira, tal é mais grave do que o seria se, ao brotar a ira, a abafássemos sob o silêncio. Se porém não só se ouve uma exclamação irada mas uma palavra verdadeiramente ofensiva àquele a quem se

quod iam certam vituperationem eius in quem profertur designet et notet, quis dubitet amplius hoc esse, quam si solus indignationis sonus ederetur? Itaque in primo unum est, id est ira sola; in secundo duo, et ira et vox quae iram significat; in tertio tria, et ira et vox quae iram significat et in voce ipsa certae vituperationis expressio. Vide nunc etiam tres reatus: iudicii, concilii, gehennae ignis! Nam in iudicio adhuc defensioni datur locus. In concilio autem, quamquam et iudicium esse soleat, tamen quia interesse aliquid hoc loco fateri cogit ipsa distinctio, videtur ad concilium pertinere sententiae prolatio, quando non iam cum ipso reo agitur, utrum damnandus sit, sed inter se qui iudicant conferunt, quo supplicio damnari oporteat quem constat esse damnandum. Gehenna vero ignis nec damnationem habet dubiam sicut iudicium nec damnati poenam sicut concilium; in gehenna quippe certa est et damnatio et poena damnati. Videntur ergo aliqui gradus in peccatis et in reatu. Sed quibus modis invisibiliter exhibeantur meritis animarum, quis potest dicere? Audiendum est itaque, quantum intersit inter iustitiam pharisaeorum et iustitiam maiorem quae in regnum caelorum introducit, quod, cum sit gravius occidere quam verbo irrogare convicium, ibi occisio facit reum iudicio, hic autem ira facit reum iudicio, quod trium illorum peccatorum levissimum est; quia illic quaestionem homicidii inter homines agitabant, hic autem omnia divino iudicio dimittuntur, ubi finis damnatorum est gehenna ignis. Quisquis autem dixerit quod graviore supplicio in maiore iustitia punitur homicidium, si gehenna ignis punitur convicium, cogit intellegi esse differentias gehennarum.

25. Sane in tribus istis sententiis subauditio verborum intuenda est. Habet enim prima sententia omnia verba necessaria, ut nihil subaudiatur: *Qui irascitur*, inquit, *fratri suo sine causa, reus erit iudicio*. In secunda vero, cum ait: *Qui autem dixerit fratri suo: Racha*, subauditur: sine causa, et ita iungitur: *Reus erit concilio*. Iam in tertia, ubi ait: *Qui autem dixerit: Fatue*, duo subaudiuntur: et fratri suo et sine causa.

endereça, quem duvidará que isto é mais que simples som de ira? No primeiro caso há, por conseguinte, um só elemento: a ira; no segundo há dois: a ira e a exclamação irada; no terceiro há três: a ira, a exclamação irada e, nesta, a expressão ofensiva. Eis pois os três estados do réu: o do juízo, o do conselho e o da geena. No juízo ainda se permite a defesa; quanto todavia ao conselho, conquanto também costume ser juízo, mas dado que a mesma distinção entre juízo e conselho nos obriga a estabelecer aqui alguma diferença, parece que lhe cabe a ele pronunciar a sentença quando já não se discute com o réu se deve ser condenado, e são então os juízes os que deliberam o castigo que se deverá impor ao que, como já consta, deve ser condenado. Por fim, na geena já não é duvidosa a condenação, como no juízo, nem a pena do condenado, como no conselho: tanto a condenação como a pena do condenado são absolutamente certas. Segue-se, então, que tanto nos pecados como na pena ocorrem graus; mas de que maneira se graduam invisivelmente os merecimentos das almas, isso já não se pode dizer com toda a certeza. Há que levar em conta a grande diferença entre a justiça dos fariseus e a justiça maior que nos faz entrar no reino dos céus; segundo aquela, sendo mais grave matar que ofender com palavras, a morte torna o réu merecedor de juízo; segundo esta, fá-lo a ira, que é o mais leve de tais três pecados, porque, segundo aquela, as causas de homicídio se discutem entre os homens, ao passo que, segundo esta, tudo se reserva ao juízo de Deus, no qual os que são condenados acabam no fogo da geena. Se alguém porém disser que na justiça maior, em que a simples injúria se castiga com a geena do fogo, o homicídio deveria condenar-se com castigo maior, deverá levar em conta que há também diferentes geenas.

25. Note-se que em algumas daquelas três frases há palavras subentendidas. Na primeira não há senão palavras precisas, e não há nada subentendido: *Pois eu vos digo que todo aquele que se irar* [sem motivo] *contra seu irmão* – afirma o Senhor – *será condenado em juízo*. Na segunda, todavia, quando Ele diz: *E o que chamar de* racca *seu irmão*, subentende-se: *sem motivo*; e acrescenta-se isto: *será condenado no conselho*.[17] E na terceira, em que se diz: *E o que o chamar de louco*, subentendem-se duas coisas: *seu irmão* e *sem*

Hoc est unde defenditur quod Apostolus Galatas vocat stultos, quos etiam fratres nominat; non enim id facit sine causa. Ideo autem hic frater subaudiendus est, quia de inimico postea dicitur quomodo etiam ipse tractandus sit maiore iustitia.

X

26. Deinde hic sequitur: *Si ergo obtuleris munus tuum in altare et illic recordatus fueris quod frater tuus habet aliquid adversum te, relinque ibi munus tuum ante altare, et vade prius reconciliari fratri tuo; et tunc veniens offer munus tuum*[73]. Hinc utique apparet de fratre dictum esse superius, quoniam sententia quae sequitur ea coniunctione connectitur, ut superiori attestetur. Non enim ait: Si autem obtuleris munus tuum in altare, sed ait: *Si ergo obtuleris munus tuum in altare*. Nam si irasci non fas est fratri sine causa, aut dicere: *Racha* aut dicere: *Fatue*, multo minus fas est animo tenere aliquid, ut in odium indignatio convertatur. Quo pertinet etiam quod alio loco dicitur: *Non occidat sol super iracundiam vestram*. Iubemur ergo illaturi munus in altare, si recordati fuerimus aliquid adversum nos habere fratrem, munus ante altare relinquere et pergere ac reconciliari fratri, deinde venire et munus offerre. Quod si accipiatur ad litteram, fortassis aliquis credat ita fieri oportere, si praesens sit frater; non enim diutius differri potest, cum munus tuum relinquere ante altare iubearis. Si ergo de absente et, quod fieri potest, etiam trans mare constituto aliquid tale veniat in mentem, absurdum est credere ante altare munus relinquendum, quod post terras et maria pererrata offeras Deo. Et ideo prorsus intro ad spiritalia refugere cogimur, ut hoc quod dictum est sine absurditate possit intellegi.

27. Altare itaque spiritaliter in interiore Dei templo ipsam fidem accipere possumus, cuius signum est altare visibile. Quodlibet enim munus offerimus Deo – sive prophetiam sive doctrinam sive orationem sive hymnum sive psalmum, et si quid tale aliud

motivo. É esse o fundamento para defender o Apóstolo quando chama insensatos aos gálatas (Gl 3,1), a quem ele também chama irmãos, pois não lhe chama assim sem motivo. E, se insisto em que se deve subentender aqui *irmão*, é porque, quanto ao inimigo, só adiante é que direi como tratá-lo também segundo a justiça maior.

X

26. E continua assim o Senhor: *Portanto, se estás para fazer a tua oferta diante do altar, e te lembrares aí que teu irmão tem alguma coisa contra ti, deixa lá a tua oferta diante do altar, e vai reconciliar-te primeiro com teu irmão, e depois vem fazer a tua oferta* (Mt 5,23-24). Donde se deduz que no dito mais acima se tratava do irmão; porque a frase que se segue se junta à anterior por uma conjunção que a confirma. Não diz: Mas se estás para fazer tua oferta diante do altar, e sim: *Portanto, se estás para fazer a tua oferta diante do altar;* porque, se não é permitido irar-se contra o irmão sem motivo, ou chamar-lhe *racca* ou *louco*, muito menos o é guardar animosidade por ele, a ponto de a indignação tornar-se ódio. A isso mesmo refere-se o que se diz alhures: *Não se ponha o sol sobre a vossa ira* (Ef 4,26). Ordena-se-nos portanto que, se ao nos dirigirmos ao altar levando nossa oferta lembramos que nosso irmão tem algo contra nós, deixemos a oferta diante do altar, vamos reconciliar-nos com ele e voltemos, em seguida, para fazer nosso dom. Se isso se tomar ao pé da letra, alguém talvez vá julgar que assim se deve proceder quando o irmão está presente, uma vez que não há lugar para demora: ordena-se-nos que deixemos a oferta diante do altar. Porque, se algo semelhante nos sucedesse com um ausente ou, como pode acontecer, com alguém que está além-mar, seria absurdo pensar que se devesse deixar a oferta diante do altar, para oferecê-la a Deus, após correr terras e mares. É preciso, por conseguinte, cingir-se ao sentido espiritual, para que se possa compreender o dito sem incorrer em absurdo.

27. Pode-se pois julgar, em sentido espiritual, que no templo interior de Deus o altar é a fé, cujo símbolo é o altar visível. E isso assim é porque, qualquer que seja a oferta feita a Deus, a profecia, a ciência, a oração, o hino, o salmo ou qualquer outro dom semelhante que nos

spiritalium donorum animo occurrit –, acceptum esse non potest Deo, nisi fidei sinceritate fulciatur et ei fixe atque immobiliter tamquam imponatur, ut possit integrum atque illibatum esse quod loquimur. Nam multi haeretici non habentes altare, id est veram fidem, blasphemias pro laude dixerunt, terrenis videlicet opinionibus adgravati votum suum tamquam in terram proicientes. Sed debet esse sana etiam offerentis intentio. Et propterea cum tale aliquid oblaturi sumus in corde nostro, id est in interiore Dei templo – *Templum enim Dei sanctum est*, inquit Apostolus, *quod estis vos*; et:*In interiore homine habitare Christum per fidem in cordibus vestris* –, si in mentem venerit quod aliquid habeat adversum nos frater, id est si nos eum in aliquo laesimus, tunc enim ipse habet adversum nos; nam nos habemus adversus illum, si ille nos laesit, ubi non opus est pergere ad reconciliationem; non enim veniam postulabis ab eo qui tibi fecit iniuriam, sed tantum dimittes sicut tibi dimitti a Domino cupis quod ipse commiseris. Pergendum est ergo ad reconciliationem, cum in mentem venerit quod nos forte fratrem in aliquo laesimus, pergendum autem non pedibus corporis sed motibus animi, ut te humili affectu prosternas fratri, ad quem cara cogitatione cucurreris in conspectu eius cui munus oblaturus es. Ita enim, etiam si praesens sit, poteris eum non simulato animo lenire atque in gratiam revocare veniam postulando, si hoc prius coram Deo feceris, pergens ad eum non pigro motu corporis sed celerrimo dilectionis affectu. Atque inde veniens, id est, intentionem revocans ad id quod agere coeperas, offeres munus tuum.

28. Quis autem hoc facit, ut fratri suo vel non irascatur sine causa, vel *Racha* non dicat sine causa, vel eum *fatuum* non appellet sine causa, quod totum superbissime admittitur, vel si forte in horum aliquo lapsus fuerit, quod unum est remedium, supplici animo veniam deprecetur, nisi quisquis inanis iactantiae spiritu non inflatur? *Beati* ergo *pauperes spiritu, quoniam ipsorum est regnum caelorum.* Nunc iam videamus quod sequitur!

ocorra, não poderá ser aceita por Deus se não provier de uma fé sincera e como imposta firme e inabalavelmente a ela, para que nos sejam íntegras as palavras. Muitos hereges, faltos de altar, ou seja, de fé, em vez de louvores proferem blasfêmias, como se, oprimidos pelo peso dos seus pensamentos, tivessem lançado por terra seus votos. Mas, quando oferecemos algo, também nos há de ser pura a intenção. E, assim, quando temos de oferecer algo no coração, que é o templo interior de Deus (*porque é santo o templo de Deus, que vós sois* [1Cor 3,17]; *que sejais corroborados em virtude, segundo o homem interior pelo Espírito, e que Cristo habite pela fé nos vossos corações* [Ef 3,16-17]), se nos lembramos de que um irmão tem algo contra nós, quer dizer, se em algo o ofendemos, tendo ele então algo contra nós do mesmo modo que temos algo contra ele quando nos ofende, circunstância essa em que não há necessidade de irmos reconciliar-nos – dado que não vais pedir perdão ao que te injuriou, mas tão só lho perdoarás, do mesmo modo que desejas que Deus te perdoe quando ofendes a Ele –, assim, quando nos lembramos de que em algo ofendemos talvez ao irmão, devemos ir reconciliar-nos com ele; e devemos ir não precisamente com os pés do corpo, mas com movimento da alma, a prostrar-nos com humilde afeto diante do irmão, para o qual teremos voado nas asas de terno pensamento, na presença d'Aquele a quem temos de fazer a oferta. Igualmente, se ele estiver presente, poderás sem nenhum fingimento apaziguá-lo, e atraí-lo novamente para a amizade, pedindo-lhe perdão, se antes tiveres feito isto na presença de Deus, dirigindo-te até ele não com o lento ir do corpo, mas com o velocíssimo afeto do amor. E ao voltares, ou seja, ao voltar tua intenção ao que tinhas começado, farás tua oferta.

28. Quem todavia o faz, ou seja, quem não se ira com o irmão sem motivo, quem sem motivo não lhe chama *racca* ou sem motivo não lhe chama louco – tudo isso a que nos pode levar a soberba –, ou, se em algo disso cometeu uma falta, põe em prática a única coisa que então lhe cabe: implorar, suplicar-lhe a ele o perdão, se é que não está inflado pelo espírito de frívola jactância? *Bem-aventurados*, portanto, *os pobres em espírito, porque deles é o reino dos céus*. Vejamos agora o que se segue.

XI

29. *Esto*, inquit, *benivolus adversario tuo cito, dum es in via cum eo, ne forte te tradat adversarius iudici, et iudex tradat te ministro, et in carcerem mittaris. Amen dico tibi, non exies inde, donec reddas novissimum quadrantem.* Iudicem intellego: *Pater enim non iudicat quemquam, sed omne iudicium dedit Filio.* Ministrum intellego: *Et angeli*, inquit, *ministrabant ei*; et cum angelis suis venturum credimus ad iudicandos vivos et mortuos. Carcerem intellego: poenas videlicet tenebrarum, quas alio loco exteriores vocat, credo propterea quod intrinsecus sit in ipsa mente, vel etiam si quid secretius cogitari potest, gaudium divinorum praemiorum, de quo dicitur servo bene merito: *Intra in gaudium Domini tui*; quemadmodum etiam in hac ordinatione rei publicae vel a secretario vel a praetorio iudicis extra mittitur qui in carcerem truditur.

30. De solvendo autem novissimo quadrante potest non absurde intellegi aut pro eo positum quod nihil relinquitur impunitum, sicut loquentes etiam dicimus: usque ad fecem, cum volumus exprimere aliquid ita exactum, ut nihil relinqueretur, vel ut significarentur nomine quadrantis novissimi terrena peccata. Quarta enim pars distinctorum membrorum huius mundi, et ea novissima, terra invenitur, ut incipias a caelo, secundum aerem numeres, aquam tertiam, quartam terram. Potest ergo convenienter videri dictum: *Donec solvas novissimum quadrantem*, donec luas terrena peccata; hoc enim et peccator audivit: *Terra es et in terram ibis*. Donec solvas autem quod dictum est, miror si non eam poenam significat quae vocatur aeterna. Unde enim solvetur illud debitum, ubi iam non datur paenitendi et correctius vivendi locus? Ita enim fortasse hic positum est donec solvas, quomodo in illo ubi dictum est: *Sede ad dexteram meam, donec ponam omnes inimicos tuos sub pedibus tuis*; non enim, cum fuerint inimici sub pedibus positi, desinet ille sedere ad dexteram; aut illud Apostoli: *Oportet enim illum regnare, donec ponat omnes inimicos suos sub pedibus tuis*; non enim, cum positi fuerint, desinet regnare.

XI

29. *Acomoda-te sem demora* – diz o Senhor – *com o teu adversário, enquanto estás em caminho com ele, para que não suceda que [esse] adversário te entregue ao juiz, e o juiz te entregue ao seu ministro, e sejas posto em prisão. Em verdade te digo: Não sairás de lá antes de ter pagado o último quadrante* (Mt 5,25-26). Aqui está o juiz: *O Pai a ninguém julga, mas deu ao Filho todo o poder de julgar* (Jo 5,22), e aqui o ministro: *Os anjos (...) o serviam* (Mt 4,11); e acreditamos que juntamente com seus anjos Ele há de vir a julgar os vivos e os mortos. Aqui a prisão: o tormento das trevas, às quais alhures chama Cristo *exteriores* (Mt 8,12), donde deduzo que o gozo dos prêmios eternos seja algo interior ao próprio espírito, ou ainda mais secreto, se é que tal se pode conceber. Por isso se diz ao servo bom e fiel: *Entra no gozo de teu Senhor* (Mt 25,23), assim como na nossa ordem civil o réu é tirado do tribunal ou da pretoria para ser lançado ao fundo do cárcere.

30. Sem receio de errar, pode compreender-se o *pagar até ao último quadrante* no sentido de que nada fica impune, assim como, para darmos a entender que algo desapareceu sem deixar vestígios, dizemos: "até às fezes".[18] Mas a expressão *último quadrante* também pode referir-se aos pecados terrenos, porque a terra é uma quarta parte dos elementos deste mundo, e certamente a última, contando-se em primeiro lugar o céu, em segundo o ar, em terceiro a água, e em quarto, pois, a terra. Podemos portanto considerar a expressão: *antes de ter pagado o último quadrante* como equivalente desta outra: "Antes de ter purgado os pecados terrenos", uma vez que ao pecador se disse: *És terra, e em terra te hás de tornar* (Gn, 3,19). Penso que *antes de ter pagado* se refere à pena dita eterna. Sim, porque como pagar tal dívida quando já não há lugar para o arrependimento nem para a emenda? Provavelmente aqui se diz *antes de ter pagado* no mesmo sentido em que, alhures, se diz: *Senta-te à minha direita, até que ponhas os teus inimigos por escabelo de teus pés* (Sl 109,1), pois que não deixará o Filho de estar sentado à direita do Pai no dia em que todos os seus inimigos já lhe tiverem sido postos sob os pés. O mesmo pode dizer-se destas palavras do Apóstolo: *Porque é necessário que ele reine até que ponha todos os inimigos debaixo de seus pés* (1Cor 15,25), porque não deixará o

Quemadmodum ergo ibi intellegitur, de quo dictum est: *Oportet eum regnare, donec ponat inimicos sub pedibus*, semper regnaturum, quoniam semper illi erunt sub pedibus, ita hic accipi potest, de quo dictum est: *Non exies inde, donec solvas novissimum quadrantem*, semper non esse exiturum, quia semper solvet novissimum quadrantem, dum sempiternas poenas terrenorum peccatorum luit. Neque hoc ita dixerim, ut diligentiorem tractationem videar ademisse de poenis peccatorum, quomodo in Scripturis dicantur aeternae, quamquam quolibet modo sint, vitandae sunt potius quam sciendae.

31. Sed videamus iam, qui sit ipse adversarius, cui iubemur esse benivoli cito, cum sumus cum illo in via! Aut enim diabolus est aut homo aut caro aut Deus aut praeceptum eius. Sed diabolo non video quomodo iubeamur esse benivoli, id est concordes aut consentientes; namque alii quod graece positum est εὐνοῶν interpretati sunt *concors* alii *consentiens*. Sed neque benivolentiam diabolo iubemur exhibere – ubi enim benivolentia, ibi amicitia –, neque quisquam dixerit amicitiam cum diabolo esse faciendam, neque concordare cum illo expedit, cui semel renuntiando bellum indiximus et quo victo coronabimur, neque consentire illi iam oportet, cui si numquam consensissemus, numquam in istas incidissemus miserias. De homine autem, quamquam iubeamur cum omnibus quantum in nobis est, pacem habere, ubi utique et benivolentia et concordia et consensio potest intellegi, non video tamen, quomodo accipiam ab homine nos iudici tradi, ubi Christum iudicem intellego, *ante cuius tribunal omnes oportet exhiberi*, sicut dicit Apostolus. Quomodo ergo iudici traditurus est qui ante iudicem pariter exhibebitur? Aut si propterea traditur quisque iudici, quia hominem laesit, quamvis illo non tradente qui laesus est, multo commodius accipitur a lege ipsa reum tradi iudici, contra quam fecit, cum hominem laederet. Quia et si occidendo quis nocuerit homini, non erit iam tempus quo concordet cum eo, quia iam non est cum illo in via, id est in

Senhor de reinar quando eles já tiverem sido postos aí; e, se se diz: *Porque é necessário que ele reine até que ponha todos os inimigos debaixo de seus pés*, é para dar a conhecer que Ele haverá de reinar sempre, já que para sempre lhe hão de permanecer sob os pés os inimigos; e assim também, se aqui se diz: *Não sairás de lá antes de ter pagado o último quadrante*, é para dar a entender que ele jamais há de sair de lá, porque pagará permanentemente o último quadrante enquanto sofre as penas eternas por seus pecados mortais. E não digo isso por julgar que assim evito tratar com mais detença as penas do pecado e a razão de as Escrituras chamarem-lhes eternas, embora, como quer que seja, mais nos valha que nos livremos delas que as compreendamos.

31. Vejamos já, porém, quem é o inimigo de que nos exorta o Senhor a tornar-nos amigos, enquanto estamos com ele no caminho. Não pode ser senão o diabo, ou o homem, ou a carne, ou Deus, ou o preceito de Deus. Do diabo não vejo como Jesus Cristo nos possa obrigar a amigar-nos, ou seja, a concordar com ele ou consenti-lo, pois que para uns a palavra grega εὐνοῶν significa "aquele que concorda", e para outros "aquele que consente". Não se nos ordena mostrar ao diabo benevolência, uma vez que onde há benevolência há também amizade; e ninguém dirá que devemos travar amizade com ele. Tampouco se pode concordar com aquele a quem já renunciamos e declaramos guerra, e por cuja derrota seremos coroados; nem havemos de consentir agora aquele que, para não cairmos jamais neste abismo de misérias, nunca deveríamos ter consentido. Quanto aos homens, embora com todos devamos estar em paz quando tal dependa de nós, paz que se pode interpretar como benevolência, concórdia ou harmonia, não vejo, todavia, como se pode entender que eles nos entreguem ao juiz, levando em conta que o juiz é Cristo, *porque é necessário que todos nós compareçamos diante do tribunal de Cristo*, como diz o Apóstolo (2Cor 5,10). Sim, porque como nos hão de entregar ao Juiz os que também terão de comparecer diante d'Ele? Ou, se se prefere dizer que alguém é entregue ao Juiz por ter prejudicado a outro homem, ainda que este pessoalmente não o entregue, parece muito mais óbvio que o réu seja entregue ao Juiz pela Lei mesma, contra a qual agiu ao prejudicar a outrem. Isso porque, se alguém prejudica a outrem a ponto de causar-lhe a morte, já não poderá

hac vita. Nec tamen ideo non sanabitur paenitendo, et ad illius misericordiam cum sacrificio contribulati cordis refugiendo qui donat peccata conversis ad se, et qui plus gaudet de uno paenitente quam de nonaginta novem iustis. Carni vero multo minus video quomodo benivoli vel concordes vel consentientes esse iubeamur. Magis enim peccatores amant carnem suam et concordant cum illa et consentiunt ei; qui vero eam servituti subiciunt, non ipsi ei consentiunt, sed eam sibi consentire cogunt.

32. Fortassis ergo Deo iubemur consentire et illi esse benivoli, ut ei reconciliemur a quo peccando aversi sumus, ut adversarius noster dici possit. Quibus enim resistit, recte dicitur eorum adversarius; *Deus* enim *superbis resistit, humilibus autem dat gratiam*; et *initium omnis peccati superbia, initium autem superbiae hominis apostatare a Deo*; et Apostolus dicit: *Si enim, cum inimici essemus, reconciliati sumus Deo per mortem Filii eius, multo magis reconciliati salvi erimus in vita ipsius.* Ex quo intellegi potest nullam naturam malam inimicam Deo esse, quando quidem ipsi reconciliantur qui inimici fuerunt. Quisquis ergo in hac via, id est in hac vita, non fuerit reconciliatus Deo per mortem Filii eius, tradetur iudici ab illo, quia *Pater non iudicat quemquam, sed omne iudicium dedit Filio*. Atque ita cetera quae in hoc capitulo scripta sunt consequuntur, de quibus iam tractavimus. Unum solum est quod huic intellectui difficultatem facit, quomodo possit recte dici in via nos esse cum Deo, si hoc loco ipse accipiendus est adversarius impiorum, cui iubemur cito reconciliari, nisi forte, quia ipse ubique est, nos etiam, cum in hac via sumus, cum illo utique sumus. *Si* enim *ascendero in caelum*, inquit, *tu ibi es, si descendero in infernum, ades; si recipiam pennas meas in directum et habitabo in novissima maris, etenim illuc manus tua deducet me, et adducet me dextera tua.* Aut si non placet impios dici esse cum Deo, quamquam nusquam non praesto sit Deus – quemadmodum non dicimus caecos esse cum luce, tametsi oculos eorum lux circumfundat –, unum reliquum est,

ficar bem com ele, uma vez que já não estão no mesmo caminho, ou seja, nesta vida; e nem por isso deixará de ficar em estado de graça se se arrepender e se refugiar, pelo sacrifício de seu coração atribulado, na misericórdia d'O que apaga os pecados a quantos a Ele se convertem, e que mais júbilo sente por um só pecador arrependido que por noventa e nove justos (Lc 15,7). E muito menos compreendo como se nos pode mandar sejamos benévolos com a carne, quer concordando com ela, quer consentindo-a; porque os pecadores são antes os que amam sua carne, concordando com ela e consentindo-a, ao passo que os que a reduzem à servidão não só não a consentem como a obrigam a consenti-los.

32. Por conseguinte, é indubitavelmente a Deus que, sendo-Lhe benévolos, se nos manda consintamos, para que nos reconciliemos com Aquele de que nos afastamos pelo pecado, a ponto de chamar-Lhe nosso inimigo; pois *Deus resiste aos soberbos, e dá a sua graça aos humildes* (Tg 4,6); *assim pois o princípio de todo o pecado é a soberba, e o princípio da soberba do homem é afastar-se de Deus* (Eclo 10,14-15). E diz o Apóstolo: *Porque, se, sendo nós inimigos, fomos reconciliados com Deus pela morte de seu Filho, muito mais, estando já reconciliados, seremos salvos por sua vida* (Rm 5,10). Donde se pode deduzir que nenhuma natureza má é inimiga de Deus, porque com Ele se reconciliam os que Lhe foram inimigos. Assim, quem quer que neste caminho, ou seja, nesta vida, não se reconcilie com Deus pela morte de Seu Filho, por Deus será entregue ao Juiz, porque *o Pai a ninguém julga, mas deu ao Filho todo o poder de julgar* (Jo 5,22). Tem assim explicação tudo o mais que se escreveu neste capítulo e de que já nos ocupamos. Há uma só coisa que parece não coadunar-se com esta interpretação: como se pode dizer corretamente que seguimos no mesmo caminho com Deus, se aqui Ele se supõe inimigo dos ímpios, e se é com Ele que prontamente nos devemos reconciliar? Sim, porque Ele está em todas as partes, e nós, enquanto estamos a caminho, estamos igualmente com Ele; pois, *se subo ao céu, tu lá estás; se desço ao inferno, nele te encontras presente. Se eu tomar asas ao romper da aurora, e for habitar nas extremidades do mar, ainda lá me guiará a tua mão, e me tomará a tua direita* (Sl 138,8-10). E, se não parece muito correto dizer que os ímpios estão com Deus, ainda que de fato não haja lugar em que Ele não está presente, assim como não pareceria correto dizer que os cegos

ut hic adversarium praeceptum Dei esse intellegamus. Quid enim sic adversatur peccare volentibus quam praeceptum Dei, id est lex eius et Scriptura divina quae data est nobis ad hanc vitam, ut sit nobiscum in via cui non oportet contradicere, ne nos tradat iudici, sed ei oportet consentire cito? Non enim quisque novit, quando de hac vita exeat. Quis autem consentit Scripturae divinae, nisi qui legit vel audit pie, deferens ei culmen auctoritatis, ut quod intellegit, non propter hoc oderit quod peccatis suis adversari sentit, sed magis diligat correctionem suam et gaudeat quod morbis suis, donec sanentur, non parcitur; quod vero aut obscurum aut absurdum illi sonat, non inde concitet contradictionum certamina sed oret ut intellegat, benivolentiam tamen et reverentiam tantae auctoritati exhibendam esse meminerit? Sed quis hoc facit nisi quisquis ad testamentum patris aperiendum et cognoscendum, non litium minitatione sed pietate mitis accesserit? *Beati* ergo *mites, quoniam ipsi haereditate possidebunt terram.* Videamus sequentia!

XII

33. *Audistis quia dictum est : non moechaberis. Ego autem dico vobis, quia omnis qui viderit mulierem ad concupiscendum eam, iam moechatus est eam in corde suo.* Iustitia ergo minor est non moechari corporum coniunctione, iustitia vero maior regni Dei non moechari in corde. Quisquis autem non moechatur in corde, multo facilius custodit ne moechetur in corpore. Illud ergo confirmavit qui hoc praecepit; non enim venit legem solvere sed implere. Sane considerandum est quod non dixit: *Omnis* qui concupiverit mulierem, sed: *qui viderit mulierem ad concupiscendum,* id est hoc fine et hoc animo attenderit, ut eam concupiscat; quod iam non est titillari delectatione carnis sed

estão com a luz, ainda que de fato ela lhes rodeie completamente os olhos, não resta dizer senão que o inimigo é, aqui, o mandamento de Deus, porque que coisa mais contrária há para os que querem pecar que o mandamento de Deus, ou, o que é o mesmo, a sua Lei e as Escrituras divinas, que nos foram dadas para esta vida, a fim de que nos acompanhem no caminho, e a que não devemos contradizer (para não nos suceder sejamos entregues ao Juiz), devendo antes prontamente obedecer-lhes? Sim, porque ninguém sabe quando há de deixar esta vida. E quem é que obedece às Escrituras divinas senão o que as lê ou escuta piedosamente, reconhecendo-lhes a autoridade máxima, e sem odiá-las ao compreender que se lhe opõem aos pecados, antes desejando sua própria emenda, e alegrando-se de não transigir com suas próprias enfermidades até saná-las, e que, quando nelas encontra algo obscuro ou aparentemente falto de sentido, nem por isso trava polêmicas nem a contradiz, senão que pede lhe seja esclarecida a inteligência e lembra que se deve acatar com amor e benevolência tão grande autoridade? Não obstante, quem é que faz isto senão o que se aproxima para abrir e conhecer o testamento paterno não amargurado pelo receio dos pleitos, mas cheio de piedosa mansidão? *Bem-aventurados*, portanto, *os mansos, porque possuirão a terra*. Vejamos o que se segue.

XII

33. *Ouvistes que foi dito aos antigos: Não cometerás adultério. Eu, porém, digo-vos que todo o que olhar para uma mulher, cobiçando-a, já cometeu adultério com ela no seu coração* (Mt 5,27-28). A justiça menor proíbe se cometa adultério pela união dos corpos; a justiça maior, a do reino dos céus, no entanto, proíbe se cometa adultério já no coração. E quem não comete adultério no coração, esse muito mais facilmente consegue não cometê-lo com o corpo. Quem pois deu este preceito confirmou aquele, porque Ele não veio para destruir a Lei, mas para cumpri-la. Devemos todavia considerar que não disse: todo o que desejar uma mulher, mas sim: *todo o que olhar uma mulher, cobiçando-a*, ou seja, o que a olha com a finalidade e a intenção de tê-la, o que já não é ser atraído pelo deleite carnal, mas consentir plenamente na

plane consentire libidini, ita ut non refrenetur illicitus appetitus sed, si facultas data fuerit, satietur.

34. Nam tria sunt quibus impletur peccatum: suggestione, delectatione, consensione. Suggestio, sive per memoriam fit sive per corporis sensus, cum aliquid videmus vel audimus vel olfacimus vel gustamus vel tangimus. Quod si frui delectaverit, delectatio illicita refrenanda est. Velut cum ieiunamus et visis cibis palati appetitus adsurgit, non fit nisi delectatione; sed huic tamen non consentimus, et eam dominantis rationis iure cohibemus. Si autem consensio facta fuerit, plenum peccatum erit, notum Deo in corde nostro, etiamsi facto non innotescat hominibus. Ita ergo sunt isti gradus, quasi a serpente suggestio fiat, id est, lubrico et volubili, hoc est temporali corporum motu quia et si qua talia fantasmata intus versantur in anima de corpore forinsecus tracta sunt; et si quis occultus praeter istos quinque sensus motus corporis animam tangit, est etiam ipse temporalis et lubricus. Et ideo quanto illabitur occultius, ut cogitationem contingat, tanto convenientius serpenti comparatur. Tria ergo haec, ut dicere coeperam, similia sunt illi gestae rei quae in *Genesi* scripta est, ut quasi a serpente fiat suggestio et quaedam suasio, in appetitu autem carnali tamquam in Eva delectatio, in ratione vero tamquam in viro consensio. Quibus peractis tamquam de paradiso, hoc est de beatissima luce iustitiae, in mortem homo expellitur. Iustissime omnino. Non enim cogit qui suadet. Et omnes naturae in ordine suo gradibus suis pulchrae sunt, sed de superioribus, in quibus rationalis animus ordinatus est, ad inferiora non est declinandum. Nec quisquam hoc facere cogitur; et ideo si fecerit, iusta Dei lege punitur; non enim hoc committit invitus. Verumtamen delectatio ante consuetudinem vel nulla est vel tam tenuis, ut prope nulla sit; cui consentire magnum peccatum est, cum est illicita. Cum autem quisque consenserit, committit peccatum in corde. Si autem etiam in factum processerit, videtur satiari et extingui cupiditas. Sed postea, cum suggestio repetitur, maior accenditur delectatio, quae

luxúria, com a intenção não de refrear o apetite ilícito, mas de saciá-lo, se lho permitir a ocasião.

34. São três os elementos que completam um pecado: a sugestão, o deleite e o consentimento. A sugestão vem-nos da memória, ou dos sentidos corporais, ou seja, de quando vemos, ouvimos, cheiramos, saboreamos ou tocamos algo. Se o gozá-lo nos deleita, devemos refrear o deleite ilícito. É como quando jejuamos e a visão de manjares nos abre o apetite, produzindo-nos necessariamente algum deleite, mas não consentimos nele e refreamo-lo com o império da razão dominante. Se porém houver consentimento, haverá pecado pleno, conhecido por Deus em nosso coração, ainda que efetivamente não se manifeste aos demais, e, quanto a esses graus, diga-se que a sugestão vem da serpente, ou seja, de um movimento corporal lúbrico e volúvel, isto é, temporal, porque, conquanto os fantasmas,[19] como tais, se manifestem no interior da alma, têm origem externa, no corpo; e, se algum movimento do corpo, para além dos cinco sentidos, se reflete na alma, também é ele temporal e lúbrico; e por isso, quanto mais secretamente desliza para chegar ao pensamento, tanto mais corretamente se compara à serpente. Esses três graus, como já insinuei, são parelhos aos fatos que nos refere o Gênesis (3,1): a sugestão ou persuasão procede, por assim dizer, da serpente; o deleite, como em Eva, produz-se no apetite carnal; e o consentimento, como no varão, sucede na razão. Dados esses três passos, é o homem expulso do paraíso, ou seja, é mandado da luz beatífica da justiça para a morte. E justissimamente, pois O que persuade não força. E todas as naturezas são, em sua ordem, belas por seu respectivo grau; mas das superiores, entre as quais se encontra a alma, não se deve descer às inferiores. Ninguém é forçado a tal, e por isso, se alguém o faz, é condenado pela justíssima lei de Deus, uma vez que o seu procedimento é voluntário. O deleite, antes do consentimento, ou é nulo ou é tão pequeno que é quase nulo; mas consentir nele, quando é ilícito, constitui grande pecado. Por isso o que consente comete pecado no coração. E, se chega à obra, parece que se sacia ou que se lhe extingue o desejo; quando, todavia, volta a sugestão, inflama-se-lhe um deleite maior, conquanto seja ainda menor que quando com atos frequentes se muda em hábito. Dominar esse hábito é algo dificílimo; contudo, o que não se entrega e não foge de alistar-se

tamen adhuc multo minor est quam illa quae adsiduis factis in consuetudinem vertit. Hanc enim vincere difficillimum est. Et tamen etiam ipsam consuetudinem, si se quisque non deserat et christianam militiam non reformidet, illo duce atque adiutore superabit, ac sic in pristinam pacem atque ordinem et vir Christo et mulier viro subicitur.

35. Sicut ergo tribus gradibus ad peccatum pervenitur: suggestione, delectatione, consensione, ita ipsius peccati tres sunt differentiae: in corde, in facto, in consuetudine, tamquam tres mortes: una quasi in domo, id est cum in corde consentitur libidini; altera iam prolata, quasi extra portam, cum in factum procedit adsensio; tertia, cum vi consuetudinis malae tamquam mole terrena premitur animus, quasi in sepulchro iam putens. Quae tria genera mortuorum Dominum resuscitasse, quisquis Evangelium legit, agnoscit. Et fortasse considerat quas differentias habeat etiam ipsa vox resuscitantis, cum alibi dicit: *Puella surge!*, alibi: *Iuvenis, tibi dico, surge!*, alibi: *Infremuit spiritu et flevit et rursus fremuit*, et post deinde *voce magna clamavit: Lazare, veni foras!*

36. Quapropter nomine moechantium, qui hoc capitulo commemorantur, omnem carnalem et libidinosam concupiscentiam oportet intellegi. Cum enim tam assidue idolatriam Scriptura fornicationem dicat, Paulus autem apostolus avaritiam idolatriae nomine appellat, quis dubitet omnem malam concupiscentiam recte fornicationem vocari, quando anima neglecta superiore lege qua regitur inferiorum naturarum turpi voluptate quasi mercede prostituta corrumpitur? Et ideo quisquis carnalem delectationem adversus rectam voluntatem suam rebellare sentit per consuetudinem peccatorum, cuius indomitae violentia trahitur in captivitatem, recolat quantum potest, qualem pacem peccando amiserit, et exclamet: *Infelix ego homo! Quis me liberabit de corpore mortis huius? Gratia Dei per Iesum Christum Dominum nostrum.* Ita enim, cum se infelicem exclamat, lugendo implorat consolatoris auxilium. Nec parvus est ad beatitudinem accessus cognitio infelicitatis suae; et ideo *Beati* etiam *lugentes, quoniam ipsi consolabuntur.*

na milícia de Cristo poderá, com o guiamento e a ajuda d'Ele, dominá-lo; e assim, retornando à paz e à ordem do princípio, submeter-se-á o varão a Cristo, e a mulher ao varão.

35. Assim como são três os graus por que se chega ao pecado, a saber, a sugestão, o deleite e o consentimento, assim também há três modos de pecado, a saber, de coração, de obra e de hábito, que são como três mortes: a primeira é como se ocorresse em casa, quer dizer, sucede quando no coração se consente a lascívia; a segunda é como se se fosse levado já porta afora, quer dizer, sucede quando o consentimento se traduz em ação; e a terceira sucede quando, por força de mau hábito, a alma é como oprimida por uma mole de terra, é como se já estivesse podre no sepulcro. Quem quer que tenha lido o Evangelho terá podido comprovar que Cristo ressuscitou essas três classes de mortos. E indubitavelmente terá podido perceber que emprega expressões diversas para ressuscitá-los. Em uma ocasião diz: *Menina, levanta-te* (Mc, 5,41); em outra: *Jovem, eu te digo, levanta-te* (Lc 7,14); e numa terceira bramiu no espírito, e chorou, e bramiu novamente, e depois clamou: *Lázaro, vem para fora* (Jo 11,43).

36. Assim, sob o nome de adultério, de que se ocupa este capítulo, deve compreender-se toda a concupiscência carnal e luxuriosa, pois que, como amiúde se dá nas Escrituras o nome de fornicação à idolatria, e como o Apóstolo Paulo chama idolatria à avareza (Cl 3,5; Ef 5,5), quem hesitará em chamar fornicação a toda e qualquer má concupiscência, pela qual a alma, desprezando a lei superior que a rege, se deixa corromper e prostituir por prazeres torpes que as naturezas inferiores lhe proporcionam? Assim, quem quer que ao pecar sinta rebelar-se-lhe o deleite carnal contra sua reta vontade – o que se dá pelo hábito do pecado, cuja indômita violência o arrasta até escravizá-lo – pense quanta paz perde então, e exclame: *Infeliz de mim! Quem me livrará deste corpo [em que habita o pecado, que é causa] de morte [espiritual]? [Somente] a graça de Deus por Jesus Cristo Nosso Senhor* (Rm 7,24-25). Confessando assim a própria desgraça, implora-se com lágrimas o socorro do Consolador. E não é pequeno passo para a bem-aventurança o reconhecimento da própria infelicidade; por isso: *Bem-aventurados* também *os que choram, porque serão consolados.*

XIII

37. Deinde sequitur et dicit: *Si autem oculus tuus dexter scandalizat te, erue eum et proice abs te! Expedit enim tibi ut pereat unum membrorum tuorum, quam totum corpus tuum eat in gehennam.* Hic vero magna opus est fortitudine ad membra praecidenda. Quidquid enim est quod significat oculus, sine dubio tale est quod vehementer diligitur. Solet enim et ab eis qui vehementer volunt exprimere dilectionem suam ita dici: Diligo eum ut oculos meos, aut etiam: plus quam oculos meos. Quod autem additum est *dexter*, fortasse ad augendam vim dilectionis valet. Quamquam enim ad videndum isti oculi corporis communiter intendantur et, si ambo intendantur, aequaliter possint, amplius tamen formidant homines dexterum amittere. Ut iste sit sensus: Quidquid illud est quod ita diligis, ut pro dextero oculo habeas, *Si scandalizat te*, id est si tibi impedimento est ad veram beatitudinem, *erue illud et proice abs te! expedit enim tibi ut pereat unum eorum*, quae ita diligis ut tamquam membra tibi haereant, *quam totum corpus tuum eat in gehennam.*

38. Sed quoniam sequitur de manu dextera et similiter dicitur: *Si dextera manus tua scandalizat te, abscide eam et proice abs te! Expedit enim tibi ut pereat unum membrorum tuorum, quam totum corpus tuum eat in gehennam*, cogit quaerere diligentius, quid dixerit oculum. In qua quaestione nihil mihi occurrit congruentius quam dilectissimum amicum. Nam hoc est utique quod membrum recte possumus appellare, quod vehementer diligimus, et hunc consiliarium, quia oculus est tamquam demonstrans iter, et in rebus divinis, quia dexter est, ut sinister sit dilectus quidem consiliarius sed in rebus terrenis ad necessitatem corporis pertinentibus; de quo scandalizante superfluum erat dicere, quando quidem nec dextero parcendum sit. In rebus autem divinis consiliarius scandalizans est, si in aliquam perniciosam heresim nomine religionis atque doctrinae conatur inducere. Ergo et dextera manus accipitur dilectus adiutor et minister in divinis operibus – nam quemadmodum in oculo contemplatio, sic in manu actio recte

XIII

37. Prossegue o Senhor, dizendo: *E, se o teu olho direito te serve de escândalo, arranca-o, e lança-o para longe de ti, porque é melhor para ti que se perca um dos teus membros do que todo o teu corpo seja lançado no inferno* (Mt 5,29). Grande é a fortaleza de que necessitamos para extirpar membros, pois, qualquer que seja o significado da palavra *olho*, é sem dúvida algo que se ama muito, o que se pode comprovar pelo simples fato de que quem quer expressar enfaticamente seu amor costuma dizer: "Amo-o como aos meus olhos, e ainda mais que aos meus olhos". Acrescentar *o direito* serve, certamente, para aumentar a força do amor, porque, conquanto ambos os olhos do corpo nos sirvam indistintamente para ver, e ambos do mesmo modo, costumamos, porém, temer mais a perda do direito. É este, portanto, o sentido: qualquer coisa que ames a ponto de estimá-la como a teu olho direito, se te escandaliza, ou seja, se te impede o alcançamento da verdadeira bem-aventurança, arranca-a e afasta-a de ti, porque te convém perder o que amas por te ser tão íntimo como um de teus membros, para que não te vá o corpo inteiro para o inferno.

38. Como no entanto prossegue Cristo, agora com o tema da mão direita, e de modo semelhante diz: *E, se a tua mão direita te serve de escândalo, corta-a, e lança-a para longe de ti; porque é melhor para ti que se perca um dos teus membros do que todo o teu corpo vá para o inferno* (Mt 5,30), vejo-me obrigado a investigar com mais detença o que entende por *olho*. Parece mais acertado que se refira ao amigo querido, pois que com razão podemos chamar membro nosso a quem efetivamente amamos; e, ademais, conselheiro nosso, uma vez que é o olho um indicador de caminhos; e, ademais, conselheiro em assuntos espirituais, precisamente por tratar-se do olho direito, dado que o esquerdo é um amado conselheiro, sim, mas tão somente quanto às coisas terrenas e correspondentes às necessidades do corpo, e conselheiro de cujo escândalo é desnecessário falar, já que nem sequer ao direito devemos perdoar. Diz-se que o conselheiro nos escandaliza nas coisas divinas quando diligentemente nos tenta fazer cair nalguma perniciosa heresia sob pretexto de religião ou de sabedoria. Paralelamente, por *mão direita* deve entender-se o coadjutor querido ou o ministro das obras espirituais; porque, assim como o olho representa a contemplação, assim também a mão

intellegitur –, ut sinistra manus intellegatur in operibus quae huic vitae et corpori sunt necessaria.

XIV

39. *Dictum est autem: quicumque dimiserit uxorem suam, det ei libellum repudii.* Haec iustitia minor est phariseorum, cui non est contrarium quod Dominus dicit: *Ego autem dico vobis: quicumque dimiserit uxorem suam, excepta causa fornicationis, facit eam moechari, et qui solutam a viro duxerit moechatur.* Non enim qui praecepit dari libellum repudii hoc praecepit, ut uxor dimittatur; sed: *Qui dimiserit*, inquit, *det ei libellum repudii*, ut iracundiam temerariam proicientis uxorem libelli cogitatio temperaret. Qui ergo dimittendi moram quaesivit, significavit quantum potuit duris hominibus se nolle discidium. Et ideo ipse Dominus alio loco de hoc interrogatus ita respondit: *Hoc Moyses propter duritiam vestram fecit.* Quantumvis enim durus esset qui vellet dimittere uxorem, cum cogitaret libello repudii dato iam sine periculo eam posse alteri nubere, facile placaretur. Dominus ergo ad illud confirmandum, ut non facile uxor dimittatur, solam causam fornicationis excepit; ceteras vero universas molestias, si quae forte extiterint, iubet pro fide coniugali et pro castitate fortiter sustineri. Et moechum dicit etiam virum qui eam duxerit quae solutaest a viro. Cuius rei apostolus Paulus terminum ostendit, qui tam diu observandum dicit, quam diu vir eius vivit; illo autem mortuo dat nubendi licentiam. Hanc enim etiam ipse regulam tenuit, et in ea non suum consilium sicut in nonnullis monitis sed praeceptum Domini iubentis ostendit, cum ait: *Eis autem qui sunt in coniugio praecipio, non ego sed Dominus, mulierem a viro non discedere; quod si discesserit, manere innuptam aut viro suo reconciliari; et vir uxorem ne dimittat*; credo simili forma, ut si dimiserit non ducat aliam, aut reconcilietur uxori. Fieri enim potest ut dimittat uxorem causa fornicationis,quam Dominus exceptam esse voluit. Iam vero si nec illi nubere conceditur vivo viro a quo

denota a ação, enquanto a esquerda se refere às obras necessárias para esta vida e para o corpo.

XIV

39. *Também foi dito: Qualquer que deixar sua mulher dê-lhe libelo de repúdio* (Mt 5,31). É esta a justiça menor dos fariseus, à qual não se opõe o que diz o Senhor: *Eu, porém, digo-vos: Todo aquele que repudiar a sua mulher, a não ser por causa de fornicação, a faz ser adúltera; e o que desposar a [mulher] repudiada comete adultério* (Mt 5,32). De fato, o mesmo que ordenou dar libelo de repúdio não ordenou fosse a mulher repudiada, dizendo, isto sim, que *qualquer que deixar sua mulher dê-lhe libelo de repúdio*, para que a ideia do libelo mitigasse a ira inconsulta de quem repudiava a esposa. Ao tentar, por conseguinte, retardar o repúdio da esposa, dava a entender à dureza do homem, do modo possível, que desaprova a separação. Por isso o mesmo Senhor, quando Lhe perguntaram, em outra ocasião, acerca disto, respondeu: *Porque Moisés, por causa da dureza do vosso coração, permitiu-vos repudiar vossas mulheres* (Mt 19,8); porquanto, por duro que fosse o que quisesse repudiar a esposa, ao pensar que dando-lhe libelo de repúdio poderia ela casar-se com outro, facilmente se abrandaria. O Senhor, assim, ao confirmar aquilo para que a esposa não seja facilmente repudiada, excetua tão só o caso de fornicação; todos os demais defeitos, se os tiver, ordena lhe sejam valorosamente suportados, em atenção à fé conjugal e para a preservação da castidade; e também chama adúltero ao varão que toma a mulher repudiada por outro. E, quanto à condição de mulher repudiada, é o Apóstolo Paulo quem a resolve, dizendo que deve durar somente enquanto viver o marido; morto este, autoriza a mulher a contrair novas núpcias (Rm 7,2). A mesma regra sustentou ele, não seguindo, como em outros casos, seu próprio conselho, mas o preceito do Senhor mesmo, ao dizer: *Quanto àqueles que estão unidos em matrimônio, mando não eu, mas o Senhor, que a mulher se não separe do marido, e, se ela se separar, fique sem casar ou reconcilie-se com seu marido. E o marido igualmente não repudie sua mulher* (1Cor 7,10-11). Considero, igualmente, que se a repudia não deve tomar outra; não pode tomar senão sua própria mulher, reconciliando-se com ela. Pois bem, se a ela não se lhe permite unir-se com outro enquanto viver o homem de

recessit, neque huic alteram ducere viva uxore quam dimisit, multo minus fas est illicita cum quibuslibet stupra committere. Beatiora sane coniugia iudicanda sunt, quae sive filiis procreatis, sive etiam ista terrena prole contempta, continentiam inter se pari consensu servare potuerint, quia neque contra illud praeceptum fit quo Dominus dimitti coniugem vetat – non enim dimittit qui cum ea non carnaliter sed spiritaliter vivit –, et illud servatur quod per Apostolum dicitur: *Reliquum est ut qui habent uxores tamquam non habentes sint*.

XV

40. Illud magis solet sollicitare animum parvulorum, qui tamen secundum praecepta Christi iam vivere gestiunt, quod alio loco ipse Dominus dicit: *Quisquis venit ad me et non odit patrem suum et matrem et uxorem et filios et fratres et sorores, insuper et animam suam, non potest meus esse discipulus*. Videri enim potest contrarium minus intellegentibus, quod hic vetat dimitti uxorem, excepta causa fornicationis, alibi autem discipulum suum negat esse posse quemquam qui non oderit uxorem. Quod si propter concubitum diceret, non etiam patrem et matrem et fratres in eadem conditione poneret. Sed quam verum est, quod *regnum caelorum vim patitur, et qui vim faciunt diripiunt illud!* Quanta enim vi opus est, ut homo diligat inimicos, et oderit patrem et matrem et uxorem et filios et fratres! Utrumque enim iubet qui ad regnum caelorum vocat. Et quomodo haec non sint contraria inter se, ipso duce ostendere facile est; sed ea intellecta implere difficile, quamquam et hoc eodem ipso adiuvante facillimum. Regnum enim aeternum, quo discipulos suos, quos etiam fratres appellat, vocare dignatus est, non habet huiusmodi necessitudines temporales. *Non enim est Iudaeus, neque Graecus, neque masculus, neque femina, nec servus, nec liber, sed omnia et in omnibus Christus*. Et ipse Dominus dicit: *In resurrectione enim neque nubent, neque uxores ducent, sed erunt sicut angeli in caelis*. Oportet ergo ut quisquis illius regni vitam iam hic meditari voluerit, oderit

quem se separou, tampouco ele pode tomar outra esposa enquanto a que o abandonou viver, nem, muito menos, lhe será permitido cometer comércios carnais ilícitos com nenhuma. Devem considerar-se mais felizes os esposos que, após ter tido filhos, ou, ainda, após ter renunciado à descendência terrena, possam, de comum acordo, guardar continência entre si, pois não se descumpre com isso o preceito divino que proíbe se abandone o cônjuge – uma vez que quem não convive carnalmente, mas só espiritualmente, não abandona – e a um só tempo se observa o que nos é dito pelo Apóstolo: *resta que os que têm mulheres sejam como se não as tivessem* (1Cor 7,29).[20]

XV

40. Há alguns pusilânimes que por certo desejam viver de acordo com os preceitos de Cristo, e que todavia se preocupam com o que disse alhures o mesmo Senhor: *Se algum vem a mim, e não aborrece seu pai, e mãe, e mulher, e filhos, e irmãos, e até a sua vida, não pode ser meu discípulo* (Lc 14,26).[21] Pode de fato parecer contraditório aos menos entendidos que, proibindo aqui se abandone a esposa, a não ser por causa de fornicação, afirme alhures que não pode ser discípulo seu o que não a odeie. Mas, se isso se fundasse na união marital, não poria Ele no mesmo plano o pai, a mãe e os irmãos. E quão grande verdade é que *o reino dos céus adquire-se à força, e os violentos arrebatam-no* (Mt 11,12)![22] De que violência se necessita para amar os inimigos, e odiar o pai e a mãe, a esposa, os filhos e os irmãos! Pois ambas essas coisas ordena O que nos chama ao reino dos céus. Demonstrar que não são contraditórias entre si é fácil, acompanhando-o a Ele; o difícil é, uma vez compreendidas, praticá-las – conquanto isto mesmo, com sua ajuda, acabe por ser facílimo. No reino eterno, ao qual se dignou de chamar seus discípulos (a quem trata também por irmãos), não há tais vínculos temporais, já que *não há judeu nem grego; não há servo nem livre; não há homem nem mulher. Porque todos vós sois um só em Jesus Cristo* (Gl 3,28; Cl 3,11); e diz o mesmo Senhor: *Porque na ressurreição nem os homens terão mulheres, nem as mulheres, maridos, mas serão como anjos de Deus no céu* (Mt 22,30). Convém, por conseguinte, que todo o que nesta vida queira meditar a vida daquele reino odeie não os próprios homens, mas os vínculos

non ipsos homines sed istas necessitudines temporales, quibus ista quae transitura est vita fulcitur, quae nascendo et moriendo peragitur. Quod qui non odit, nondum amat illam vitam, ubi nulla erit conditio nascendi atquemoriendi, quae copulat terrena coniugia.

41. Itaque si aliquem bene christianum qui tamen habet uxorem, quamvis adhuc cum ea filios generet, interrogem, utrum in illo regno habere velit uxorem, memor utique promissorum Dei et vitae illius, ubi corruptibile hoc induet incorruptionem et mortale hoc induet immortalitatem, iam magno vel certe aliquo amore suspensus cum execratione respondebit se vehementer id nolle. Rursus si interrogem, utrum uxorem suam post resurrectionem accepta angelica immutatione, quae sanctis promittitur, secum ibi vivere velit, tam vehementer se id velle quam illud nolle respondebit. Sic invenitur bonus christianus diligere in una femina creaturam Dei, quam reformari et renovari desiderat, odisse autem coniunctionem copulationemque corruptibilem atque mortalem, hoc est diligere in ea quod homo est, odisse quod uxor est. Ita etiam diligit inimicum, non in quantum inimicus est, sed in quantum homo est, ut hoc ei velit provenire quod sibi, id est ut ad regnum caelorum correctus renovatusque perveniat. Hoc et de patre et de matre et de ceteris vinculis sanguinis intellegendum est, ut in eis oderimus quod genus humanum nascendo et moriendo sortitum est, diligamus autem quod nobiscum potest ad illa regna perduci, ubi nemo dicit pater meus, sed omnes uni Deo *Pater noster*; nec mater mea, sed omnes illi Ierusalem mater nostra; nec frater meus, sed omnes de omnibus frater noster. Coniugium vero cum illo simul nobis in unum redactis quasi unius coniugis erit, qui nos de prostitutione huius saeculi sui sanguinis effusione liberavit. Necesse est ergo ut oderit ea quae transeunt discipulus Christi in his quos secum ad ea venire desiderat quae semper manebunt; et tanto magis haec in eis oderit, quanto magis eos diligit.

42. Potest igitur christianus cum coniuge concorditer vivere sive indigentiam carnalem cum ea supplens, quod secundum veniam non

temporais em que se funda esta vida transitória, que se estende tão só entre o nascimento e a morte; o que assim não procede não ama ainda a vida em que já não haverá necessidade de nascer nem de morrer, necessidade essa que é a causa dos matrimônios terrenos.

41. Desse modo, portanto, se se perguntar a um bom cristão que tenha esposa e ainda gere filhos com ela se deseja ter esposa naquele reino, ele, recordando as promessas de Deus, e a vida em que *este [corpo] corruptível se [revestirá] da incorruptibilidade, e que este [corpo] mortal se [revestirá] da imortalidade* (1Cor 15,53-54), e elevado às alturas de um grande amor, ou ao menos de uma fração deste grande amor, responderá com toda a alma que de maneira alguma o deseja. E, se agora se lhe perguntar se, após a ressurreição, uma vez operada a angélica transformação que está prometida aos santos, deseja que a esposa viva ali com ele, responderá, com a mesma veemência com que rejeitou o anterior, que isto ele deseja. Mostrará assim o bom cristão que numa mesma mulher ama a criatura de Deus, cuja reforma e renovação deseja, e que odeia a união e o vínculo corruptível e mortal, ou seja, que nela ama o que é humano e odeia o que é carnal. Assim também ama ao inimigo: não enquanto é inimigo, mas enquanto é ser humano, desejando para ele o que deseja para si mesmo, a saber, que chegue corrigido e renovado ao reino dos céus. Deve entender-se isto também com respeito ao pai e à mãe, e a todos os laços de sangue, de modo que odiemos neles o que é próprio do gênero humano pela condição de nascer e morrer;[23] e amemos o que conosco pode entrar no reino onde ninguém diz: Pai meu, mas dizem todos ao Deus único: *Pai nosso*; e onde ninguém diz: Mãe minha, mas dizem todos àquela Jerusalém: Mãe nossa; nem diz: Irmão meu, mas dizem todos a todos: Irmão nosso. As bodas dar-se-ão coletivamente, como se se tratasse de um só cônjuge, com O que nos livrou da corrupção deste século pela efusão de seu próprio sangue. Deve o discípulo de Cristo, portanto, odiar o transitório naqueles com que deseja migrar para o permanente, e tanto mais o odiará quanto mais os amar a eles.

42. Pode assim o cristão viver em harmonia com a esposa, seja para satisfazer com ela a necessidade da carne, *por condescendência, não por mandamento*, como diz o Apóstolo (1Cor 7,6);[24] seja para a geração de filhos,

secundum imperium dicit Apostolus, sive filiorum propagationem, quod iam nonnullo gradu potest esse laudabile, sive fraternam societatem sine ulla corporum commixtione, habens uxorem tamquam non habens, quod est in coniugio christianorum excellentissimum atque sublime, ut tamen oderit in ea nomen temporalis necessitatis et diligat spem sempiternae beatitudinis. Odimus enim sine dubio, quod certe ut aliquando non sit optamus, sicut istam ipsam praesentis temporis vitam, quam temporalem si non odissemus, non desideraremus futuram, quae non est tempori obnoxia. Pro hac enim vita posita est anima, de qua ibi dictum est: *Qui non oderit insuper et animam suam, non potest meus esse discipulus.* Huic namque vitae cibus est necessarius iste corruptibilis, de quo ipse Dominus dicit: *Nonne anima plus est quam esca?*, id est haec vita, cui necessaria est esca. Et quod dicit, ut animam suam ponat pro ovibus suis hanc utique vitam dicit, cum se pro nobis moriturum esse pronuntiat.

XVI

43. Exoritur hic altera quaestio: Cum Dominus causa fornicationis permittat dimitti uxorem, quatenus hoc loco intellegenda sit fornicatio: utrum quousque intellegunt omnes, id est ut eam fornicationem credamus dictam quae in stupris committitur, an quemadmodum Scripturae solent fornicationem vocare, sicut supra dictum est, omnem illicitam corruptionem, sicut est idolatria vel avaritia et ex eo iam omnis transgressio legis propter illicitam concupiscentiam. Sed consulamus Apostolum, ne aliquid temere dicamus! *His qui sunt in coniugio*, inquit, *praecipio, non ego sed Dominus, uxorem a viro non discedere; quod si discesserit, manere innuptam aut viro suo reconciliari.* Potest enim fieri ut discedat ea causa qua Dominus permisit. Aut si feminae licet virum dimittere etiam praeter causam fornicationis et non licet viro, quid respondebimus de hoc quod dicit posterius: *Et vir uxorem ne dimittat?* Quare non addidit: *excepta*

o que é em certo grau louvável; seja em união fraterna, sem nenhum contato corporal, tendo a esposa como se não a tivesse, o que é o mais excelente e sublime no casamento cristão, e odiando sempre nela tudo quanto seja vínculo temporal, e amando sempre nela a esperança da bem-aventurança eterna.[25] Porque indubitavelmente odiamos o que desejamos deixe algum dia de existir, como é o caso da vida atual: se a esta não a odiarmos por temporal, à futura, que não está sujeita ao tempo, não a desejaremos. À vida atual refere-se a palavra *alma* quando se diz: *Se algum não aborrece a própria alma, não pode ser meu discípulo* (Lc 14,26),[26] pois esta vida necessita da comida corruptível de que diz o mesmo Senhor: *Porventura não vale mais a alma que o alimento?* (Mt 6,25),[27] isto é, não vale mais esta vida que a comida de que necessita? E, ao falar em dar a alma por suas ovelhas (Jo 10,15),[28] refere-se a esta vida, anunciando que haverá de morrer por nós.

XVI

43. Origina-se outra questão aqui, ao permitir o Senhor o abandono da esposa em razão de fornicação: em que sentido deve compreender-se esta palavra, se na acepção geral, isto é, a da fornicação que se comete em qualquer comércio carnal ilícito, ou no sentido que costumam dar-lhe as Escrituras, isto é, como já dissemos, o de qualquer corrupção, como a idolatria, a avareza e, claro, toda e qualquer transgressão da lei motivada pela concupiscência ilícita? Vejamos o que diz o Apóstolo, para que eu não fale temerariamente: *Quanto àqueles que estão unidos em matrimônio, mando não eu, mas o Senhor, que a mulher se não separe do marido, e, se ela se separar, fique sem casar ou reconcilie-se com seu marido. E o marido igualmente não repudie sua mulher* (1Cor 7,10-11). Com efeito, pode acontecer que se separe pela causa por que o permite o Senhor. E, se à mulher se permite deixar o marido até fora do caso de fornicação, sem que o seja, porém, ao marido, que pensar do que disse ele em seguida: *E o marido igualmente não repudie sua mulher?* Por que não acrescentou: *a não ser por causa de fornicação*, que é o caso em que o autorizara o próprio Senhor? Porque quer que se subentenda o seguinte: se a abandona (o que é permitido em caso de fornicação), permaneça sem casar-se ou

causa fornicationis, quod Dominus permittit, nisi quia similem formam vult intellegi, ut si dimiserit – quod causa fornicationis permittitur –, maneat sine uxore aut reconcilietur uxori? Non enim male reconciliaretur vir illi mulieri, quam cum lapidare nemo ausus esset, dixit ei Dominus: *Vade, vide deinceps nepecces*. Quia et qui dicit: Non licet dimittere uxorem nisi causa fornicationis, cogit retinere uxorem, si causa fornicationis non fuerit; si autem fuerit, non cogit dimittere sed permittit; sicut dicitur: Non licet mulieri nubere alteri nisi mortuo viro; si ante viri mortem nupserit, rea est; si post viri mortem non nupserit, non est rea; non enim iussa est nubere sed permissa. Si ergo par forma est in isto iure coniugii inter virum et mulierem, usque adeo ut non tantum de femina idem Apostolus dixerit: *Mulier non habet potestatem sui corporis sed vir*, sed etiam de illo non tacuerit dicens: *Similiter et vir sui corporis potestatem non habet sed mulier*, si ergo similis forma est, non oportet intellegi licere mulieri virum dimittere nisi causa fornicationis sicut et viro.

44. Considerandum est itaque, quatenus fornicationem intellegere debeamus, et consulendus, ut coeperamus, Apostolus. Sequitur enim et dicit: *Ceteris autem ego dico non Dominus*. Hic primo videndum est quibus *ceteris*; dicebat enim superius ex Domini persona his qui sunt in coniugio, nunc vero ex sua persona ceteris dicit. Ergo fortasse his qui non sunt in coniugio. Sed non hoc sequitur; ita enim subiungit: *Si quis frater habet uxorem infidelem, et haec consentit habitare cum illo, non dimittat illam*. Ergo etiam nunc his dicit qui sunt in coniugio. Quid sibi ergo vult quod ait: *Ceteris*, nisi quia superius eis loquebatur qui sic copulati erant, ut pariter in fide Christi essent, *ceteris* vero nunc dicit, id est eis qui sic copulati sunt, ut non ambo fideles sint? Sed quid eis dicit? *Si quis frater habet uxorem infidelem, et haec consentit habitare cum illo, non dimittat illam; et si qua mulier habet virum infidelem, et hic consentit habitare cum illa, non dimittat virum*. Si ergo non praecipit ex Domini persona, sed ex sua persona monet, ita est hoc bonum, ut si quis aliter fecerit,

faça as pazes com a esposa, uma vez que não haveria mal em um homem reconciliar-se com a mulher à qual, não havendo quem tivesse ousado lapidá-la, disse o Senhor: *Vai, e não peques mais* (Jo 8,11). Sim, porque o que diz o Senhor: Não é lícito deixar a mulher a não ser em caso de fornicação, obriga a permanecer com a esposa sempre que não tenha havido precisamente fornicação, e, se a tiver havido, não obriga a abandoná-la, apenas o permite; da mesma maneira, por estas palavras: Não se permita à mulher casar-se com outro senão depois de morto o marido, se ela o fizer antes da morte dele, será culpável; mas, se depois da morte dele não tornar a casar-se, não se lhe pode imputar culpa alguma, pois que não está obrigada a casar-se novamente, senão que apenas lho é permitido. Se, portanto, há neste direito conjugal uma mesma norma para marido e para mulher, a ponto de o próprio Apóstolo não só dizer que *a mulher não tem poder sobre o seu corpo, mas sim o marido* (1Cor 7,4), mas afirmar que *o marido não tem poder sobre o seu corpo, mas sim a mulher* (1Cor 7,4), se portanto há esta mesma norma, deve convir-se que tanto à esposa como ao marido, a não ser por causa de fornicação, não se permite o abandono do outro.

44. Consideremos, pois, o que devemos compreender por fornicação,[29] e consultemos o Apóstolo, como já começamos a fazer. Prossegue ele, dizendo: *Aos outros, sou eu que lhes digo [a minha opinião], não [é] o Senhor [que manda]* (1Cor 7,12). Primeiro temos de ver a que outros se refere. Anteriormente, falando em nome do Senhor, dirigia-se aos casados; agora, em seu próprio nome, fala aos outros. Aos não casados? Isto não se depreende, porque em seguida acrescenta: *Se algum irmão [nosso] tem uma mulher sem fé, e esta consente em habitar com ele, não a repudie* (1Cor 7,12). Logo, agora também se dirige aos casados. A quem então se dirige ao falar *aos outros*? Indubitavelmente, antes falava aos esposos unidos pela mesma fé em Cristo, e agora fala aos outros, a saber, aos casais em que só um cônjuge professa a fé cristã. E o que lhes diz? *Se algum irmão [nosso] tem uma mulher sem fé, e esta consente em habitar com ele, não a repudie. E, se uma mulher crente tem um marido sem fé, e este consente em habitar com ela, não deixe esta o seu marido* (1Cor 7,12-13). Se, por conseguinte, ele não ordena em nome do Senhor, senão que somente dá um conselho em seu próprio nome, então o que não pratica esta boa obra não infringe preceito algum. E também neste sentido se expressa mais adiante o mesmo Apóstolo, quando

non sit praecepti transgressor. Sicut de virginibus paulo post dicit praeceptum Domini se non habere, consilium autem dare; atque ita laudat virginitatem, ut arripiat eam quae voluerit, non tamen ut si non fecerit, contra praeceptum fecisse iudicetur. Aliud est enim quod iubetur, aliud quod monetur, aliud quod ignoscitur. Iubetur mulier *a viro non discedere; quod si recesserit, manere innuptam aut viro reconciliari.* Aliter ergo non licet facere. Monetur autem vir fidelis, si habet uxorem infidelem consentientem secum habitare, non eam dimittere. Licet ergo et dimittere, quia non est praeceptum Domini ne dimittat sed consilium Apostoli; sicut monetur virgo non nubere, sed si nupserit, consilium quidem non tenebit, sed contra praeceptum non faciet. Ignoscitur tamen cum dicitur: *Hoc autem dico secundum veniam non secundum imperium.* Quapropter si licet ut dimittatur coniux infidelis, quamvis melius sit non dimittere, et tamen non licet secundum praeceptum Domini ut dimittatur coniux nisi causa fornicationis, fornicatio est etiam ipsa infidelitas.

45. Quid enim tu dicis, Apostole? Certe ut vir fidelis consentientem secum habitare mulierem infidelem non dimittat. Ita, inquit. Cum ergo hoc et Dominus praecipiat, ne dimittat vir uxorem nisi causa fornicationis, quare hic dicis: *Ego dico non Dominus?* Quia scilicet idolatria quam sequuntur infideles, et quaelibet noxia superstitio fornicatio est. Dominus autem permisit causa fornicationis uxorem dimitti, sed quia permisit non iussit, dedit locum Apostolo monendi, ut qui voluerit non dimittat uxorem infidelem, quo sic fortasse possit fidelis fieri. *Sanctificatus est enim*, inquit, *vir infidelis in uxore et sanctificata est mulier infidelis in fratre.* Credo iam provenerat ut nonnullae feminae per viros fideles et viri per uxores fideles in fidem venirent; et quamvis non dicens nomina, exemplis tamen hortatus est ad confirmandum consilium suum. Deinde sequitur: *Alioquin filii vestri immundi essent, nunc autem sancti sunt.* Iam enim erant parvuli christiani, qui sive auctore uno ex parentibus sive utroque consentiente sanctificati

diz que não tem quanto às virgens nenhum preceito da parte do Senhor, limitando-se, assim, a aconselhá-las (1Cor 7,25); e elogia de tal modo a virgindade, que abraçá-la será de livre escolha, e não guardá-la não se considerará infração de preceito nenhum, porque uma coisa é o que se ordena, outra o que se aconselha, e ainda outra o que se permite. Ordena-se à esposa que não se afaste do marido, e que, se o fizer, ou permaneça sem marido ou se reconcilie com o seu. Qualquer outro proceder será ilícito. Aconselha-se ao marido fiel cuja esposa infiel[30] consente em viver com ele que não a deixe, donde, portanto, ser-lhe permitido deixá-la, porque *não repudiá-la* não é preceito do Senhor, mas conselho do Apóstolo, assim como, aconselhando-se embora a uma virgem que não se case, ela, se se casar, não terá acatado o conselho, mas nem por isso terá infringido nenhum preceito. E permite-se também quando se afirma: *Mas digo-vos isto por condescendência, não por mandamento* (1Cor 7,6). Se é lícito, pois, abandonar a esposa infiel, conquanto o melhor seja não fazê-lo, e se, conforme ao preceito geral do Senhor, não é lícito abandonar a esposa senão por causa de fornicação, segue-se que também a infidelidade pode considerar-se verdadeira fornicação.

45. "Que dizes, ó grande Apóstolo?" "Que o marido fiel não deixe a esposa infiel que queira viver com ele." "É isto, sim, o que dizes. Se no entanto também o Senhor proíbe que o marido abandone a esposa, a não ser que suceda fornicação, por que repisas: *Sou eu que lhes digo, não o Senhor*?" "Porque a idolatria que os infiéis professam, assim como qualquer superstição maligna, se reduz a fornicação." Indubitavelmente o Senhor permitiu se abandonasse a esposa por causa de fornicação; ao admiti-lo, porém, não o ordenou, dando assim margem ao Apóstolo para aconselhar que o que o desejar não deixe a esposa infiel, para que deste modo ela possa tornar-se fiel. *Porque o marido sem fé* – diz – *é santificado pela mulher fiel, e a mulher sem fé é santificada pelo* [nosso] *irmão* (1Cor 7,14). Não há dúvida de que então já algumas mulheres teriam abraçado a fé graças ao marido crente, e alguns maridos graças à mulher. E, conquanto o Apóstolo não os nomeie, exorta-os com exemplos a manter-se firmes em seu propósito. E prossegue: *doutra sorte os vossos filhos seriam impuros,* [ao passo que] *agora são santos* (1Cor 7,14). De fato, havia crianças cristãs que se tinham santificado ou pela vontade de um dos cônjuges ou pela dos dois, o que não poderia ter sucedido caso o

erant. Quod non fieret, si uno credente dissociaretur coniugium, et non toleraretur infidelitas coniugis usque ad opportunitatem credendi. Hoc est ergo consilium eius, cui credo dictum esse: *Si quid supererogaveris, rediens reddam tibi.*

46. Porro si infidelitas fornicatio est et idolatria infidelitas et avaritia idolatria, non est dubitandum et avaritiam fornicationem esse. Quis ergo iam quamlibet illicitam concupiscentiam potest recte a fornicationis genere separare, si avaritia fornicatio est? Ex quo intellegitur propter illicitas concupiscentias, non tantum quae in stupris cum alienis viris aut feminis committuntur, sed omnino quaslibet quae animam corpore male utentem a lege Dei aberrare faciunt et perniciose turpiterque corrumpunt, possit sine crimine et vir uxorem dimittere et uxor virum, quia exceptam facit Dominus causam fornicationis. Quam fornicationem, sicut supra consideratum est, generalem et universalem intellegere cogimur.

47. Cum autem ait: *Excepta causa fornicationis,* non dixit cuius ipsorum, viri an feminae. Non enim tantum fornicantem uxorem dimittere conceditur, sed quisquis eam quoque uxorem dimittit a qua ipse cogitur fornicari, causa fornicationis utique dimittit. Velut si aliquem cogat uxor sacrificare idolis, qui talem dimittit, causa fornicationis dimittit, non tantum illius sed et suae: illius quia fornicatur, suae ne fornicetur. Nihil autem iniquius quam fornicationis causa dimittere uxorem, si et ipse convincitur fornicari. Occurrit enim illud: *In quo enim alterum iudicas, te ipsum condemnas, eadem enim agis quae iudicas.* Quapropter quisquis fornicationis causa vult abicere uxorem, prior debet esse a fornicatione purgatus; quod similiter etiam de femina dixerim.

48. Quod autem dicit: *Quisquis solutam a viro duxerit moechatur,* quaeri potest, utrum quomodo moechatur ille qui ducit, sic et illa quam ducit. Iubetur enim et illa manere innupta aut viro reconciliari; sed si discesserit, inquit, a viro. Multum autem interest, utrum

matrimônio tivesse de dissolver-se quando um dos contraentes abraçasse a fé, e a infidelidade do outro fosse intolerável por sua mesma resistência a tornar-se cristão. É tal, pois, o conselho daquele a quem creio se disse: *quanto gastares a mais, eu to satisfarei quando voltar* (Lc 10,35).[31]

46. Se portanto a infidelidade é fornicação, e a idolatria infidelidade, e a avareza idolatria, não há dúvida de que a avareza é fornicação. Quem então poderá razoavelmente deixar de chamar fornicação a toda e qualquer concupiscência ilícita, se é fornicação até a mesma avareza? Donde se deduz que toda e qualquer concupiscência ilícita, não só a que se comete no comércio carnal com a mulher ou o marido alheios, mas toda a que induz a alma, pelo abuso que faz do próprio corpo, ao esquecimento da Lei de Deus, com o que a engolfa num abismo de ignomínia e corrupção, autoriza tanto o marido como a esposa a abandonar licitamente o cônjuge; e isso precisamente porque excetua o Senhor o caso de fornicação, a qual, como demonstramos acima, há de compreender-se em sentido geral e universal.

47. Quando Cristo diz: *a não ser por causa de fornicação*, não diz de qual dos dois: se do marido ou da mulher; porque não só se permite ao homem deixar a esposa culpada de fornicação, senão que quem quer que deixe a esposa que o obriga a fornicar a deixa, em verdade, por motivo de fornicação. É como se a alguém a esposa o obrigasse a sacrificar aos ídolos; se ele a deixasse, fá--lo-ia por motivo de fornicação, motivo não somente dela, mas também dele: dela, porque fornicou; dele, para evitar a fornicação. Nada porém há de tão iníquo como um marido deixar a esposa por causa de fornicação, se ele próprio é réu do mesmo pecado. Se tal se dá, cumprem-se aquelas palavras: *Por isso, quem quer que sejas, ó homem que julgas, tu és inescusável, porque, naquilo mesmo em que julgas a outro, a ti mesmo te condenas, visto que fazes as mesmas coisas que julgas* (Rm 2,1). Consequentemente, quem quer que por causa de fornicação queira abandonar a mulher deve, primeiramente, estar livre de toda e qualquer culpa de fornicação; e o mesmo digo com respeito à esposa.

48. Quando Cristo diz: *o que desposar a [mulher] repudiada comete adultério* (Mt 5,32), é de perguntar se, assim como comete adultério o que se casa com ela, o comete igualmente ela própria. A ela ordena-se-lhe permaneça sem marido ou se reconcilie com ele. Mas isto quando é ela que abandona o marido. E grande diferença há entre abandonar e ser abandonada;

dimittat an dimittatur. Si enim ipsa virum dimiserit et alteri nupserit, videtur cupiditate mutandi coniugii virum priorem reliquisse, quae sine dubio adulterina cogitatio est. Si autem dimittatur a viro cum quo esse cupiebat, moechatur quidem qui eam duxerit, secundum Domini sententiam, sed utrum et ipsa tali crimine teneatur, incertum est. Quamvis multo minus inveniri possit, quomodo cum vir et mulier pari consensu sibi misceantur, unus eorum moechus sit et non sit alter. Huc accedit quia, si moechatur ille ducendo eam quae soluta est a viro, quamquam non dimiserit sed dimissa sit, ipsa eum facit moechari, quod nihilominus Dominus vetat. Ex quo colligitur, sive dimissa fuerit sive dimiserit, oportere illam manere innuptam aut viro reconciliari.

49. Rursus quaeritur, utrum si uxoris permissu, sive sterilis sive quae concubitum pati non vult, adhibuerit sibi alteram vir, non alienam neque a viro seiunctam, possit esse sine crimine fornicationis. Et in historia quidem Veteris Testamenti invenitur exemplum. Sed nunc praecepta maiora sunt, in quae per illum gradum generatio humana pervenit. Tractanda illa sunt ad distinguendas aetates dispensationis divinae providentiae, quae humano generi ordinatissime subvenit, non autem ad vivendi regulas usurpanda. Sed tamen utrum quod ait Apostolus: *Mulier non habet sui corporis potestatem sed vir; similiter et vir non habet sui corporis potestatem sed mulier*, possit in tantum valere, ut permittente uxore, quae maritalis corporis habet potestatem, possit vir cum altera, quae nec aliena uxor sit nec a viro disiuncta, concumbere? Sed non est ita existimandum, ne hoc etiam femina viro permittente facere posse videatur, quod omnium sensus excludit.

50. Quamquam nonnullae causae possint existere, ubi et uxor mariti consensu pro ipso marito hoc facere debere videatur, sicut Antiochiae factum esse perhibetur ante quinquaginta ferme annos Constantii temporibus. Nam Acindinus tunc praefectus, qui etiam

porque, se é ela que abandona o marido e se junta com outro, é de presumir que o abandonou para mudar de cônjuge: propósito claramente adulterino. Se, no entanto, é abandonada pelo marido, com quem desejava permanecer, o que a toma por esposa comete adultério, segundo a palavra do Senhor; mas não é de todo claro que também ela seja culpada do mesmo delito, apesar de ser muito mais incompreensível que, unindo-se um homem e uma mulher de comum acordo, um deles possa ser adúltero e o outro não. Acrescente-se a isto que, se ele comete adultério ao casar-se com a que foi deixada pelo marido, ainda que ela não o tenha deixado a ele, mas somente ele a ela, quem o faz ser adúltero é ela própria, o que o Senhor proíbe. Donde se segue que, seja ela a que abandona ou a que é abandonada, deverá permanecer sem marido, a não ser que se reconcilie com aquele de quem está separada.

49. Outra questão. Se um homem, com a concordância da esposa, por ser ela estéril ou por não querer cumprir o dever conjugal, toma para si uma mulher que não esteja casada nem separada do marido, pode fazê-lo sem incorrer em pecado de fornicação? Na história do Antigo Testamento encontramos, de fato, exemplo de tal; agora porém regem os preceitos maiores, aos quais chegou a humanidade após transpor aquele degrau; aos antigos devemos tê-los em conta para distinguir as diversas etapas da dispensação da Divina Providência, que vem em ajuda do gênero humano com sua ordem, e não para extrair deles normas de vida. Todavia, quando o Apóstolo afirma: *A mulher não tem poder sobre o seu corpo, mas sim o marido. E da mesma sorte o marido não tem poder sobre o seu corpo, mas sim a mulher* (1Cor 7,4), quererá dizer que o marido, com a concordância da esposa – que tem poder sobre o corpo dele – pode viver maritalmente com outra, que seja solteira ou que esteja separada do próprio marido? De modo algum; se assim fosse, seria preciso permiti-lo igualmente à mulher, o que repugna ao senso comum.

50. Não obstante, pode haver causas em razão das quais até a mulher, com a anuência do marido, parece que deve fazê-lo, como aconteceu, segundo referem, em Antioquia há quase cinquenta anos, no tempo, pois, de Constâncio.[32] Tendo o Prefeito de então, chamado Acindino, exigido de um devedor do fisco o pagamento de uma libra de ouro, e, enfurecido não

consul fuit, cum quemdam librae auri debitorem fisci exigeret nescio unde commotus – quod plerumque in istis potestatibus periculosum est, quibus quodlibet licet vel potius putatur licere –, comminatus est iurans et vehementer affirmans quod, si certo die quem constituerat memoratum aurum non exsolveret, occideretur. Itaque cum ille teneretur immani custodia, nec se posset debito illo expedire, dies metuendus imminere et propinquare coepit. Et forte habebat uxorem pulcherrimam sed nullius pecuniae, qua subvenire posset viro. Cuius mulieris pulchritudine cum quidam dives esset accensus, et cognovisset maritum eius in illo discrimine constitutum, misit ad eam pollicens pro una nocte, si ei misceri vellet, se auri libram daturum. Tum illa quae sciret non se habere sui corporis potestatem sed virum suum, pertulit ad eum dicens paratam se esse pro marito id facere, si tamen ipse coniugalis corporis dominus, cui tota illa castitas deberetur, tamquam de re sua pro vita sua vellet id fieri. Egit ille gratias et ut id fieret imperavit, nullo modo iudicans adulterinum esse concubitum, quod et libido nulla et magna mariti caritas se volente et iubente flagitaret. Venit mulier in villam illius divitis. Fecit quod voluit impudicus. Sed illa corpus nonnisi marito dedit non concumbere, ut solet, sed vivere cupienti. Accepit aurum. Sed ille qui dedit fraude subtraxit quod dederat, et supposuit simile ligamentum cum terra. Quod ubi mulier iam domi suae posita invenit, prosilivit in publicum eadem mariti caritate clamatura quod fecerat, qua facere coacta est. Interpellat praefectum, fatetur omnia, quam fraudem passa esset ostendit. Tum vero praefectus primo sibi reus, quod suis minis ad id ventum esset, pronuntiat, tamquam in alium sententiam diceret, de Acindini bonis auri libram fisco inferendam, illam vero mulierem dominam in eam terram unde pro auro terram accepisset induci. Nihil hinc in aliquam partem disputo. Liceat cuique existimare quod velit; non enim de divinis auctoritatibus deprompta historia est. Sed tamen narrato facto non

sei por que motivo – o que é perigoso nos poderosos, a quem é lícito tudo quanto lhes apeteça, ou ao menos é isso o que eles mesmos pensam –, ameaçou-o com juras e palavras graves que, se não pagasse em determinado dia a mencionada quantia, o condenaria à morte. Estando ele recolhido em severo cárcere e não podendo pois liquidar tal dívida, chegou o momento em que o temido dia se fez iminente. Como, porém, conquanto sem recursos pecuniários com que ajudá-lo, lhe era belíssima a esposa, acabou certo homem rico por encantar-se com sua beleza, e, inteirado da aflitiva situação que lhe experimentava o marido, mandou lhe dissessem a ela que lhe daria a libra de ouro se concordasse em dormir com ele uma só noite. A mulher, sabedora de que não tinha nenhum poder sobre seu próprio corpo, tendo-o somente o marido, fez saber ao homem rico que pelo próprio marido estava disposta a consenti-lo, desde que aquele que era o senhor de seu corpo, e a quem devia sua mesma castidade, aceitasse dispor dele como coisa própria para salvar sua vida. Agradeceu-lhe o marido e mandou que tal se fizesse, julgando não ser adulterino aquele ato, uma vez que não estava inspirado pela lascívia, mas pelo amor ao marido, que o permitia e ordenava. Chegou a mulher à vila do homem rico, e satisfez-lhe as exigências do despudor; mas, ao fazê-lo, não entregou o corpo senão ao próprio marido, desejoso que estava este de salvar a própria vida antes que de exercer os direitos de esposo. Recebeu o ouro, que todavia lhe foi fraudulentamente subtraído pelo mesmo homem que lho dera, e que o substituiu por um punhado de terra numa bolsinha igual àquela em que estava o metal precioso. Após, já de volta a casa, ter percebido a fraude, saiu a mulher à via pública, impelida pelo mesmo amor ao marido, a apregoar em alta voz o que tivera de fazer; procurou o Prefeito, confessou-lhe tudo, e fê-lo saber o logro de que fora vítima. Admitiu o Prefeito, antes de tudo, sua própria culpa, uma vez que suas ameaças tinham dado origem ao fato; e, pronunciando sentença em benefício alheio, ordenou que se pagasse ao fisco uma libra de ouro dos bens do mesmo Acindino, e que àquela mulher se lhe desse a posse do terreno de onde se tirara o punhado de terra para entregar-lhe em lugar do ouro. Não vou pronunciar-me aqui favoravelmente nem contrariamente a nenhuma das partes; pense cada um como quiser, pois que esse relato não se apoia em autoridade divina; narrado

ita respuit hoc sensus humanus quod in illa muliere viro iubente commissum est, quemadmodum antea, cum sine ullo exemplo res ipsa poneretur, horruimus. Sed in hoc Evangelii capitulo nihil fortius considerandum est quam tantum malumesse fornicationis, ut cum tanto vinculo sibi coniugia constringantur, haec una causa solutionis excepta sit. Quae sit autem fornicatio, iam tractatum est.

XVII

51. *Iterum*, inquit, *audistis quia dictum est antiquis: non periurabis, reddes autem Domino iusiurandum tuum. Ego autem dico vobis non iurare omnino, neque per caelum, quia thronus Dei est, neque per terram, quia scabellum est pedum eius, neque per Ierosolimam, quia civitas est magni regis, neque per caput tuum iuraveris, quia non potes facere capillum unum album aut nigrum. Sit autem sermo vester: est est, non non. Quod autem amplius est a malo est.* Iustitia pharisaeorum est non periurare. Hanc confirmat qui vetat iurare, quod pertinet ad iustitiam regni caelorum. Sicut enim falsum loqui non potest qui non loquitur, sic periurare non potest qui non iurat. Sed tamen, quoniam iurat qui adhibet testem Deum, diligenter considerandum est hoc capitulum, ne contra praeceptum Domini Apostolus fecisse videatur, qui saepe hoc modo iuravit, cum dicit: *Quae autem scribo vobis, ecce coram Deo quia non mentior*, et iterum: *Deus et Pater Domini nostri Iesu Christi, qui est benedictus in saecula, scit quia non mentior*. Tale est etiam illud: *Testis enim mihi est Deus, cui servio in spiritu meo in Evangelio Filii eius, quomodo sine intermissione memoriam vestri facio semper in orationibus meis*, nisi forte quis dicat tunc habendam esse iurationem, cum per aliquid dicitur per quod iuratur; ut non iuraverit, quia non dixit: per Deum, sed dixit: *Testis est Deus*. Ridiculum est hoc putare. Tamen propter contentiosos aut multum tardos, ne aliquid interesse quis putet, sciat etiam hoc modo iurasse Apostolum dicentem: *Cotidie morior, per vestram gloriam*. Quod ne quis existimet ita dictum, tamquam si diceretur: Vestra

porém o sucedido, o que por ordem do marido aconteceu àquela mulher não provoca no sentimento humano rejeição tão veemente como a que expressei ao expor o assunto sem ainda apoiá-lo em exemplo nenhum. Ademais, o que ressalta especialmente neste capítulo do Evangelho é que a fornicação é um mal tão grave, que, apesar da indissolubilidade do vínculo matrimonial, ela, e tão somente ela, é motivo para dissolvê-lo. E o que se deva compreender por fornicação, já tivemos ocasião de expô-lo.

XVII

51. *Igualmente ouvistes* – disse Cristo – *que foi dito aos antigos: Não jurarás falso, mas guardarás para com o Senhor os teus juramentos. Eu, porém, digo-vos que não jureis de modo algum [sem motivo justo], nem pelo céu, porque é o trono de Deus, nem pela terra, porque é o escabelo de seus pés, nem por Jerusalém, porque é a cidade do grande rei; nem jurarás pela tua cabeça, pois não podes fazer branco ou negro [nem] um dos teus cabelos. Mas seja o vosso falar: Sim, sim; não, não; porque tudo o que daqui passa procede do mal* (Mt 5,33-37). A justiça dos fariseus consiste em não perjurar, e é confirmada por Aquele que proíbe se jure, o que pertence já à justiça do reino dos céus; porque, assim como não pode mentir o que não fala, assim tampouco pode perjurar o que não jura. Dado porém que jura o que toma a Deus por testemunha, temos de considerar este capítulo atentamente, para não crermos que o Apóstolo obrou contra o preceito do Senhor, porque amiúde jurou de tal modo, dizendo: *E, no que vos escrevo, digo diante de Deus que não minto* (Gl 1,20), ou, em outra oportunidade: *O Deus e Pai de Nosso Senhor Jesus Cristo, que é bendito por todos os séculos, sabe que não minto* (2Cor 11,31), e porque são do mesmo teor as palavras seguintes: *Porque Deus, a quem sirvo em meu espírito no Evangelho de seu Filho, me é testemunha de que incessantemente faço menção de vós (...) nas minhas orações* (Rm 1,9-10); a não ser que alguém sustente não haver juramento senão quando se afirma algo *por* aquilo por que se jura, razão por que não teria jurado o Apóstolo, dado não ter dito: Por Deus!, mas sim: *Deus me é testemunha.* Asserção ridícula! Nada obstante, em atenção aos discutidores ou aos demasiado tardos, e para que ninguém pense haver aqui nenhuma diferença, saiba-se que também de tal maneira jurou o Apóstolo ao dizer: *Todos os dias, irmãos, morro pela*

gloria me facit cotidie mori – sicut dicitur: Per illius magisterium doctus factus est; id est illius magisterio factum est, ut perfecte doceretur –, graeca exemplaria diiudicant, in quibus scriptum est: Νὴ τὴν καύχησιν ὑμετέραν, quod nonnisi a iurante dicitur. Ita ergo intellegitur praecepisse Dominum ne iuretur, ne quisquam sicut bonum appetat iusiurandum, et assiduitate iurandi ad periurium per consuetudinem delabatur. Quapropter qui intellegit non in bonis sed in necessariis iurationem habendam, refrenet se quantum potest, ut non ea utatur nisi necessitate, cum videt pigros esse homines ad credendum quod eis utile est credere, nisi iuratione firmentur. Ad hoc itaque pertinet quod sic dicitur: *Sit autem sermo vester: est est, non non.* Hoc bonum est et appetendum. *Quod autem amplius est a malo est*; id est si iurare cogeris, scias de necessitate venire infirmitatis eorum quibus aliquid suades. Quae infirmitas utique malum est, unde nos cotidie liberari deprecamur, cum dicimus: *Libera nos a malo*. Itaque non dixit: Quod autem amplius est malum est; tu enim non malum facis, qui bene uteris iuratione, quae etsi non bona tamen necessaria est, ut alteri persuadeas quod utiliter suades; sed a malo est illius, cuius infirmitate iurare cogeris. Sed nemo novit nisi qui expertus est, quam sit difficile et consuetudinem iurandi extinguere, et numquam temere facere quod nonnumquam facere necessitas cogit.

52. Quaeri autem potest, cum diceretur: *Ego autem dico vobis non iurare omnino*, cur additum sit: *Neque per caelum, quia thronus Dei est* et cetera usque ad id quod dictum est: *Neque per caput tuum*. Credo propterea, quia non putabant Iudaei se teneri iureiurando, si per ista iuravissent; et quoniam audierant: *Reddes autem Domino iusiurandum tuum*, non se putabant Domino debere iusiurandum, si per caelum aut terram aut Ierosolimam aut per caput suum iurarent; quod non vitio praecipientis sed illis male intellegentibus factum est. Itaque Dominus docet nihil esse tam vile in creaturis Dei, ut per hoc quisque periurandum arbitretur, quando a summis usque ad infima divina

glória que tenho de vós em Jesus Cristo nosso Senhor (1Cor 15,31). E, para que ninguém julgue que isso é como se se dissesse: A vossa glória faz-me morrer todos os dias (como quando se diz: O seu ensinamento fê-lo douto, ou seja, mediante o seu ensinamento foi perfeitamente ensinado), os exemplares[33] gregos resolvem a questão, uma vez que neles se escreve: Νὴ τὴν καύχησιν ὑμετέραν,[34] palavras que não pronunciam senão os que juram. Entendo, assim, que o Senhor proíbe se jure para que ninguém o considere algo bom e, pelo hábito de jurar, isto é, pela força do costume, caia em perjuro, e, portanto, para que o que não considera o juramento algo bom, mas somente algo necessário, se contenha quanto possa para não recorrer a ele senão em caso de necessidade, quando vir os demais não poder crer, sem apoio de um juramento, no que lhes é útil crer. E a tal se refere isto que se nos diz: *Mas seja o vosso falar: Sim, sim; não, não*. Isto é bom, e devemos cumpri-lo. *Tudo o que daqui passa procede do mal*, ou seja: Se te vês obrigado a jurar, tal obrigação deve resultar da fraqueza daqueles a quem tentas convencer, fraqueza que é um mal de que rogamos cada dia nos vejamos livres, quando dizemos: *Livrai-nos do mal* (Mt 6,13). Por isso não disse o Senhor: Tudo o que daqui passa "é mau" (pois que não procede mal o que usa bem do juramento, que, conquanto não seja bom, pode ser todavia necessário para persuadir a outrem do que lhe é útil a ele próprio), mas sim *procede do mal*, ou seja, daquele por cuja fraqueza te vês obrigado a jurar. Mas ninguém senão o que já o tentou conhece quão difícil é extirpar o costume de jurar e não fazer temerariamente o que uma que outra vez a necessidade nos obriga a fazer.

52. Perguntar-se-á: Quando Cristo afirma: *Eu, porém, digo-vos que não jureis de modo algum*, por que acrescenta isto: *nem pelo céu, porque é o trono de Deus* e tudo o mais até onde diz: *nem pela tua cabeça*? Porque, creio, os judeus não se sentiam obrigados se juravam por essas coisas, e porque, dado terem ouvido: *guardarás para com o Senhor os teus juramentos*, não pensavam que se sujeitariam pelo juramento diante do Senhor se jurassem pelo céu ou pela terra, por Jerusalém ou por sua própria cabeça, o que não se deve atribuir a defeito do legislador, mas à pouca inteligência deles. Assim, ensina o Senhor que não há nada tão desprezível entre as criaturas de Deus por que se possa perjurar, uma vez que todas, desde a mais alta até a mais

providentia creata regerentur, incipiens a throno Dei usque ad capillum album aut nigrum. *Neque per caelum*, inquit, *quia thronus Dei est, neque per terram, quia scabellum est pedum eius*, id est cum iuras per caelum aut terram, non te arbitreris non debere Domino iusiurandum tuum, quia per eum iurare convinceris, cuius caelum thronus est, et cuius terra scabellum est. *Neque per Ierosolimam, quia civitas est magni regis*; melius quam si diceret mea, cum tamen hoc dixisse intellegatur. Et quia ipse utique Dominus est, Domino iusiurandum debet qui per Ierosolimam iurat. *Neque per caput tuum iuraveris*. Quid enim poterat quisque magis ad se pertinere arbitrari quam caput suum? Sed quomodo nostrum est, ubi potestatem faciendi unius capilli albi aut nigri non habemus? Ergo Deo debet iusiurandum ineffabiliter tenenti omnia et ubique praesenti, quisquis etiam per caput suum iurare voluerit. Et hinc etiam cetera intelleguntur, quae omnia utique dici non poterant, sicut illud quod commemoravimus dictum ab Apostolo: *Cotidie morior, per vestram gloriam*. Quam iurationem ut Domino se debere ostenderet, addidit: *quam habeo in Christo Iesu*.

53. Verumtamen propter carnales dico: Non oportet opinari quod dictum est caelum thronus Dei et terra scabellum pedum eius, quod sic habeat Deus collocata membra in caelo et in terra ut nos cum sedemus; sed illa sedes iudicium significat. Et quoniam in hoc universo mundi corpore maximam speciem caelum habeat et terra minimam, tamquam praesentior sit excellenti pulchritudini vis divina, minimam vero ordinet in extremis atque in infimis, sedere in caelo dicitur terramque calcare. Spiritaliter autem sanctas animas caeli nomen significat et terrae peccatrices. Et quoniam spiritalis omnia iudicat, ipse autem a nemine iudicatur convenienter dicitur sedes Dei. Peccator vero, cui dictum est: *Terra es et in terram ibis*, quia per iustitiam meritis digna tribuentem in infimis ordinatur et, quiin lege manere noluit, sub lege punitur, congruenter accipitur scabellum pedum Dei.

baixa, desde o trono de Deus até um cabelo branco ou preto, são regidas pela divina Providência. *Nem pelo céu, porque é o trono de Deus* – diz Ele – *nem pela terra, porque é o escabelo de seus pés*, ou seja: quando juras pelo céu ou pela terra, não penses que não ficas obrigado pelo juramento diante do Senhor, pois que se te assegura que mesmo então juras por Aquele cujo trono é o céu e cujo escabelo é a terra; *nem por Jerusalém* – prossegue – *porque é a cidade do grande rei*, o que está mais bem dito do que se se dissesse: a minha cidade, conquanto se compreenda que foi exatamente isto o que se disse, e conquanto, por ser Ele próprio o Senhor dela, fique obrigado por juramento diante do Senhor todo o que jura por Jerusalém; *nem* – conclui – *pela tua cabeça*. Quem poderia imaginar algo mais seu que a própria cabeça? Como porém pode ser nossa, se não temos poder para fazer nem um só cabelo branco nem preto? Logo, também o que jurar por sua própria cabeça deve seu juramento a Deus, que está presente em todo o lugar e inefavelmente sustenta todas as coisas, as quais por certo não se poderiam enumerar aqui, e deve ter gravado no espírito o dizer que recordamos do Apóstolo: *Todos os dias, irmãos, morro pela glória que tenho de vós*, juramento que segundo ele mesmo o obrigava diante de Deus, e a que acrescentava: *em Jesus Cristo nosso Senhor*.

53. Devo todavia esclarecer, aos que tudo olham com olhos carnais, que quando se diz que o céu é o trono de Deus, e que a terra é seu escabelo, não devemos pensar que Deus tem os membros postos no céu e na terra, como quando nós nos sentamos, mas sim que aquele assento simboliza o Juízo. E, como neste mundo universo corpóreo brilha com máxima beleza o céu e com mínima a terra, qual se na excelsa beleza estivesse mais presente o poder divino, e no menos belo tão só de modo inferior e distante, diz-se que Ele está sentado no céu e pisa a terra. Em sentido espiritual, o céu simboliza as almas santas, e a terra os pecadores. E, como *o [homem] espiritual julga [bem] todas as coisas, e ele não é julgado por ninguém* (1Cor 2,15), é corretamente chamado assento de Deus. O pecador, em contrapartida, a quem se disse: *És terra, e em terra te hás de tornar* (Gn, 3,19), e uma vez que pela justiça, que retribui segundo os méritos, é tido entre as coisas ínfimas, sendo, ademais, castigado sob a lei por não ter querido permanecer sob a lei – o pecador é justamente considerado escabelo de seus pés.

XVIII

54. Sed iam ut istam quoque summam concludamus, quid laboriosius et operosius dici aut cogitari potest, ubi omnes nervos industriae suae animus fidelis exerceat, quam in vitiosa consuetudine superanda? Praecidat membra impedientia regnum caelorum nec dolore frangatur! Toleret in coniugali fide omnia quae, quamvis sint molestissima, crimen tamen illicitae corruptionus, id est fornicationis, non habent! Veluti si uxorem quisque habeat, sive sterilem, sive deformem corpore, sive debilem membris, vel caecam, vel surdam, vel claudam, vel si quid aliud, sive morbis et doloribus languoribusque confectam, et quidquid excepta fornicatione cogitari potest vehementer horribile, pro fide et societate sustineat. Neque solum talem non abiciat, sed etiam si non habeat, non ducat eam quae soluta est a viro, pulchram, sanam, divitem, fecundam. Quae si facere non licet, multo minus sibi licere arbitretur ad ullum alium illicitum concubitum accedere; fornicationemque sic fugiat, ut ab omni turpi corruptione sese extrahat. Verum loquatur neque id iurationibus crebris sed morum probitate commendet! Rebellantes adversum se omnium malarum consuetudinum innumerabiles turbas, de quibus, ut omnes intellegerentur, paucae commemoratae sunt, confugiens ad arcem christianae militiae tamquam de loco superiore prosternat. Sed quis tantos labores inire audeat nisi qui sic flagrat amore iustitiae, ut tamquam fame ac siti vehementissime accensus et nullam sibi vitam, donec ea satietur, existimans vim faciat in regnum caelorum? Non enim aliter esse poterit fortis ad toleranda omnia, quae in praecidendis consuetudinibus laboriosa et ardua et omnino difficilia saeculi huius amatores putant. *Beati* ergo *qui esuriunt et sitiunt iustitiam, quoniam ipsi saturabuntur.*

55. Verumtamen in his laboribus, cum quisque difficultatem patitur et per dura et aspera gradum faciens circumvallatus variis tentationibus et hinc atque hinc insurgere praeteritae vitae moles

XVIII

54. E, para terminar esta explicação sumária, pergunto: Há algo mais difícil e trabalhoso, em que aplique a alma fiel todo o seu empenho e indústria, que vencer o costume vicioso? Corte ela os membros que lhe impedem chegar ao reino dos céus, e não se deixe abater pela dor; tolere em benefício da fidelidade conjugal todas as coisas que, por molestas que sejam, não são o delito da corrupção ilícita, ou seja, o crime da fornicação, e, tenha embora esposa estéril, ou corporalmente disforme, ou fraca dos membros, ou debilitada por enfermidades e dores, ou cega, ou surda, ou coxa, ou com qualquer outro defeito, por horroroso que seja, exceto precisamente o de fornicação, suporte tudo, insisto, pela fidelidade e pela convivência conjugal, e não a abandone; ainda que seja solteiro, não tome nenhuma mulher abandonada por outro, por bela, forte, rica e fecunda que seja, e, se isto não é permitido, muito menos o será qualquer outra forma de comércio carnal ilícito: fuja da fornicação de modo tal, que se afaste de toda e qualquer corrupção torpe; diga sempre a verdade, e não com juramentos repetidos, mas apoiando-a na correção de seus costumes; e, acolhendo-se na fortaleza da milícia cristã, e como de lugar superior, elimine a multidão incontável dos maus costumes que contra ele se rebelam, porque, se nem todos foram enumerados, só alguns poucos, não o fiz senão para que se pudessem compreender a todos. Quem no entanto ousará empreender tantos trabalhos senão o que arde de tal modo no amor da justiça, que, como abrasado por fome e sede intensíssimas, e considerando que não poderá viver enquanto não as saciar, faça todo o esforço por entrar no reino dos céus? Só uma alma assim poderá despender o esforço requerido para suportar tudo o que os amantes deste mundo julgam extremamente difícil e árduo quando se trata de cercear os maus hábitos. *Bem-aventurados*, portanto, *os que têm fome e sede de justiça, porque serão saciados*.

55. Quando, todavia, alguém sentir dificuldade neste trabalho, e quando ao tomar tão duro e áspero caminho se sentir cercado de múltiplas tentações, e quando ao ver erguer-se aqui e ali os obstáculos da vida passada recear não conseguir levar adiante o começado, peça então

intuens, timet ne adgressa implere non possit, arripiat consilium, ut auxilium mereatur! Quod est autem aliud consilium, nisi ut infirmitatem aliorum ferat, et ei quantum potest opituletur qui suae divinitus desiderat subveniri? Consequenter itaque misericordiae praecepta videamus! Mitis autem et misericors unum videntur. Sed hoc interest quod mitis, de quo superius tractatum est, pietate non contradicit divinis sententiis quae in sua peccata proferuntur neque illis Dei sermonibus quos nondum intellegit, sed nullum beneficium praestat ei cui non contradicit nec resistit: misericors autem ita non resistit, ut propter eius correctionem id faciat, quem redderet resistendo peiorem.

XIX

56. Sequitur ergo Dominus et dicit: *Audistis quia dictum est: oculum pro oculo et dentem pro dente. Ego autem dico vobis non resistereadversus malum; sed si quis te percusserit in dexteram maxillam tuam,praebe illi et alteram; et qui voluerit tecum iudicio contendere et tunicam tuam tollere, dimitte illi et vestimentum; et qui te angariaverit mille passus, vade cum eo alia duo. Omni petenti te da, et qui voluerit a te mutuari ne aversatus fueris.* Pharisaeorum iustitia minor est non excedere in vindicta modum, ne plus rependat quisque quam accepit; et magnus hic gradus est. Nemo enim facile invenitur qui pugno accepto pugnum reddere velit, et uno a conviciante verbo audito unum et quod tantundem valeat referre contentus sit, sed sive ira perturbatus immoderatius vindicat, sive quia iustum putat eum qui laesit prior gravius laedi, quam laesus est qui non laeserat. Talem animum magna ex parte refrenavit lex, in qua scriptum est: *Oculum pro oculo et dentem pro dente*, quibus nominibus significatur modus, ut iniuriam vindicta non transeat. Et haec est pacis inchoatio; perfecta autem pax est talem penitus nolle vindictam.

57. Inter illud ergo primum quod praeter legem est, ut maius malum pro minore malo reddatur, et hoc quod Dominus perficiendis

conselho para que possa merecer o auxílio necessário. E que outro conselho se poderia dar senão tolerar a fraqueza dos demais, e prestar a ajuda possível a quem desejar que Deus o ajude em sua fraqueza? Por conseguinte, consideremos os preceitos da misericórdia. O manso e o misericordioso parecem um só; mas há a seguinte diferença: o manso, de que nos ocupamos mais acima, não se opõe, movido por sua piedade, às palavras divinas que se pronunciam contra seus pecados, nem às máximas de Deus que ainda não compreende; mas não contradizer nem resistir não é o mesmo que fazer benefício. O misericordioso, em contrapartida, de tal modo não resiste, que não o faz senão para que se corrija o que por sua resistência se tornaria pior.

XIX

56. Prossegue o Senhor, dizendo: *Ouvistes que se disse: Olho por olho, e dente por dente. Eu, porém, digo-vos que não resistais ao [que é] mau; mas, se alguém te ferir na tua face direita, apresenta-lhe também a outra; e ao que quer chamar-te a juízo e tirar--te a tua túnica, cede-lhe também a capa. E, se alguém te obrigar a dar mil passos, vai com ele mais outros dois mil. Dá a quem te pede, e não voltes as costas ao que deseja que lhe emprestes* (Mt 5,38-42). A justiça menor dos fariseus consiste em não passar de determinado limite na vingança, para que não se devolva mais mal que o que se recebeu, e este é já um excelente degrau. Sim, porque não se encontra facilmente quem se contente em dar uma só bofetada naquele de quem recebeu uma, nem quem se limite a proferir uma só palavra injuriosa, sem exceder-se, àquele que lhe dirigiu anteriormente uma, seja porque, perturbado pela ira, se comporta imoderadamente, seja porque julga que o que ofendeu primeiro deve receber pena maior que a de que foi vítima ele próprio, que não fizera mal a ninguém. Esta atitude já foi coibida em grande parte pela lei, ao ditar: *Olho por olho, e dente por dente*, palavras que encerram moderação, e cujo fim era que a vingança não ultrapassasse a ofensa. É este o caminho da paz; sua perfeição, todavia, está em rejeitar absolutamente toda e qualquer vingança.

57. Há, portanto, um meio-termo entre o que está fora da lei: devolver um mal maior por uma ofensa menor, e isto que disse o Senhor para

discipulis dicit, ne pro malo ullum reddatur malum, medium quemdam locum tenet, ut tantum reddatur quantum acceptum est, per quod a summa discordia ad summam concordiam pro temporum distributione transitus factus est. Quisquis ergo malum infert prior studio laedendi et nocendi, vide quantum distet ab eo qui nec laesus rependit! Quisquis autem nulli prior male fecit, sed tamen laesus rependit gravius vel voluntate vel facto, recessit aliquantum a summa iniquitate et processit ad summam iustitiam, et tamen nondum tenet quod lex quae per Moysen data est imperavit. Qui ergo tantum reddit quantum accepit, iam donat aliquid, non enim tantam poenam meretur nocens quantam ille qui ab eo laesus innocens passus est. Hanc ergo inchoatam non severam sed misericordem iustitiam ille perficit qui legem venit implere non solvere. Duos ergo adhuc gradus qui intersunt intellegendos reliquit, et de ipso summo misericordiae culmine dicere maluit. Nam est adhuc quod faciat, qui non implet istam magnitudinem praecepti, quae pertinet ad regnum caelorum, ut non reddat tantum sed minus, velut pro duobus pugnis unum aut pro avulso oculo aurem praecidat. Hinc ascendens qui omnino nihil rependerit propinquat praecepto Domini, nec tamen adhuc ibi est. Parum enim adhuc videtur Domino, si pro malo quod acceperis nihil rependas mali, nisi etiam amplius sis paratus accipere. Quapropter non ait: Ego autem dico vobis non reddere malum pro malo, quamquam hoc etiam magnum praeceptum sit, sed ait: non resistere adversus malum, ut non solum non rependas quod tibi fuerit irrogatum, sed etiam non resistas, quo minus aliud irrogetur. Hoc est enim quod etiam consequenter exponit: *Sed si quis te percusserit in dexteram maxillam tuam, praebe illi et alteram.* Non enim ait: Si quis te percusserit, noli tu percutere, sed: parate adhuc percutienti. Quod ad misericordiam pertinere hi maxime sentiunt, qui eis quos multum diligunt tamquam filiis vel quibuslibet dilectissimis suis aegrotantibus serviunt vel parvulis vel freneticis, a quibus multa saepe patiuntur et, si eorum salus id exigat, praebent se etiam ut plura patiantur, donec

aperfeiçoar os discípulos: não devolver mal nenhum pelo mal recebido. Tal meio-termo consiste em devolver tanto quanto se tenha recebido, com o que se constrói uma ponte, segundo a distribuição dos tempos, para passar da máxima discórdia à máxima concórdia. Veja-se, assim, a distância que há entre o que primeiro causa um mal com vontade de ferir e prejudicar e o que até quando ofendido não reage ao ofensor. O que não faz mal a outro por iniciativa própria, senão que, provocado, responde com excesso, seja com fatos ou meramente com o desejo, já se afasta um pouco da iniquidade extrema, e caminha outro tanto para a justiça suprema; contudo, ainda não cumpre o que ordenou a lei dada a Moisés. Depois, o que devolve o mesmo mal que recebeu cede já em algo, pois que deste modo o injusto não sofre tanto como o inocente que por ele foi ferido. Consequentemente, portanto, O que veio não para destruir a lei, mas para cumpri-la, levou à perfeição essa justiça inicial, fazendo-a não severa, mas misericordiosa. Aos outros dois degraus, intermediários, deixou-os subentendidos, e preferiu falar do cume da misericórdia. E tem ainda alguns passos que dar o que não cumpre o preceito em sua perfeição suprema – preceito dado justamente para que se possa alcançar o reino dos céus –, mas tão só no primeiro daqueles dois degraus intermediários, isto é, o devolver não outro tanto do mal recebido, mas menos, como uma bofetada por duas recebidas, ou o cortar uma orelha pela perda de um olho. O que, partindo daqui, chega a não devolver mal nenhum já se encontra às portas do preceito do Senhor, mas ainda não as transpôs para ver-se dentro dele. Com efeito, parece pouco ao Senhor que somente não devolvamos mal nenhum pelo mal que recebemos, ou seja, que, além disso, não estejamos dispostos a receber mais. Por isso é que Ele não nos disse: Não devolvais mal por mal (conquanto também seja este um grande preceito), e sim: *Não resistais ao [que é] mau*, ou seja, não só não devolvamos o mal que nos tiver sido feito, mas não nos oponhamos a que se nos faça outro mal. E é isto o que diz em seguida: *Se alguém te ferir na tua face direita, apresenta-lhe também a outra*. Não diz isto: Se alguém te fere, não queiras tu feri-lo; mas sim isto: Oferece-te ainda a quem te fere. É este um ato de misericórdia que entendem muito bem os que servem aqueles a quem amam muito, como os filhos ou qualquer enfermo que lhes resida no coração, e os que cuidam de delirantes, e os que

vel aetatis vel morbi infirmitas transeat. Quos ergo Dominus medicus animarum curandis proximis instruebat, quid eos aliud docere posset, nisi ut eorum quorum saluti consulere vellent imbecillitates aequo animo tolerarent? Omnis namque improbitas ex imbecillitate animi venit, quia nihil innocentius est eo qui in virtute perfectus est.

58. Quaeri autem potest, quid sibi velit dextera maxilla. Sic enim in exemplaribus graecis, quibus maior fides habenda est, invenitur. Nam multa latina maxillam tantum habent, non etiam dexteram. Facies est autem qua quisque cognoscitur. Et legimus apud Apostolum: *Toleratis enim si quis vos in servitutem redigit, si quis devorat, si quis accipit, si quis extollitur, si quis in faciem vos caedit*; deinde continuo subiungit: *Secundum ignobilitatem dico*, ut exponat, quid sit in faciem caedi, hoc est contemni ac despici. Quod quidem non ideo dicit Apostolus, ut illos non sustinerent, sed ut se magis, qui eos sic diligeret ut se ipsum, pro eis vellet impendi. Sed quoniam facies non potest dici dextera et sinistra, et tamen nobilitas et secundum Deum et secundum hoc saeculum potest esse, ita tribuitur tamquam in maxillam dexteram et sinistram, ut in quocumque discipulo Christi contemptum fuerit quod christianus est, multo magis in se contemni paratus sit, si quos huius saeculi honores habet. Sicut idem Apostolus, cum in eo persequerentur homines nomen christianum, si taceret de dignitate quam habebat in saeculo, non praeberet alteram maxillam caedentibus dexteram. Non enim dicendo: *Civis Romanus sum*, non erat paratus hoc in se contemni, quod pro minimo habebat, ab eis qui in illo nomen tam pretiosum et salutare contempserant. Numquid enim ideo minus postea vincula toleravit, quae civibus Romanis non licebat imponi, aut quemquam de hac iniuria voluit accusare? Et si qui ei propter civitatis Romanae nomen pepercerunt, non tamen ille ideo non praebuit quod ferirent cum eos a tanta perversitate corrigere cuperet patientia sua, quos videbat in se sinistras partes magis quam dexteras honorare. Illud est enim tantum attendendum, quo animo faceret omnia, quam benivole et clementer in eos a quibus ista patiebatur.

amparam crianças, da parte dos quais amiúde sofrem não pouco, e pelos quais, se sua saúde o exige, estão dispostos a padecer mais, até que passe a fraqueza da idade ou a da enfermidade. Que outra coisa podia incutir o Senhor, que é médico das almas, nos que instruía para curar os próximos senão tolerar com equanimidade as fraquezas daqueles cuja salvação buscam? Sim, porque toda e qualquer maldade provém da fraqueza do espírito, uma vez que ninguém é tão bondoso quanto o que é perfeito na virtude.

58. Perguntar-se-á que significado tem *a face direita*. Lemos esta expressão nos exemplares gregos mais dignos de fé, enquanto muitos dos latinos dizem tão somente *a face*, e não a face direita. Ora, qualquer pessoa é conhecida pelo rosto, e diz o Apóstolo: *Porque sofreis quem vos põe em escravidão, quem vos devora, quem vos rouba, quem se exalta, quem vos dá no rosto*, e acrescenta: *Digo-o para a minha vergonha* (2Cor 11,20-21), para assinalar que quer dizer ser ferido no rosto, ou seja, ser desprezado e afrontado. E disse-o o Apóstolo para que os cristãos não só suportassem os que lhes infligissem afrontas, mas também os suportassem como os suportaria ele próprio, que, por muito amar os irmãos, de muito boa vontade se daria a si mesmo por suas almas (2Cor 12,15). Como no entanto o rosto não pode dizer-se direito nem esquerdo, e como há uma nobreza segundo Deus e outra segundo o mundo, faz-se a divisão em face esquerda e em face direita, para que, se num discípulo de Cristo menosprezar-se o ser cristão, esteja ele muito mais disposto a ver desprezadas as honras que tenha deste mundo. Assim, o mesmo Apóstolo, quando era perseguido por ser cristão, não teria oferecido a outra face aos que lhe feriam a direita se tivesse guardado silêncio acerca da dignidade que tinha deste mundo: se não tivesse dito "Sou cidadão romano" (At 22,27), não teria feito ver que se dispunha inteiramente a ter menosprezada essa pequena glória, que em verdade ele tinha em muito pouca conta, pelos que nele desprezavam o tão precioso e benfazejo nome de cristão. Sim, porque por acaso deixou depois de suportar por tal motivo as cadeias que não era permitido impor ao cidadão romano, ou pretendeu acusar alguém por esta injúria? E, se alguns lhe perdoaram a ele em nome da cidadania romana, nem por isso deixou ele de oferecer-lhes motivos para feri-lo, tentando afastar de tanta perversidade, com toda a paciência, os que via honrar nele antes as qualidades da esquerda que as da direita. Basta-nos notar com que

Nam et pontificis iussu palma percussus quod contumeliose visus est dicere, cum ait: *Percutiet te Deus, paries dealbate*, minus intellegentibus convicium sonat, intellegentibus vero prophetia est. Paries quippe dealbatus hypocrisis est, id est simulatio sacerdotalem praeferens dignitatem, et sub hoc nomine tamquam candido tegmine interiorem quasi luteam turpitudinem occultans. Nam quod humilitatis fuit, mirabiliter custodivit, cum ei diceretur: *Principi sacerdotum maledicis?*, respondit: *Nescivi, fratres, quia princeps est sacerdotum; scriptum est enim: Principi potuli tui non maledices*. Ubi ostendit, quanta tranquillitate illud dixisset quod iratus dixisse videbatur, quod tam cito, tam mansuete respondit, quod ab indignantibus et perturbatis fieri non potest. Et in eo ipso intellegentibus verum dixit: *Nescivi quia princeps est sacerdotum*, tamquam si diceret: Ego alium scivi principem sacerdotum, pro cuius nomine ista sustineo, cui maledicere fas non est, et cui vos maledicitis, cum in me nihil aliud quam eius nomen odistis. Sic ergo oportet non simulate ista iactare, sed in ipso corde esse ad omnia praeparatum, ut possit canere illud propheticum: *Paratum cor meum, Deus, paratum cor meum*. Multi enim alteram maxillam praebere noverunt, diligere vero illum a quo feriuntur ignorant. At vero ipse Dominus, qui utique praecepta quae docuit primus implevit, percutienti se in maxillam ministro sacerdotis non praebuit alteram sed insuper dixit: *Si male locutus sum, exprobra de malo; si bene, quid me caedis?* Non tamen ideo paratus corde non fuit non solum in alteram maxillam caedi pro salute omnium, sed etiam toto corpore crucifigi.

59. Ergo et illud quod sequitur: *Et qui voluerit tecum iudicio contendere et tunicam tuam tollere, dimitte illi et vestimentum*, ad praeparationem cordis non ad ostentationem operis praeceptum recte intellegitur. Sed de tunica et vestimento quod dictum est, non in eis solis sed in omnibus faciendum est quae aliquo iure temporaliter nostra esse dicimus. Si enim de necessariis hoc imperatum est, quanto magis superflua contemnere convenit! Verumtamen ea quae nostra dixi eo genere includenda sunt, quo Dominus ipse praescribit dicens: *Si quis vult*

espírito fazia tudo, o tamanho de sua benevolência e de sua paciência para com os que lhe infligiam tais sofrimentos. Pois o que disse ao ser golpeado por ordem do príncipe dos sacerdotes: *Deus te baterá a ti, parede branqueada* (At 23,3), e que pareceu dizer em tom injurioso, aos ouvidos pouco compreensivos, com efeito, soa a ofensa; mas aos inteligentes patenteia-se-lhes antes como profecia. De fato, a parede branca é a hipocrisia, quer dizer, a simulação mascarada de dignidade sacerdotal, a ocultar sob este nome, como com revestimento branco, o lodo da torpeza interior. Aquilo que lhe exigia humildade, cumpriu-o admiravelmente; pois, como lhe dissessem: *Tu injurias o sumo sacerdote de Deus?*, respondeu: *Eu não sabia, irmãos, que é o príncipe dos sacerdotes. Porque está escrito: Não dirás mal do príncipe do teu povo* (At 23,4-5). Com isso mostrou com que tranquilidade disse o que pareceu dizer irado, uma vez que pronunciou palavras cheias de mansidão, o que é impossível aos que estão indignados ou perturbados. E ainda nisso disse uma verdade aos inteligentes: *Eu não sabia que é o príncipe dos sacerdotes*. É como se dissesse: Eu conheci outro príncipe dos sacerdotes, por cujo nome padeço tudo isto, a quem não é lícito maldizer, e a quem maldizeis vós, pois que em mim não odiais senão seu nome. Assim, convém dizer tais coisas não com fingimento, mas com disposição, no coração, para suportar tudo, a fim de poder cantar com o Profeta: *Ó meu coração, ó Deus, está preparado, o meu coração está preparado* (Sl 56,8); porque há muitos que estão dispostos a dar a outra face, mas não a amar a quem os fere. Muito pelo contrário, o próprio Senhor, que praticou primeiro os preceitos que ensinou, se não ofereceu a outra face a um servidor do sacerdote que lhe magoara o rosto, senão que disse a ele: *Se falei mal, mostra o que eu disse de mal; mas, se falei bem, por que me feres?* (Jo 18,23), não deixou todavia de estar disposto, no coração, não só a ter ferida a outra face, mas a que lhe fosse crucificado o corpo todo.

59. Por conseguinte, as palavras *Ao que quer chamar-te a juízo e tirar-te a tua túnica, cede-lhe também a capa* (Mt 5,40) implicam uma disposição do coração, não um ato de ostentação orgulhosa. O que porém se diz da túnica e da capa não se aplica tão só a estas peças de vestuário, senão a todos os bens temporais que por algum direito nos pertençam, e, ademais, se tal se nos diz até quanto ao que nos é necessário, quanto mais não se dirá quanto ao supérfluo! Mas, como dizia eu, compreendam-se todas as coisas a que

iudicio tecum contendere et tunicam tuam tollere. Omnia ergo illa intellegantur de quibus iudicio nobiscum contendi potest ita ut a nostro iure in ius illius transeant qui contendit vel pro quo contendit, sicuti est vestis, domus, fundus, iumentum et generaliter omnis pecunia. Quod utrum etiam de servis accipiendum sit, magna quaestio est. Non enim christianum oportet sic possidere servum quomodo equum aut argentum, quamquam fieri possit ut maiore pretio valeat equus quam servus, et multo magis aliquid aureum vel argenteum. Sed ille servus, si rectius et honestius et ad Deum colendum accomodatius abs te domino educatur aut regitur, quam ab illo potest qui eum cupit auferre, nescio utrum quisquam dicere audeat ut vestimentum eum debere contemni. Hominem namque homo tamquam se ipsum diligere debet, cui ab omnium Domino, sicut ea quae sequuntur ostendunt, etiam ut inimicos diligat imperatur.

60. Sane animadvertendum est omnem tunicam vestimentum esse, non omne vestimentum tunicam esse. Vestimenti ergo nomen plura significat quam nomen tunicae. Et ideo sic dictum esse arbitror: *Et qui voluerit tecum iudicio contendere, et tunicam tuam tollere, remitte illi et vestimentum*; tamquam si diceret: Qui voluerit tunicam tuam tollere, remitte illi et siquid aliud indumenti habes. Ideo nonnulli *pallium* interpretati sunt, quod graece positum est ἱμάτιον.

61. *Et qui te angariaverit*, inquit, *mille passus, vade cum illo alia duo*, et hoc utique non tam ut pedibus agas, quam ut animo sis paratus. Nam in ipsa christiana historia, in qua est auctoritas, nihil tale invenies factum esse a sanctis vel ab ipso Domino, cum in homine quem suscipere dignatus est, vivendi nobis praeberet exemplum; cum tamen omnibus fere locis eos invenias paratos fuisse aequo animo tolerare quidquid eis improbe fuisset ingestum. Sed verbi gratia dictum putamus: *Vade cum eo alia duo*? An tria compleri voluit, quo numero significatur perfectio, ut meminerit quisque, cum hoc facit, perfectam se implere iustitiam misericorditer perferendo infirmitates eorum quos vult sanos fieri? Potest videri propterea etiam tribus

possamos chamar nossas no mesmo gênero a que remete o Senhor quando preceitua: *Ao que quer chamar-te a juízo e tirar-te a tua túnica*. Obviamente, portanto, inclua-se aí tudo o que nos podem demandar em juízo, e que pode passar de nosso domínio ao do demandante, como o vestido, a casa, a herdade, o jumento, e, em geral, todo e qualquer bem econômico. É tema muito discutido se este preceito se deve aplicar também aos servos, pois que não se coaduna com o cristão possuir um servo como se possuísse um cavalo ou qualquer quantidade de prata, conquanto possa suceder que um cavalo valha mais que um servo, e muito mais um objeto de ouro ou de prata. Se porém tal servo, estando sob teu domínio, é mais honesta e retamente educado e é mais bem encaminhado a adorar a Deus do que pode fazer o que deseja levá-lo consigo, julgo que ninguém ousará dizer que devas ceder-lho como se fora uma peça de vestuário. Pois cada homem deve amar ao próximo como a si mesmo, uma vez que o Senhor de todos lhe ordena – como se verá mais adiante – que ame até aos mesmos inimigos.

60. Convém, ademais, fazer notar que toda e qualquer túnica é peça de vestuário, e que nem toda e qualquer peça de vestuário é túnica, pois que a extensão do nome *peça de vestuário* é maior que a de *túnica*. Assim, quando o Senhor nos disse: *Ao que quer chamar-te a juízo e tirar-te a tua túnica, cede-lhe também a capa*, creio que nos quis dar a entender o seguinte: Ao que quer tirar-te a túnica, cede-lhe também qualquer peça de vestuário que possuas. E por isso alguns traduziram por *pallium* [capa] a palavra grega ἱμάτιον.

61. *E, se alguém te obrigar a dar mil passos, vai com ele mais outros dois mil* (Mt 5,41): estas palavras se referem não tanto ao fato de caminhares quanto a que estejas disposto a isso, pois na própria história cristã, que por si é já autoridade, não encontrarás nada semelhante feito pelos santos, nem pelo próprio Senhor quando, na humanidade em que se dignou encarnar, nos dava exemplos de vida, embora sempre os encontremos dispostos a tolerar todo e qualquer agravo que contra eles se cometa. Mas por acaso pensamos que disse *Vai com ele mais outros dois mil* só por dizer? Ou será que quis completar o número três – número que denota perfeição – para que todo o que assim proceder se lembre de que pratica a justiça perfeita ao suportar misericordiosamente as fraquezas daqueles cuja salvação deseja? Ademais, pode observar-se que também por este motivo insinuou tais preceitos em

exemplis haec praecepta insinuasse, quorum primum est, si quis te percusserit in maxillam; secundum si quis tunicam tollere voluerit; tertium si quis mille passus angariaverit, in quo tertio exemplo simplo duplum additur, ut triplum compleatur. Qui numerus hoc loco si non, ut dictum est, significat perfectionem, illud accipiatur quod in praecipiendo tamquam tolerabilius incipiens paulatim creverit, donec perveniret usque ad duplum aliud perferendum. Nam primo praeberi voluit alteram maxillam, cum fuerit dextera percussa, ut minus perferre paratus sis quam pertulisti – quidquid enim dextera significat, et carius est utique quam id quod sinistra significat, et qui in re cariore aliquid pertulit, si et in viliore perferat, minus est –; deinde illi qui tunicam vult tollere iubet et vestimentum remitti, quod aut tantundem est aut non multo amplius, non tamen duplum; tertio de mille passibus, quibus addenda dicit duo millia, usque ad duplum aliud perferas iubet; ita significans, sive aliquanto minus quam iam fuit, sive tantundem, sive amplius quisque improbus in te esse voluerit, aequo animo esse tolerandum.

XX

62. In his sane generibus trium exemplorum nullum genus iniuriae praetermissum esse video. Namque omnia in quibus improbitatem aliquam patimur in duo genera dividuntur; quorum alterum est quod restitui non potest, alterum quod potest. Sed in illo quod restitui non potest vindictae solatium quaeri solet. Quid enim prodest quod percussus repercutis? Numquid propterea illud quod in corpore laesum est restituitur in integrum? Sed tumidus animus talia fomenta desiderat; sanum autem firmumque ista non iuvant, quin potius misericorditer perferendam alterius infirmitatem iudicat, quam alieno supplicio suam mitigandam, quae nulla est.

63. Neque hic ea vindicta prohibetur quae ad correctionem valet. Etiam ipsa enim pertinet ad misericordiam, nec impedit illud

três exemplos: primeiro, se alguém te ferir na face; segundo, se alguém te quiser tirar a túnica; terceiro, se alguém te obrigar a dar mil passos, tendo, neste terceiro exemplo, acrescido o dobro à unidade para completar o triplo. E, se ao contrário do que se acaba de dizer este número não denota aqui perfeição, convenhamos então que ao ministrar o preceito começou o Senhor pelo trabalho mais tolerável, e que, aumentando-o, acabou por acrescer o dobro à unidade, porque, antes de tudo, deseja que demos a outra face quando nos ferirem na direita, fazendo-nos entender assim que temos de estar preparados para suportar o menos quando teríamos de ter suportado o mais. Sim, porque, qualquer que seja o significado da face direita, é patente que é algo mais apreciado que o significado da face esquerda; e que o que tolerou um agravo no que lhe é mais caro faz menos se o tolera em algo que não aprecia tanto. Depois Ele nos diz que temos de dar a capa a quem nos queira tirar a túnica, o que ou equivale meramente a dar a capa, ou o supera um pouco, sem chegar, todavia, a ser-lhe o dobro. Quer isso dizer que, seja menor que a anterior a nova ofensa que nos fazem, seja igual a ela, seja, ainda, maior que ela, devemos sempre tolerá-la com espírito sereno.

XX

62. Nestes três gêneros de exemplos vejo que não se omitiu nenhum gênero de ofensas; porque todas as coisas em que padecemos alguma maldade podem dividir-se em dois gêneros, a saber: as que não podem reparar-se, e as que o podem ser. Quando se dão as que não podem reparar-se, costuma-se buscar o consolo da vingança. Que te vale ferir aquele que te feriu? Por acaso a parte ferida torna assim ao estado anterior? Tal consolo, todavia, deseja-o o orgulhoso; mas não o espírito puro e valoroso, o qual, antes que mitigar com a dor alheia a própria fraqueza, que nele é nula, prefere tolerar a fraqueza alheia com misericórdia.

63. Não se proíbe, aqui, a vingança que tem por finalidade a correção: também ela se encontra no âmbito da misericórdia; nem é tal propósito impedimento para que alguém se disponha a padecer tudo pela pessoa cuja correção ele deseja. Para o cumprimento desta vingança, porém, só

propositum quo quisque paratus est ab eo quem correctum esse vult plura perferre. Sed huic vindictae referendae non est idoneus nisi qui odium, quo solent flagrare qui se vindicare desiderant, dilectionis magnitudine superaverit. Nonenim metuendum est, ne odisse parvulum filium parentes videantur, cum ab eis vapulat peccans, ne peccet ulterius. Et certe perfectio dilectionis ipsius Dei Patris imitatione nobis proponitur, cum in sequentibus dicitur: *Diligite inimicos vestros, bene facite his qui vos oderunt, et orate pro eis qui vos persequuntur.* Et tamen de ipso dicitur per prophetam: *Quem enim diligit Dominus, corripit, flagellat autem omnem filium quem recipit.* Dicit et Dominus: *Servus qui nescit voluntatem Domini sui et facit digna plagis, vapulabit pauca; servus autem qui scit voluntatem Domini sui et facit digna plagis, vapulabit multa.* Non ergo quaeritur nisi ut et ille vindicet cui rerum ordine potestas data est, et ea voluntate vindicet qua pater in parvulum filium, quem per aetatem odisse nondum potest. Hinc enim aptissimum exemplum datur, quo satis appareat posse peccatum amore potius vindicari quam impunitum relinqui, ut illum in quem vindicat non poena miserum sed correctione beatum velit; paratus tamen, si opus sit, aequo animo plura tolerare ab eo illata quem vult esse correctum, sive in eum habeat potestatem coercendi sive non habeat.

64. Magni autem et sancti viri, qui iam optime scirent mortem istam, quae animam dissolvit a corpore, non esse formidandam, secundum eorum tamen animum qui illam timerent nonnulla peccata morte puniverunt, quo et viventibus utilis metus incuteretur, et illis qui morte puniebantur non ipsa mors noceret sed peccatum, quod augeri posset si viverent. Non temere illi iudicabant, quibus tale iudicium donaverat Deus. Inde est quod Elias multos morte affecit et propria manu et igne divinitus impetrato, cum et alii multi magni et divini viri eodem spiritu consulendo rebus humanis non temere fecerint. De quo Elia cum exemplum dedissent discipuli Domino, commemorantes quid ab eo factum sit, ut etiam ipsis daret potestatem petendi de caelo ignem ad consumendos eos qui sibi hospitium non praeberent,

está capacitado aquele cujo amor supere, em magnitude, o ódio em que costumam arder os que querem vingar-se. Não há que recear que os pais odeiem o filho pequeno quando este, em castigo de uma culpa, é açoitado por eles. E, se se nos propõe a perfeição mesma do amor na imitação de Deus Pai quando seu Filho nos diz, em seguida: *Amai os vossos inimigos, fazei bem aos que vos odeiam, e orai pelos que vos perseguem e caluniam* (Mt 5,44), d'Ele, porém, nos é dito pelo Profeta: *Porque o senhor castiga aquele a quem ama, e açoita a todo aquele que recebe por filho* (Pr, 3,12).[35] Diz-nos igualmente o próprio Senhor: *E aquele servo que conheceu a vontade do seu senhor, e não se preparou, e não procedeu conforme a sua vontade, levará muitos açoites. Aquele [servo], pois, que não a conheceu, e fez coisas dignas de castigo, levará poucos açoites* (Lc 12,47-48). Requer-se, assim, que o que pratique uma vingança seja o que tem poder para fazê-lo, segundo a ordem das coisas; e que ao fazê-lo o faça com a mesma intenção de um pai com respeito ao filho, a quem pela idade é impossível odiar. Donde podermos deduzir uma consequência prática: se alguém tem poder para isto, é melhor vingar um pecado com amor que deixá-lo impune, desejando com tal vingar ver o pecador não padecer o castigo, mas regozijar-se pela correção; tenha ou não tenha, porém, tal poder, há de estar sempre disposto a tolerar pacientemente tudo da pessoa cuja emenda deseja.[36]

64. Houve no entanto grandes e santos varões que, sabendo perfeitamente que a morte que desprende a alma do corpo não deve ser temida, mas agindo de acordo com a mentalidade dos que a temem, castigaram alguns pecados com a morte, para infundir saudável temor aos vivos, e fazer que a mesma morte danasse não os que foram castigados por seus pecados, senão esses próprios pecados, os quais, caso aqueles pecadores tivessem continuado a viver, teriam certamente aumentado. Não procederam temerariamente os que receberam de Deus esta inspiração. Daí ter dado Elias morte a muitos, já com a própria mão (3Rs 18,40), já fazendo descer fogo do céu (4Rs 1,10); e daí também o terem feito muitos outros grandes e inspirados varões, sem pecar por imprudência, mas com o desejo mesmo de zelar pelo bem dos homens. Tendo os discípulos mencionado o exemplo de Elias, a fim de que, ao lembrarem ao Senhor o que aquele fizera, também a eles se lhes desse o poder de fazer descer fogo do céu e, assim,

reprehendit in eis Dominus non exemplum prophetae sancti sed ignorantiam vindicandi, quae adhuc erat in rudibus, animadvertens eos non amore correctionem sed odio desiderare vindictam. Itaque posteaquam eos docuit, quid esset diligere proximum tamquam se ipsum, infuso etiam Spiritu Sancto, quem decem diebus completis post ascensionem suam desuper ut promiserat misit, non defuerunt tales vindictae, quamvis multo rarius quam in Veteri Testamento. Ibi enim ex maiore parte servientes timore premebantur, hic autem maxime dilectione liberi nutriebantur. Nam et verbis apostoli Petri Ananias et uxor eius, sicut in *Actibus Apostolorum* legimus, exanimes ceciderunt, nec resuscitati sunt sed sepulti.

65. Sed si huic libro haeretici qui adversantur Veteri Testamento nolunt credere, Paulum apostolum, quem nobiscum legunt, intueantur dicentem de quodam peccatore, quem tradidit satanae in interitum carnis: *Ut anima salva sit*. Et si nolunt hic mortem intellegere – fortasse enim incertum est –, quamlibet vindictam per satanam factam ab Apostolo fateantur, quod non eum odio sed amore fecisse manifestat illud adiectum: *Ut anima salva sit*. Aut in illis libris quibus ipsi magnam tribuunt auctoritatem, animadvertant quod dicimus, ubi scriptum est apostolum Thomam imprecatum cuidam a quo palma percussus esset atrocissimae mortis supplicium, animam eius tamen commendat, ut in futuro ei saeculo parceretur. Cuius a leone occisi a cetero corpore disceptam manum canis intulit mensis in quibus convivabatur apostolus. Cui scripturae licet nobis non credere – non enim est in catholico canone –, illi tamen eam et legunt et tamquam incorruptissimam verissimamque honorant, qui adversus corporales vindictas quae sunt in Veteri Testamento, nescio qua caecitate acerrime saeviunt, quo animo et qua distributione temporum factae sint, omnino nescientes.

66. Tenebitur ergo in hoc iniuriarum genere quod per vindictam luitur iste a christianis modus ut accepta iniuria non surgat odium, sed infirmitatis misericordia paratus sit animus plura perpeti; nec

se pudessem exterminar os que lhes negassem asilo, censurou-lhes o Senhor não o exemplo do santo profeta, mas o desconhecimento, próprio de homens rudes (Lc 9,52-56), dos fins que deve ter todo e qualquer castigo; fê-los ver, desse modo, que eles não queriam a correção por amor, mas a vingança por ódio. Assim, depois de ter-lhes ensinado o que é amar ao próximo como a si mesmo, e tendo-lhes infundido o Espírito Santo, que Ele lhes enviou dez dias depois de sua ascensão (At 2,1-4), não faltaram as vinganças por amor, conquanto tenham sido mais raras que no Antigo Testamento, e isso porque, durante este, a maioria era de servos opressos pelo temor, ao passo que, depois, se tratava já de filhos nutridos sobretudo pelo amor. Eis porém que pelas próprias palavras de Pedro, como narram os Atos dos Apóstolos, Ananias e sua mulher caíram mortos por terra, e não foram ressuscitados, mas enterrados (At 5,1-10).

65. E, se não dão fé a este livro os hereges que rejeitaram o Antigo Testamento, vejam então com que intuito o Apóstolo Paulo, a quem eles leem como nós, diz ter entregado a Satanás um pecador, *para a morte da carne, a fim de que o espírito seja salvo* (1Cor 5,5). E, se não querem ver aqui a morte (uma vez que é talvez passagem duvidosa), confessem então que se trata de algum castigo imposto pelo Apóstolo por meio de Satanás, dado não ter ele agido por ódio, mas por amor, como indicam as palavras que se acrescentam: *a fim de que a sua alma seja salva*. Ou o comprovem naqueles livros a que atribuem eles grande autoridade, e em que se escreve que o Apóstolo Tomé imprecou para alguém que o esbofeteara uma morte atrocíssima, encomendando-lhe todavia a alma, para que na outra vida se lhe perdoasse, e que, enquanto comia o Apóstolo, um cão levou até à mesa uma mão separada do corpo, que fora destroçado por um leão. Não nos é vedado rejeitar esta escritura, pois não integra o cânon católico; aqueles hereges, porém, sabe-se lá por que obcecação, se encarniçam irosos contra os castigos corporais do Antigo Testamento, absolutamente sem saber a que intenção e a que circunstâncias de tempo obedeciam.

66. Eis a regra que deve observar o cristão quanto a este gênero de injúrias que se podem reparar pela vingança: que a injúria recebida não se resolva em ódio, senão que estejamos dispostos a padecer mais, por compadecidos da fraqueza alheia, sem por isso, contudo, descurar da correção,

correctionem neglegat, qua vel consilio vel auctoritate vel potestate uti potest. Aliud iniuriarum genus est quod in integrum restitui potest, cuius duae species: una ad pecuniam, altera ad operam pertinet. Quapropter illius de tunica et vestimento, huius de angaria mille passuum et duum millium exempla subiecta sunt; quia et reddi vestimentum potest, et quem adiuveris opera, potest te etiam ipse, si opus fuerit, adiuvare. Nisi forte ita potius distinguendum est, ut prius quod positum est de percussa maxilla omnia significet quae sic ingeruntur ab improbis, ut restitui non possint nisi vindicta; secundum quod positum est de vestimento omnia significet quae possunt restitui sine vindicta, et ideo forte additum est: *Qui voluerit tecum iudicio contendere*, quia quod per iudicium aufertur non ea vi putatur auferri cui vindicta debeatur; tertium vero ex utroque confectum sit, ut et sine vindicta et cum vindicta possit restitui. Nam qui operam indebitam violenter exigit sine ullo iudicio, sicut facit qui angariat hominem improbe et cogit se illicite adiuvari ab invito, et poenam improbitatis potest luere et operam reddere, si hanc ille repetat qui improbum pertulit. In his ergo omnibus generibus iniuriarum Dominus docet patientissimum et misericordissimum et ad plura perferenda paratissimum animum christiani esse oportere.

67. Sed quoniam parum est non nocere, nisi etiam praestes beneficium quantum potes, consequenter adiungit et dicit: *Omni petenti te da, et qui voluerit a te mutuari ne aversatus fueris. Omni petenti*, inquit, non: omnia petenti, ut id des quod dare honeste et iuste potes. Quid si enim pecuniam petat, qua innocentem conetur opprimere? Quid si postremo stuprum petat? Sed ne multa persequar, quae sunt innumerabilia, id profecto dandum est quod nec tibi nec alteri noceat, quantum sciri aut credi ab homine potest. Et cui iuste negaveris quod petit, indicanda est ipsa iustitia, ut non eum inanem dimittas. Ita omni petenti te dabis, quamvis non semper id quod petit dabis. Et aliquando melius aliquid dabis, cum petentem iniusta correxeris.

que pode levar-se a efeito como conselho ou com a autoridade ou o poder. Há um gênero de injúrias de que se pode obter inteira reparação, e duas são as suas classes: uma fundada em dinheiro, e a outra em fatos. Da primeira temos o caso da túnica e da capa, e da segunda o dos mil e dos dois mil passos; porque uma peça de vestuário pode devolver-se, e uma ajuda prestada a outro também te pode ser prestada por esse outro se tiveres necessidade. A não ser que a diferença seja a seguinte: que o dito em primeiro lugar, da face esbofeteada, se refira a todas as ofensas dos maus que não podem reparar-se senão com a vingança, e que o dito em segundo lugar, da peça de vestuário, se refira às ofensas que podem reparar-se sem a vingança. Por isso é que se acrescentou: *ao que quer chamar-te a juízo*, uma vez que o que se nos tira pela justiça não se nos tira por uma força que mereça vingança. O dito em terceiro lugar participaria de ambos os extremos: poderia reparar-se com vingança ou sem ela, porque o que sem julgamento nenhum exige violentamente um serviço a que não tem direito, como seria o contratar injustamente um homem e obrigá-lo a fazer um trabalho contra sua vontade, pode sofrer o castigo de sua maldade, ou devolver o serviço, se assim o exigir o que suportou ao malvado. Ante todos esses gêneros de injúrias, ensina o Senhor que o cristão deverá mostrar-se pacientíssimo e misericordiosíssimo, e estar sempre disposto a sofrer mais.

67. Como todavia é pouco o não prejudicarmos a outrem se não lhe prestamos nenhum benefício dentro de nossas possibilidades, acrescenta Jesus o seguinte: *Dá a quem te pede, e não voltes as costas ao que deseja que lhe emprestes* (Mt 5,42). Diz: a todo o que te pedir, e não ao que te pedir tudo, de modo que dês o que possas sem faltar à honestidade nem à justiça. E o que dizer do que peça dinheiro emprestado para oprimir a um inocente? e do que pretenda um ato de fornicação? Não prosseguirei, pois não terminaria nunca; basta-me dizer que deves dar de modo que não te prejudiques a ti nem ao próximo, dentro do que o homem pode conhecer com probabilidade ou com certeza; e a quem negares algo justamente, fá-lo ver a justiça de tua negativa, para não que o despeças deixando-o sem ciência. Assim darás sempre algo a todo o que te peça, ainda que nem sempre lhe dês o que te pedir, e uma que outra vez darás algo melhor que o que se te peça, se conseguires corrigir coisas injustas a quem o pede.

68. Quod autem ait: *Qui voluerit a te mutuari ne aversatus fueris*, ad animum referendum est: *Hilarem enim datorem diligit Deus*. Mutuatur autem omnis qui accipit, etiam si non ipse soluturus est. Cum enim misericordibus Deus plura restituat, omnis qui beneficium praestat feneratur. Aut si non placet accipere mutuantem nisi eum qui accipit redditurus, intellegendum est Dominum ipsa duo genera praestandi esse complexum. Namque aut donamus quod damus benivole, aut reddituro commodamus. Et plerumque homines, qui proposito divino praemio donare parati sunt, ad dandum quod mutuum petitur pigri fiunt quasi nihil recepturi a Deo, cum rem quae datur ille qui accipit exsolvat. Recte itaque ad hoc beneficii tribuendi genus nos divina hortatur auctoritas dicens: *Et qui voluerit a te mutuari ne aversatus fueris*, id est ne propterea voluntatem alienes ab eo qui petit, quia et pecunia tua vacabit, et Deus tibi non redditurus est, cum homo reddiderit. Sed cum id ex praecepto Dei facis, apud illum qui haec iubet, infructuosum esse non potest.

XXI

69. Deinde adiungit et dicit: *Audistis quia dictum est: Diliges proximum tuum et oderis inimicum tuum. Ego autem dico vobis: diligite inimicos vestros, bene facite his qui vos oderunt, et orate pro eis qui vos persequuntur, ut sitis filii Patris vestri qui in caelis est, qui solem suum oriri iubet super bonos et malos, et pluit super iustos et iniustos. Si enim dilexeritis eos qui vos diligunt, quam mercedem habebitis? nonne et publicani hoc faciunt? Et si salutaveritis fratres vestros tantum, quid amplius facitis? nonne et ethnici hoc ipsum faciunt? Estote ergo vos perfecti sicut Pater vester qui in caelis est perfectus est*. Sine ista dilectione, qua etiam inimicos et persecutores nostros diligere iubemur, ea quae superius dicta sunt implere quis potest? Perfectio autem misericordiae, qua plurimum animae laboranti consulitur, ultra dilectionem inimici porrigi non potest. Et ideo sic clauditur: *Estote ergo vos perfecti sicut Pater*

68. O dizer: *Não voltes as costas ao que deseja que lhe emprestes* refere-se à disposição de espírito; *porque Deus ama o que dá com alegria* (2Cor 9,7). Todo o que recebe, esse também empresta, ainda que não seja quem vá pagar, porque, como Deus devolve com acréscimo o que damos misericordiosamente, todo o que presta um benefício empresta a juros. E, se não se quer entender por tomador de empréstimo apenas o que recebe com obrigação de restituir, temos de conceder que o Senhor expressou os dois gêneros de empréstimo, porque ou fazemos doação benévola do que entregamos, ou emprestamos para que se nos devolva. E não raro os que estão dispostos a dar algo levando em conta a recompensa divina se tornam fugidios quando se lhes pede algo emprestado; é como se não tivessem de receber nada de Deus se aquele que recebe pagar o que se empresta. Sapientissimamente nos exorta a autoridade divina a praticar esta forma de fazer benefício, dizendo: *Não voltes as costas ao que deseja que lhe emprestes*, ou seja: não afastes tua vontade daquele que te pede, sob pretexto de que teu dinheiro se tornará improdutivo e não receberás nada de Deus, uma vez que o receberás do homem; ao contrário, se o praticas em virtude do preceito de Deus, tal não poderá tornar-se infrutífero diante d'Aquele mesmo que ditou o preceito.

XXI

69. E continua o Senhor, dizendo: *Ouvistes que foi dito: Amarás o teu próximo, e aborrecerás o teu inimigo. Eu, porém, digo-vos: Amai os vossos inimigos, fazei bem aos que vos odeiam, e orai pelos que vos perseguem e caluniam, para que sejais filhos do vosso Pai, que está nos céus, o qual faz nascer o seu sol sobre bons e maus, e manda a chuva sobre justos e injustos. Porque, se amais [somente] os que vos amam, que recompensa haveis de ter? Não fazem os publicanos também o mesmo? E, se saudardes somente os vossos irmãos, que fazeis [nisso] de especial? Não fazem também assim os gentios? Sede, pois, perfeitos, como também vosso Pai celestial é perfeito* (Mt 5,43-48). Sim, porque, sem este amor que nos leva a amar até aos nossos inimigos e perseguidores, quem poderá cumprir o dito anteriormente? A perfeição da misericórdia, que busca o bem da alma aflita, não pode ir além do amor ao inimigo, razão por que termina assim esta passagem: *Sede, pois, perfeitos, como também*

vester qui in caelis est perfectus est; ita tamen ut Deus intellegatur perfectus tamquam Deus, et anima perfecta tamquam anima.

70. Gradum tamen esse aliquem in phariseorum iustitia, quae ad legem veterem pertinet, hinc intellegitur quod multi homines eos etiam a quibus diliguntur oderunt, sicut luxuriosi filii parentes coercitores luxuriae suae. Ascendit ergo aliquem gradum qui proximum diligit, quamvis adhuc oderit inimicum. Eius autem imperio, qui venit legem implere non solvere, perficiet benivolentiam et benignitatem, cum eam usque ad inimici dilectionem perduxerit. Nam ille gradus, quamvis nonnullus sit, tam parvus est tamen, ut cum publicanis etiam possit esse communis. Nec quod in lege dictum est: *Oderis inimicum tuum*, vox iubentis iusto accipienda est sed permittentis infirmo.

71. Oritur hic sane nullo modo dissimulanda quaestio quod huic praecepto Domini, quo nos hortatur diligere inimicos nostros, bene facere eis qui nos oderunt, et orare pro his qui nos persequuntur, multae aliae Scripturarum partes minus diligenter et sobrie considerantibus videntur adversae, quia et in prophetis inveniuntur multae imprecationes adversus inimicos, quae maledictiones putantur, sicuti est illud: *Fiat mensa eorum in laqueo* et cetera quae ibi dicuntur; et illud: *Fiant filii eius pupilli et uxor eius vidua*; et quae alia vel supra vel infra in eodem psalmo in personam Iudae per prophetam dicuntur. Multa alia usquequaque in Scripturis repperiuntur, quae videntur esse contraria et huic praecepto Domini et illi apostolico quo ait: *Benedicite et nolite maledicere*, cum et de Domino scriptum sit, quod maledixerit civitatibus quae verbum eius non acceperunt, et memoratus Apostolus de quodam ita dixerit: *Reddet illi Dominus secundum opera illius*.

72. Sed haec facile solvuntur, quia et propheta per imprecationem quid esset futurum cecinit, non optantis voto sed spiritu praevidentis, ita et Dominus, ita et Apostolus, quamquam in horum etiam verbis non hoc invenitur quod optaverint sed quod praedixerint. Non enim, cum ait Dominus: *Vae tibi Capharnaum*, aliud sonat nisi aliquid ei mali eventurum merito infidelitatis, quod futurum Dominus

vosso Pai celestial é perfeito, entendendo-se que Deus é perfeito enquanto Deus, e que a alma o é enquanto alma.

70. De que muitos homens odeiem até àqueles que os amam, depreende-se que na justiça dos fariseus, que pertence à antiga Lei, se dá já um passo. Por exemplo, há filhos luxuriosos que odeiam os pais porque estes os tentam refrear. Sobe pois um degrau o que ama o próximo conquanto ainda odeie o inimigo. Não obstante, por mandamento d'O que veio para cumprir a Lei, não para revogá-la, aperfeiçoará sua benevolência e benignidade quando a estender até ao amor dos inimigos. Pois aquele primeiro degrau, ainda que já seja algo, é tão pequeno, que pode subir-se ainda entre os publicanos. E o dizer da Lei: *Aborrecerás o teu inimigo*, deve compreender-se não como ordem dada ao justo, mas como tolerância para com o fraco.

71. Origina-se aqui uma dificuldade – que de modo nenhum devemos esquivar –, porque há muitas passagens das Escrituras que, consideradas ligeira e superficialmente, poderiam parecer contrárias ao preceito em que o Senhor nos exorta a amar os inimigos, fazer bem aos que nos odeiam e rezar pelos que nos perseguem. Entre os Profetas, por exemplo, encontram-se muitas imprecações contra os inimigos, as quais são autênticas maldições, como esta: *[Em castigo] torne-se a sua mesa diante deles um laço* (Sl 68,23), com o mais que ali se diz. E como esta outra: *Fiquem seus filhos órfãos, e sua mulher viúva* (Sl 108,9), e o que antes e depois diz o Profeta no mesmo salmo contra Judas.[37] E encontram-se nas Escrituras muitas outras passagens que parecem contrárias a tal preceito do Senhor e ao do Apóstolo Paulo que diz: *Abençoai-os, e não os amaldiçoeis* (Rm 12,14); e do próprio Senhor escreve-se que maldisse as cidades que não lhe tinham recebido a palavra (Mt 9,20-24; Lc 10,13-15); e de certo indivíduo disse o mesmo Apóstolo: *O Senhor lhe pagará segundo as suas obras* (2Tm 4,14).

72. Tem isso fácil solução, porque o Profeta, ao proferir tal imprecação, cantou o que havia de suceder, não com o acento de quem deseja, mas com o espírito de quem prediz. Assim também o Senhor e o Apóstolo: em suas palavras não se traduz um desejo, mas uma predição. Sim, porque, quando o Senhor diz: *Ai de ti, Carfanaum!*, não pretende expressar senão os males que lhe hão de sobrevir em castigo de sua infidelidade, o que o Senhor não desejava por malevolência, prevendo-o embora por sua divindade. E o

non malivolentia optabat sed divinitate cernebat. Et Apostolus non ait: Reddat, sed: *Reddet illi Dominus secundum opera eius*, quod verbum praenuntiantis est non imprecantis; sicut et de illa hypocrisi Iudaeorum, de qua iam dictum est, cui eversionem imminere cernebat, dixit: *Percutiet te, Dominus, paries dealbate*. Prophetae autem maxime solent figura imprecantis futura praedicere, sicut figura praeteriti temporis ea quae ventura erant saepe cecinerunt, sicuti est illud:*Quare fremuerunt gentes, et populi meditati sunt inania?* Non enim dixit: Quare frement gentes, et populi meditabuntur inania?, cum ea non quasi iam transacta meminisset sed ventura prospiceret. Tale etiam illud est: *Diviserunt sibi vestimenta mea, et super vestimentum meum miserunt sortem*. Et hic enim non dixit: Divident sibi vestimenta mea, et super vestimentum meum mittent sortem. Nec tamen de his verbis quisquam calumniatur, nisi qui non sentit varietatem istam figurarum in loquendo nihil veritati rerum minuere, et plurimum addere affectibus animorum.

XXII

73. Sed illa magis urgent istam quaestionem, quod dicit apostolus Iohannes: *Si quis scit peccare fratrem suum peccatum non ad mortem, postulabit et dabit ei Deus vitam qui peccat non ad mortem; peccatum autem est ad mortem, non pro illo dico ut roget*. Aperte enim ostenditesse quosdam fratres pro quibus orare non nobis praecipitur, cum Dominus etiam pro persecutoribus nostris orare nos iubeat. Nec ista quaestio solvi potest, nisi fateamur esse aliqua peccata in fratribusquae inimicorum persecutione graviora sint. Fratres autem christianos significari multis divinarum Scripturarum documentis probari potest. Manifestissimum tamen illud est quod Apostolus ita ponit: *Sanctificatus est enim vir infidelis in uxore, et sanctificata est mulier infidelis in fratre*. Non enim addidit: nostro, sed manifestum existimavit, cum fratris nomine christianum intellegi voluit qui infidelem haberet uxorem. Et ideo paulo post

Apóstolo não diz: Dê-lhe Deus a justa paga, mas sim: *o Senhor lhe pagará segundo as suas obras*, palavras próprias de quem prevê, não de quem maldiz. No mesmo sentido falou da já referida hipocrisia dos judeus, cuja destruição previa iminente: *Deus te baterá a ti, parede branqueada* (At 23,3). Os Profetas, por sua vez, costumam predizer o futuro de modo imprecatório, assim como amiúde cantaram o futuro empregando o tempo pretérito, como aqui: *Por que razão se embraveceram as nações, e os povos meditaram coisas vãs?* (Sl 2,1). Veja-se que não se disse: Por que razão se embravecerão as nações, e os povos meditarão coisas vãs?, conquanto não se recordasse o passado, mas se previsse, isto sim, o futuro. Do mesmo teor é o seguinte: *Repartiram entre si os meus vestidos, e lançaram sortes sobre a minha túnica* (Sl 21,19). Aqui tampouco se disse: Repartirão entre si meus vestidos, e lançarão sortes sobre minha túnica. Ninguém, todavia, se opõe a esta forma de expressão, exceto aquele que não compreende que tal variedade de figuras de linguagem nada retira à verdade das coisas e contribui grandemente para estimular os espíritos.

XXII

73. Torna ainda mais grave a questão precedente o seguinte passo do Apóstolo João: *O que sabe que seu irmão comete um pecado que não é de morte ore [por ele], e será dada vida àquele cujo pecado não é de morte. É o seu pecado de morte: não digo que rogue alguém por ele* (1Jo 5,16). Com estas palavras, dá a entender francamente que há alguns irmãos pelos quais não se nos manda orar, ao passo que o Senhor até por nossos perseguidores nos ordena que o façamos. Não se pode resolver esta dificuldade sem que admitamos a existência de alguns pecados dos irmãos que são mais graves que a perseguição movida pelos inimigos. Pode demonstrar-se, por muitos documentos das divinas Escrituras, que a palavra *irmãos* se refere aos cristãos. Comprova-se nitidamente isto na seguinte passagem do Apóstolo: *porque o marido sem fé é santificado pela mulher fiel, e a mulher sem fé é santificada pelo irmão* (1Cor 7,14):[38] veja-se que não acrescentou "nosso", julgando-o evidente, uma vez que com o nome *irmão* quis subentender o cristão que tivesse esposa infiel. E por isso mesmo é que diz, pouco depois: *Porém, se o infiel se separa, separa-se; porque, neste caso, já o irmão ou a irmã não estão mais sujeitos à escravidão* (1Cor 7,15). Penso, por conseguinte,

dicit: *Quod si infidelis discedit discedat; non autem servituti subiectus est frater vel soror in huiusmodi.* Peccatum ergo fratris ad mortem puto esse, cum post agnitionem Dei per gratiam Domini nostri Iesu Christi quisque oppugnat fraternitatem, et adversus ipsam gratiam, qua reconciliatus est Deo, invidentiae facibus agitatur; peccatum autem non ad mortem, si quisquam non amorem a fratre alienaverit, sed officia fraternitati debita per aliquam infirmitatem animi non exhibuerit. Quapropter et Dominus in cruce ait: *Pater, ignosce illis, quia nesciunt quid faciunt.* Nondum enim gratiae Spiritus Sancti participes facti societatem sanctae fraternitatis inierant. Et beatus Stephanus in *Actibus Apostolorum* orat pro eis a quibus lapidatur, quia nondum Christo crediderant, neque adversus illam communem gratiam dimicabant. Et apostolus Paulus propterea, credo, non orat pro Alexandro, quia iam frater erat et ad mortem, id est invidentia fraternitatem oppugnando peccaverat. Pro his autem qui non abruperant amorem, sed timore succubuerant, orat ut eis ignoscatur. Sic enim dicit: *Alexander aerarius multa mala mihi offendit, reddet illi Dominus secundum opera illius. Quem et tu devita, valde enim restitit nostris sermonibus.* Deinde subiungit pro quibus orat ita dicens: *In prima mea defensione nemo mihi adfuit, sed omnes me dereliquerunt; non illis imputetur.*

74. Ista differentia peccatorum Iudam tradentem a Petro negante distinguit, non quia penitenti non sit ignoscendum, ne contra illam sententiam Domini veniamus qua praecepit semper ignoscendum esse fratri petenti, ut sibi frater ignoscat, sed quia illius peccati tanta labes est, ut deprecandi humilitatem subire non possit, etiamsi peccatum suum mala conscientia et agnoscere et enuntiare cogatur. Cum enim dixisset Iudas: *Peccavi quod tradiderim sanguinem iustum,* facilius tamen desperatione cucurrit ad laqueum, quam humilitate veniam deprecatus est. Quapropter multum interest, quali paenitentiae ignoscat Deus. Multi enim multo citius se fatentur peccasse atque ita sibi succensent, ut vehementer se peccasse nollent, sed tamen animum ad humiliandum et obterendum cor implorandamque veniam non

que um irmão se condena à morte eterna quando, após conhecer a Deus através da graça de Nosso Senhor Jesus Cristo, combate a irmandade e é atiçado pelo fogo da inveja contra a mesma graça que o reconciliou com Deus.[39] Um pecado de morte sucede quando alguém, sem renunciar totalmente ao amor do irmão, deixa, por leviandade, de prestar-lhe as atenções que exige a irmandade. Por outro lado, se diz o Senhor lá do alto da Cruz: *Pai, perdoa-lhes, porque não sabem o que fazem* (Lc 23,34), é porque, não tendo participado ainda da graça do Espírito Santo, também ainda não tinham ingressado aqueles homens na sociedade da santa fraternidade. E suplica Santo Estêvão, como se lê nos Atos dos Apóstolos, por aqueles que o lapidam (At 7,59), porque ainda não tinham crido em Cristo nem combatiam tal graça comum. E julgo que, se o Apóstolo Paulo não roga por Alexandre, é precisamente porque este era já irmão e pecara de morte, ou seja, combatera os irmãos por inveja. Aos que porém não tinham rompido os laços do amor, senão que tinham sucumbido ao temor, suplica que se lhes perdoe. Eis as suas palavras: *Alexandre, o latoeiro, fez-me muitos males; o Senhor lhe pagará segundo as suas obras. Tu também guarda-te dele, porque opõe uma forte resistência às nossas palavras* (2Tm 4,14-15). Em seguida, indica aqueles por que roga, dizendo: *Ninguém me assistiu na minha primeira defesa, mas todos me desampararam; que isto lhes não seja imputado* (2Tm 4,16).

74. Tal diferença de pecados determina a distinção entre Judas que trai e Pedro que renega, não porque não se tenha de perdoar ao arrependido (para não irmos de encontro à sentença do Senhor em que se ordena perdoemos sempre ao irmão que pede perdão ao irmão [Lc 17,3]), mas porque é tamanha a baixeza de um pecado como o de Judas, que não pode o pecador suportar a humildade de pedir perdão, por mais que sua consciência pesada se veja obrigada a reconhecer e confessar sua culpa. Sim, porque tendo dito embora Judas: "Pequei entregando o sangue inocente", mais facilmente recorreu, em seu desespero, à forca, em vez de humildemente pedir perdão. Interessa muito, pois, saber qual é a penitência por que se obtém o perdão de Deus. Sim, porque há muitos que até confessam que ofenderam a Deus, e de tal modo se irritam consigo mesmos, que de fato gostariam de não ter pecado; não obstante isso, não depõem o orgulho para poder humilhar e moer o coração até pedir perdão, e tal disposição de

deponunt. Quam mentis affectionem propter peccati magnitudinem iam de damnatione illos habere credendum est.

75. Et hoc est fortasse peccare in Spiritum Sanctum, id est per malitiam et invidiam fraternam oppugnare caritatem post acceptam gratiam Spiritus Sancti, quod peccatum Dominus neque hic neque in futuro saeculo dimitti dicit. Unde quaeri potest, utrum in Spiritum Sanctum Iudaei peccaverint, quando dixerunt quod in Belzebub principe daemoniorum daemonia Dominus expelleret: utrum hoc in ipsum Dominum dictum accipiamus, quia de se dicit alio loco: *Si enim patrem familias Belzebub vocaverunt, quanto magis domesticos eius?* An, quoniam de magna invidentia dixerant ingrati tam praesentibus beneficiis, quamvis nondum christiani fuerint, tamen propter ipsam invidentiae magnitudinem in Spiritum Sanctum peccasse credendi sint. Non enim hoc colligitur de verbis Domini. Quamvis enim eodem loco dixerit: *Quicumque autem dixerit verbum nequam adversus Filium hominis, remittetur ei; qui autem dixerit adversus Spiritum Sanctum, non remittetur ei neque in hoc saeculo neque in futuro,* tamen videri potest ad hoc eos monuisse, ut accedant ad gratiam et post acceptam gratiam non ita peccent, ut nunc peccaverunt. Nunc enim in Filium hominis dixerunt verbum nequam, et potest eis dimitti, si conversi fuerint et ei crediderint et Spiritum Sanctum acceperint; quo accepto si fraternitati invidere et gratiam quam acceperunt oppugnare voluerint, non eis dimitti neque in hoc saeculo neque in futuro. Nam si eos sic haberet condemnatos, ut nulla spes illis reliqua esset, non adhuc monendos iudicaret, cum addidit dicens: *Aut facite arborem bonam et fructum eius bonum, aut facite arborem malam et fructum eius malum.*

76. Sic itaque accipiatur diligendos inimicos esse, et bene faciendum his qui nos oderunt, et orandum pro his qui nos persequuntur, ut pro quibusdam etiam fratrum peccatis intellegatur non praeceptum esse ut oremus, ne per imperitiam nostram divina Scriptura – quod fieri non potest – a se dissentire videatur. Sed utrum sicut pro quibusdam non est orandum, ita etiam contra aliquos orandum sit, nonnulli satis

espírito, pelo imenso pecado que supõe, se há de crer seja o começo já de sua condenação.

75. Precisamente nisto consiste o pecar contra o Espírito Santo: combater, por malícia e inveja, a caridade fraterna após ter recebido a graça do Espírito Santo, pecado que, diz o próprio Senhor, não será perdoado neste século nem no futuro. Cabe daí perguntar, portanto, se os judeus, ao dizer que o Senhor expulsava os demônios em nome de Belzebu, príncipe dos mesmos demônios, pecaram contra o Espírito Santo, ou se temos de tomar isso como dito contra o próprio Senhor, dado que alhures diz Ele mesmo de Si: *Se eles chamaram Belzebu ao pai de família, quanto mais aos seus domésticos?* (Mt 10,25). Ou por acaso devemos pensar que, por terem agido movidos por grande ódio, sem nenhuma gratidão por tão evidentes benefícios, e ainda que não fossem cristãos, mas pela mesma magnitude do seu ódio, pecaram contra o Espírito Santo? Tal não se depreende das palavras do Senhor. É verdade que Ele disse, no mesmo lugar: *E todo o que disser alguma palavra contra o Filho do homem, lhe será perdoado; porém o que a disser contra o Espírito Santo, não lhe será perdoado, nem neste século nem no futuro* (Mt 12,32); estas palavras, contudo, parece serem destinadas a aconselhar-lhes que se aproximem da graça, e que, uma vez recebida esta, já não pequem como então haviam pecado. Sim, porque então haviam pronunciado uma palavra contra o Filho do homem; se porém se convertem, creem n'Ele e recebem o Espírito Santo, é possível perdoar-lhes; mas, uma vez recebido este, se alimentarem a inveja contra os irmãos ou pretenderem combater a graça recebida, perderão todo o direito ao perdão, neste século como no futuro. Se Ele os considerasse inapelavelmente condenados, não lhes restando nenhuma esperança de salvação, julgaria inútil admoestá-los, como fez dizendo-lhes: *Ou dizei que a árvore é boa, e o seu fruto bom; ou dizei que a árvore é má, e o seu fruto mau* (Mt 12,33).

76. Deve compreender-se, assim, não só que devemos amar aos inimigos, fazer bem aos que nos odeiam e rezar pelos que nos perseguem, mas também que por certos pecados dos irmãos não se nos manda orar, e desse modo evitaremos que por nossa ignorância pareçam contradizer-se as divinas Escrituras, o que, afinal, é de todo impossível. Mas, assim como está claro que por alguns não devemos orar, o mesmo não sucede quanto a se devemos orar contra alguns. Disse-se em termos gerais: *Abençoai-os, e não os*

apparuit. Generaliter enim dictum est: *Benedicite et nolite maledicere*; et illud: *Nemini malum pro malo reddentes*. Pro quo autem non oras, non etiam contra illum oras. Potes enim videre certam eius poenam et penitus desperatam salutem, et non quia odisti eum ideo pro illo non oras, sed quia sentis nihil te posse proficere, et orationem tuam non vis repelli a iustissimo iudice. Sed quid agimus de his contra quos oratum a sanctis accipimus, non ut corrigerentur – nam hoc modo pro ipsis potius oratum est –, sed ad illam ultimam damnationem; non sicut contra Domini traditorem per prophetam – nam illa, ut dictum est, praedictio futurorum non optatio supplicii fuit – nec sicut ab Apostolo contra Alexandrum – nam et inde iam satis dictum est-, sed sicut in *Apocalipsi* Iohannis legimus martyres orare ut vindicentur, cum ille primus martyr, ut lapidatoribus suis ignosceretur, oraverit.

77. Sed hinc non oportet moveri. Quis enim audeat affirmare, cum illi sancti candidati se vindicari petiverint, utrum contra ipsos homines an contra regnum peccati petiverint? Nam ipsa est sincera et plena iustitiae ac misericordiae vindicta martyrum, ut evertatur regnum peccati, quo regnante tanta perpessi sunt. Ad cuius eversionem nititur Apostolus dicens: *Non ergo regnet peccatum in vestro mortali corpore*. Destruitur autem et evertitur peccati regnum partim correctione hominum, ut caro spiritui subiciatur, partim damnatione perseverantium in peccato, ut ita ordinentur, ut iustis cum Christo regnantibus molesti esse non possint. Intuere apostolum Paulum! Nonne tibi videtur in se ipso Stephanum martyrem vindicare, cum dicit: *Non sic pugno tamquam aerem caedens, sed castigo corpus meum et servituti subicio*? Nam hoc in se utique prosternebat et debilitabat et victum ordinabat, unde Stephanum ceterosque christianos fuerat persecutus. Quis ergo convincit martyres sanctos non talem suam vindictam a Domino esse deprecatos cum etiam finem huius saeculi, in quo tanta exitia pertulerunt, ad suam vindictam potuerint libenter optare? Quod qui orant et pro inimicis suis orant qui sanabiles sunt, et contra illos non orant qui insanabiles esse voluerunt, quia Deus quoque

amaldiçoeis (Rm 12,14), e também isto: *não retribuindo mal por mal* (1Pd 3,9). Não orar por alguém não é o mesmo que orar contra ele, uma vez que podemos acreditar-lhe certo o castigo, e desesperada a salvação, e portanto deixar de pedir por ele não por ódio, mas precisamente por constatar que não lhe alcançaremos nada, e para não correr o risco de ter nossa oração rejeitada pelo justíssimo Juiz. Que dizer, todavia, daqueles contra os quais sabemos que oraram os santos, não para que se emendassem (pois que neste caso teriam orado por eles), mas por sua eterna condenação, e não como fez o Profeta contra o traidor do Senhor, dado que, mais que desejo de castigo, fez predição do futuro; nem como fez o Apóstolo contra Alexandre, o que, lembre-se, já tive ocasião de esclarecer; e sim como lemos no Apocalipse de São João, ou seja, que oraram os mártires desejando ver-se vingados (Ap 6,10), tendo orado embora o Protomártir para que se perdoasse aos que o lapidavam?

77. Não nos deve preocupar esta dificuldade, porque quem nos pode assegurar que aqueles santos, vestidos de branco ao desejarem ver-se vingados, endereçavam suas preces contra os homens e não contra o reino do pecado? Tal desejo de vingança era, nos mártires, um desejo sincero, pleno de justiça e de misericórdia, de que se destruísse o reino do pecado, por cuja causa tanto padeciam. Era este o desejo do Apóstolo ao dizer: *Não reine, pois, o pecado no vosso corpo mortal* (Rm 6,12). A destruição do reino do pecado dá-se, por um lado, quando o homem se emenda, submetendo a carne ao espírito, e, por outro lado, com a condenação dos que perseveram no pecado, restabelecendo-se assim a justiça, e ficando estes impossibilitados de inquietar os justos que reinam com Cristo. Prestemos atenção ao Apóstolo Paulo: ele não parece vingar em si mesmo o mártir Estêvão ao dizer: *Combato não como quem açoita o ar; mas castigo o meu corpo, e o reduzo à escravidão* (1Cor 9,26-27)? Quando ele se prostrava, quando se debilitava e se expunha a ser manietado, não fazia senão castigar aquele mesmo que perseguira a Estêvão e aos demais cristãos.[40] Quem, portanto, poderá duvidar que esta era a vingança que os santos mártires pediam a Deus, quando, todavia, para consumar-se esta mesma vingança, teriam podido licitamente pedir a Deus o fim deste mundo, onde tinham padecido tantos males? Os que oram daquela maneira pedem pelos que entre seus inimigos podem

puniendo illos non est malivolus tortor sed iustissimus ordinator. Sine ulla ergo dubitatione diligamus inimicos nostros, bene faciamus eis qui nos oderunt, et oremus pro eis qui nos persequuntur.

XXIII

78. Quod autem consequenter positum est: *Ut sitis filii Patris vestri qui in caelis est*, ex illa regula est intellegendum qua et Iohannes dicit: *Dedit eis potestatem filios Dei fieri*. Unus enim naturaliter Filius est, qui nescit omnino peccare; nos autem potestate accepta efficimur filii, in quantum ea quae ab illo praecipiuntur implemus. Unde apostolica disciplina adoptionem appellat qua in aeternam haereditatem vocamur, ut coheredes Christi esse possimus. Filii ergo efficimur regeneratione spiritali et adoptamur in regnum Dei, non tamquam alieni sed tamquam ab illo facti et creati, hoc est conditi, ut unum sit beneficium quo nos fecit esse per omnipotentiam suam, cum ante nihil essemus, alterum quo adoptavit, ut cum eo tamquam filii vita aeterna pro nostra participatione frueremur. Itaque non ait: Facite ista, quia estis filii, sed: Facite ista, ut *sitis filii*.

79. Cum autem ad hoc nos vocat per ipsum Unigenitum, ad similitudinem suam nos vocat. Ille enim, sicut consequenter dicit, *Solem suum oriri facit super bonos et malos et pluit super iustos et iniustos*. Sive solem suum non istum carneis oculis visibilem accipias, sed illam sapientiam de qua dicitur: *Candor est enim lucis aeternae*; de qua item dicitur: *Ortus est mihi iustitiae sol*; et iterum: *Vobis autem qui timetis nomen Domini orietur sol iustitiae*, ut etiam pluviam accipias irrigationem doctrinae veritatis, quia bonis et malis apparuit et bonis et malis evangelizatus est Christus. Sive istum solem mavis accipere, non solum hominum sed etiam pecorum corporeis oculis propalatum, et istam pluviam qua fructus gignuntur, qui ad refectionem corporis dati sunt. Quod probabilius intellegi existimo, ut ille sol spiritalis non oriatur nisi bonis et sanctis, quia hoc ipsum est quod plangunt

ter emenda, e nada pedem contra os que escolheram manter-se impenitentes, uma vez que Deus mesmo, ao castigá-los, não é cruel atormentador, mas ordenador justíssimo. Amemos, pois, indubitavelmente, aos inimigos, façamos bem aos que nos odeiam e oremos pelos que nos perseguem.

XXIII

78. O que se segue nas palavras do Senhor: *para que sejais filhos do vosso Pai, que está nos céus* (Mt 5,45), deve compreender-se pela regra segundo a qual diz São João: *Mas a todos os que o receberam deu poder de se tornarem filhos de Deus* (Jo 1,12). Um só é Filho de Deus por natureza, e não pode pecar; a nós, porém, foi-nos conferido o poder de nos tornarmos filhos de Deus cumprindo tudo o que Ele ordenou. É a isto que o Apóstolo chama adoção, pela qual somos chamados à herança eterna a fim de que possamos ser coerdeiros de Cristo (Rm 8,17; Gl 4,5). Por conseguinte, tornamo-nos filhos pela regeneração espiritual, e somos adotados no reino de Deus não como estranhos, mas como feituras e criaturas d'Ele. Desse modo, há da parte de Deus dois benefícios, o de dar-nos o ser por sua onipotência, e o de adotar-nos para que com Ele, como filhos, gozemos a vida eterna segundo nossos méritos. Assim, Ele não nos diz: Fazei isto, já que sois filhos; mas sim: Fazei isto, *para que sejais filhos*.

79. E, ao fazer-nos tal chamamento por meio de seu próprio Unigênito, convoca-nos a que sejamos semelhantes a Ele mesmo, *o qual*, como acrescenta, *faz nascer o seu sol sobre bons e maus, e manda a chuva sobre justos e injustos* (Mt 5,45). Por "seu sol" podemos compreender não aquele que é visível aos olhos de carne, mas a sabedoria de que se diz é *o clarão da luz eterna* (Sb 7,26), e de que também se diz: *O sol da justiça nasceu para mim*, anunciando-se alhures: *Mas para vós, os que temeis o meu nome, nascerá o sol da justiça* (Ml 4,2); e por esta "chuva" podemos entender a rega da verdadeira doutrina, uma vez que a bons e a maus apareceu e foi anunciado Cristo. Mas igualmente podemos ver neste "sol" o que contemplam não só nossos olhos, mas também os dos mesmos animais, e nesta "chuva" a que faz nascer os frutos que nos foram dados para o sustento do corpo, opinião que considero a mais provável, de modo que aquele sol espiritual não nasce senão para

iniqui in illo libro qui *Sapientia* Salomonis inscribitur: *Et sol non ortus est nobis*; et illa pluvia spiritalis non irriget nisi bonos, quia malos significabat vinea de qua dictum est: *Mandabo nubibus meis ne pluant super eam.* Sed sive illud sive hoc intellegas, magna Dei bonitate fit, quae nobis imitanda praecipitur, si filii Dei esse volumus. Quantum enim huius vitae solatium afferat lux ista visibilis et pluvia corporalis, quis tam ingratus est ut non sentiat? Quod solatium videmus et iustis in hac vita et peccatoribus communiter exhiberi. Non autem ait: *Qui facit solemoriri super bonos et malos*, sed addidit: *suum*, id est quem ipse fecit atque constituit, et a nullo aliquid sumpsit ut faceret, sicut in *Genesi* de omnibus luminaribus scribitur, qui proprie potest dicere sua esse omnia quae de nihilo creavit, ut hinc admoneremur, quanta liberalitate inimicis nostris ex praecepto eius praestare debeamus quae nos non creavimus sed muneribus eius accepimus.

80. Quis autem potest vel paratus esse ab infirmis iniurias sustinere, quantum eorum saluti prodest, et malle amplius iniquitatis alienae perpeti quam id quod perpessus est reddere; omni petenti a se aliquid vel id quod petit, si habetur et si recte dari potest, vel consilium bonum vel benivolum animum dare, nec se avertere ab eo qui mutuari cupit; diligere inimicos, bene facere eis qui se oderunt, orare pro eis qui se persequuntur? Quis ergo haec facit nisi plene perfecteque misericors? Quo uno consilio miseria devitatur opitulante illo qui ait: *Misericordiam volo magis quam sacrificium. Beati* ergo *misericordes, quia ipsorum miserebitur.* Sed iam commode fieri puto, ut hic lector tam longo volumine fatigatus respiret aliquantum, et ad cetera se reficiat in alio libro consideranda.

os bons e santos, uma vez que é precisamente isto o que choram os malvados no livro chamado Sabedoria de Salomão:[41] *E o sol não nasceu para nós* (Sb 5,6),[42] e de modo que aquela chuva espiritual não rega senão os bons, uma vez que os maus são representados precisamente pela vinha de que se disse: *E mandarei às nuvens que não derramem sobre ela chuva* (Is 5,6). Entenda-se isto ou aquilo, porém, tudo sucede pela imensa bondade de Deus, que nos manda imitá-Lo se queremos tornar-nos filhos seus. Quão grande é o consolo que trazem a esta vida tal luz visível e tal chuva material, quem será tão ingrato que não o sinta? Consolo de que nesta vida vemos gozar tanto os bons como os maus. Não se diz apenas: *o qual faz nascer o sol sobre bons e maus*, mas também *seu sol*, isto é, o que Ele próprio fez e constituiu, sem tomar, para fazê-lo, nada de parte alguma, como se escreve, no Gênesis, de todos os luzeiros (Gn 1,16). Ele pode propriamente dizer que são suas todas as coisas que criou de nada, razão por que aqui se nos patenteia com quanta liberalidade devemos, por preceito seu, proporcionar a nossos inimigos as coisas que nós não criamos, mas recebemos, como a dons, de sua mão.

80. Quem todavia pode estar preparado para suportar injúrias dos fracos, tanto quanto o exija a salvação deles mesmos; para preferir suportar mais da maldade alheia a devolver o mal que tenha recebido; para dar a quem pede alguma coisa a coisa pedida, se a tem, ou um bom conselho, se retamente o pode dar, ou pelo menos um sinal de benevolência; para não voltar as costas a quem pede emprestado; para amar aos inimigos; para fazer bem aos que o odeiam, e orar pelos que o perseguem? Quem faz tal senão o que é plena e perfeitamente misericordioso? Não é possível evitar a miséria sem contar com a ajuda d'O que disse: *O que eu quero é a misericórdia e não o sacrifício* (Os 6,6). *Bem-aventurados*, portanto, *os misericordiosos, porque alcançarão misericórdia.* Julgo já conveniente, no entanto, que o leitor, cansado de tão longo volume, respire um pouco a esta altura, e se prepare para considerar o restante no livro segundo.

NOTAS DO LIVRO PRIMEIRO

[1] Na tradução do Padre Matos Soares: *Bem-aventurados os pobres de espírito, porque deles é o reino dos céus.*

[2] Na tradução do Padre Matos Soares: *tudo era vaidade e aflição do espírito.*

[3] Na tradução do Padre Matos Soares: *Bem-aventurados os puros de coração, porque verão a Deus.* O adjetivo latino *mundus, a, um* tem as seguintes acepções: a) limpo, asseado; b) elegante, apurado; c) purificado, puro. Assim, a escolha de *limpos de coração* para traduzir *mundo corde* deveu-se aqui, unicamente, ao modo como Santo Agostinho desenvolve o tema já desde este mesmo parágrafo 8.

[4] Tateia Santo Agostinho quanto à alma humana, cujas potências e cuja unidade, regidas por sua parte superior ou espiritual (como, aliás, o dirá o próprio Santo de Hipona no Livro Segundo deste comentário), tinham de esperar Santo Tomás de Aquino para que se esclarecessem definitivamente.

[5] Não se devem entender aqui por pecados e costumes carnais tão somente os de ordem sexual. – Por outro ângulo, leiam-se estas palavras de Santo Tomás de Aquino: "Digamos ainda que o preceito que nos ocupa, se o interpretarmos em seu sentido verdadeiro e completo, não proíbe somente o adultério, mas também todos os prazeres carnais, exceto os que o casamento tem legitimado. Acrescentemos além disto que, segundo certas pessoas, a união dos sexos no casamento não é isenta de pecado; mas esta doutrina é ainda uma heresia. *Seja por todos honrado o matrimônio,* diz o Apóstolo, *e o leito conjugal sem mácula* (Hb 13,4). Algumas vezes a união dos sexos no casamento, longe de ser um pecado, é mesmo uma obra meritória; é o que sucede quando, acompanhada da intenção de aumentar o número das criaturas de Deus procurando filhos, toma o caráter de ato de virtude; quando é acompanhada da intenção de cumprir um dever, conserva ainda o caráter de ato de justiça. Entretanto, ela pode tornar-se, conforme as circunstâncias, ou um pecado venial, ou um pecado mortal. Quando não tem outro fim senão satisfazer os apetites grosseiros da carne, mas sem degenerar em libertinagem, tem o caráter de pecado venial; quando excede as necessidades da natureza e os limites severos do casamento, toma o caráter de pecado mortal" (*Comentário aos Dois Preceitos da Caridade e aos Dez Mandamentos da Lei,* n. 126. Trad. Braz Florentino Henriques de Souza. Recife, Typographia Academica de Miranda & Vasconcellos, 1858). Chega-se assim à solução derradeira do assunto.

[6] Acerca desta afirmação escreveria Santo Agostinho: "Não sei como pude dizer isso; porque a ninguém pode suceder nesta vida que a lei que contradiz a lei do espírito desapareça completamente de seus membros, pois, ainda que o espírito resistisse de tal maneira que

nunca lhe assentisse às incitações, nem por isso deixaria aquela de contradizer a esta. Ao afirmar que 'não há nenhum movimento rebelde à razão', pretendia dizer que os pacíficos, tentando consegui-lo ao refrear as concupiscências da carne, podem chegar uma que outra vez a esta plenitude da paz" (*Retractationum Libri Duo*, liv. I, cap. 19, n. 1).

[7] Acerca desta afirmação escreveria Santo Agostinho: "Dizendo tais palavras, não pretendia afirmar que os Apóstolos não tiveram nesta vida nenhum movimento carnal contra o espírito; queria tão somente assinalar que isso pode conseguir-se, enquanto vivemos aqui, até ao limite em que o conseguiram os Apóstolos, ou seja, na medida mesma em que a perfeição humana é possível nesta vida. Tampouco disse então: 'Todas essas coisas podem, por certo, cumprir-se nesta vida, pois cremos que sucederam nos Apóstolos'. Mas disse isto: '...como creio se cumpriram nos Apóstolos', para que se veja como se verificou neles, quer dizer, no grau de perfeição que é possível nesta vida, e não como haverá de verificar-se na paz pleníssima que esperamos, e em que se dirá: *Onde está, ó morte, o teu aguilhão?*" (*Retractationum Libri Duo*, liv. I, cap. XIX, n. 2).

[8] Para uma mais perfeita exposição de como ressuscitarão os justos, vide Santo Tomás de Aquino, *Compendium Theologiae* [Compêndio de Teologia], III Parte, CLXVII-CLXXI.

[9] Na tradução do Padre Matos Soares: *Bem-aventurados sois, quando vos injuriarem e vos perseguirem, e, mentindo, disserem todo o mal contra vós por causa de mim. Alegrai-vos e exultai, porque é grande a vossa recompensa nos céus.*

[10] No original de Santo Agostinho: *Terra es, et in terram ibis*. Na tradução do Padre Matos Soares: *Porque tu és pó, e em pó te hás de tornar.*

[11] Escreveria Santo Agostinho: "Quando citei este testemunho de São João, ainda não tinha compreendido que, em sentido próprio e verdadeiro, se refere a Cristo; porque, se não se desse com medida o espírito aos outros homens, não teria pedido Eliseu o que havia em Elias" (*Retractationum Libri Duo*, liv. I, cap. XIX, n. 3).

[12] *Iota*: nona letra do alfabeto grego, cuja figura corresponde à de nosso *i*.

[13] Acerca desta afirmação escreveria Santo Agostinho: "Ao explicar estas palavras, disse que não podiam constituir mais que expressão enfática da perfeição. Pergunta-se aqui, com justeza, se essa perfeição pode conciliar-se com o fato de que nesta vida ninguém, com uso da razão, pode viver sem pecado. Porque quem pode cumprir a lei, até à última vírgula, senão o que cumpre todos os mandamentos de Deus? Sucede, no entanto, que entre estes mandamentos se conta o que nos ordena digamos: *Perdoai as nossas dívidas, assim como nós perdoamos aos nossos devedores* (Mt 6,12), oração que até ao fim do mundo toda a Igreja repetirá. Considera-se, portanto, que se cumpriram todos os mandamentos quando todas as faltas se perdoaram" (*Retractationum Libri Duo*, liv. I, cap. XIX, n. 3).

[14] Escreveria Santo Agostinho: "Muito melhor e mais convenientemente expus isto em outros sermões, posteriores, o que seria demasiado longo transcrever aqui. Diga-se, porém, quanto a isto, que o sentido que ali se dá é o seguinte: seja maior a justiça dos que dizem e fazem do que a dos escribas e a dos fariseus, que dizem e não fazem, como deles disse alhures o próprio Senhor" (*Retractationum Libri Duo*, liv. 1, cap. 19, n. 4).

[15] Na tradução do Padre Matos Soares: *raca*, forma aportuguesada do termo semítico.

¹⁶ *Geena* vem do latim *gehēnna, ae* ("lugar de suplício eterno, o inferno"), o qual por sua vez vem do grego *géenna, ēs* ("lugar de tortura"), e este do hebreu *gēhinōm* (<*gēhenē Hinnōm* ["o vale do filho de Enom"]). Este vale, situado nas cercanias de Jerusalém, na Palestina, era o lugar em que hebreus incineravam crianças ao deus fenício Moloc (cf. 2Par 33,1.6.9).

¹⁷ Escreveria Santo Agostinho: "Compreendemos melhor posteriormente também estas palavras: *todo aquele que se irar contra seu irmão* [em latim, *quiirasciturfratri suo*]. Os códices gregos não dizem *sem motivo*, como aqui se acrescenta, conquanto o sentido seja o mesmo. Dissemos que se devia considerar em que consiste o *irar-se contra seu irmão* porque não se ira contra seu irmão o que se ira contra o pecado de seu irmão. Assim, o que se ira contra seu irmão e não contra o pecado deste, esse se ira *sem motivo*" (*Retractationum Libri Duo*, liv. I, cap. XIX, n. 4).

¹⁸ No original: *usque ad faecem*. Em português, *fezes* tem, além do sentido vulgar, o de sedimento, borra de líquido, e o de escória de metais. E eis, em nosso idioma, um uso da locução: "Esgotar o cálice da amargura até às fezes", ou seja, padecer os últimos infortúnios, as últimas humilhações.

¹⁹ *Fantasmas*: as imagens formadas pelo sentido interno da imaginação (ou fantasia), das quais o intelecto agente abstrai as espécies inteligíveis.

²⁰ Este preceito se inclui no preceito evangélico *geral* de que devemos possuir os bens deste mundo como se não os possuíssemos, e desfrutá-los como se não os desfrutássemos.

²¹ *Aborrece*: detesta, abomina, odeia.

²² *Violentos* envolve, aqui, também o sentido de impetuosos ou esforçados.

²³ Acerca desta afirmação escreveria Santo Agostinho o importantíssimo trecho seguinte: "Estas palavras parecem dar a entender que não haveriam de existir tais laços familiares se, não preexistindo nenhum pecado da natureza humana, ninguém morresse, interpretação que já desautorizei alhures. Isso porque, ainda que não tivesse havido o pecado original, sempre haveria parentescos e afinidades. Por isso, à pergunta: Por que o Senhor nos mandou amar os inimigos (Mt 5,44), enquanto alhures manda detestar os pais e os filhos (Lc 14,26)?, temos de dar outra resposta, distinta da que damos ali, e segundo a solução que depois muitas vezes demos, a saber: devemos amar os inimigos a fim de ganhá-los para o reino de Deus; e devemos odiar os parentes quando nos afastem d'Ele" (*Retractationum Libri Duo*, liv. I, cap. 19, n. 5).

²⁴ A expressão "escusas do casamento" deriva precisamente de 1 Coríntios 7,6, onde o Apóstolo aconselha os cristãos jejunos de sexo no casamento a que voltem à esposa, com o fim de evitar uma possível incontinência, e conclui: "Mas digo-vos isto por *condescendência* [em latim *indulgentiam*, e em grego *suggnômé*], não por mandamento". Observa por seu lado Santo Tomás, contra certa interpretação da passagem acima: "Acrescentemos (...) que, segundo certas pessoas, a união dos sexos no casamento não é isenta de pecado; mas esta doutrina é ainda uma heresia" (*Comentário aos Dois Preceitos da Caridade e aos Dez Mandamentos da Lei*, op. cit., n. 126).

²⁵ Já na fase madura de seu pensamento, como se pode ver na nota 23, o mesmo Santo Agostinho atenuaria afirmações como essas.

²⁶ Na tradução do Padre Matos Soares: *Se algum (...) não aborrece (...) até a sua vida não pode ser meu discípulo.*

²⁷ Na tradução do Padre Matos Soares: *Porventura não vale mais a vida que o alimento?* Em Santo Agostinho: *Nonne anima plus est quamesca?*

²⁸ Na tradução deste trecho ("ut animam suam ponat pro ovibus suis") do versículo feita pelo Padre Matos Soares: *e dou a minha vida pelas minhas ovelhas.*

²⁹ Acerca disto escreveria Santo Agostinho: "Quanto ao preceito que proíbe se abandone a esposa, a não ser que haja fornicação, discorri então de maneira demasiado escrupulosa. Temos porém de investigar com toda a diligência que classe de fornicação exige o Senhor para que seja lícito deixá-la: aquela que se condena nos comércios carnais ilícitos, ou aquela a respeito da qual se disse: *Aniquilas a todos os que fornicam deixando-te a ti* (Sl 72,27). Sim, porque não deixa de *fornicar deixando o Senhor* o que toma os membros de Cristo e os muda em membros de meretriz.

"Quereria que em assunto tão grave e tão difícil de compreender não se contentasse o leitor com aquela nossa exposição, e lesse outros escritos nossos, posteriores, ou os de outros autores que tenham tratado o tema com mais detença; ou, se ele mesmo se sente capacitado para tal, deveria também examinar com todo o cuidado e toda a agudeza as coisas que mais lhe chamem a atenção. Não é todo e qualquer pecado que pode dizer-se fornicação, porque Deus não perde todo o que peca, Ele, que escuta todos os dias seus santos quando Lhe dizem: *Perdoai as nossas dívidas* (Mt 6,12). Todavia, perde a todo o que *fornica deixando-o*. É assunto muito delicado em que sentido se deve entender e cifrar esta fornicação, para que só ela seja motivo de deixar a esposa. É indubitável que a esposa pode ser deixada quando a fornicação é como a que se comete nos comércios carnais ilícitos. Quando eu disse que tal é facultativo e não preceito, não atinara para outra escritura, que diz: *o que retém a adúltera é um insensato e um ímpio* (Pr 18,22). Mas não direi que ainda se deva ter por adúltera aquela mulher que, após ter ouvido dos lábios do Senhor: *Vai, e não peques mais* (Jo 8,11), Lhe obedeceu tais palavras" (*Retractationum Libri Duo*, liv. I, cap. 19, n. 6).

³⁰ *Fiel* e *infiel*, aqui como adiante, equivalem respectivamente a *cristão* e a *pagão*.

³¹ Eis o versículo inteiro, na tradução do Padre Matos Soares: *E no dia seguinte tirou dois dinheiros, e deu-os ao estalajadeiro, e disse-lhe: Tem cuidado dele* [do homem ferido encontrado num caminho]; *quanto gastares a mais, eu to satisfarei quando voltar.*

³² Ou seja, por volta de 343, dado que neste mesmo ano Santo Agostinho escrevia este *Sermão*.

³³ *Exemplares*, isto é, códices, os antigos volumes manuscritos.

³⁴ Em outros códices esta oração aparece diferentemente.

³⁵ Na tradução do Padre Matos Soares: *porque o senhor castiga aquele a quem ama, e acha nele a sua complacência, como um pai em seu filho.*

³⁶ Em sentido contrário ao de certa interpretação pacifista muito difundida hoje em dia, tem-se, por exemplo, a seguinte passagem de Servais Pinckaers, O.P.: "Convém mencionar a interpretação do Sermão feita por Tolstoi, ainda que não seja ela diretamente teológica. Segundo ela, o Sermão apresenta-nos o esboço de uma nova sociedade regida pelo amor e

desfrutadora de paz, a qual constituirá o Reino de Cristo sobre a terra. O Sermão deve tomar e cumprir-se ao pé da letra, especialmente em seu preceito: 'Eu, porém, digo-vos que não resistais ao que é mau'. Tolstoi deduziu [equivocadamente] do Sermão a recusa do exército, dos tribunais, dos juramentos, etc. Sua leitura é diretamente social e política, sem nenhum discernimento de um plano espiritual diverso. Para ele, o Reino dos Céus permanece na terra precisamente pelo Sermão" (*Les Sources de la Morale Chrétienne – Sa Méthode, Son Contenu, Son Histoire*. Paris, Éditions du Cerf, 1985, p. 148).

[37] Anota o Padre Matos Soares: "Depois de ter empregado o plural para designar os seus inimigos, Davi emprega agora o singular, porque tinha particularmente em vista o chefe desses inimigos, verdadeiro instigador de todos os seus males. S. Pedro, aplicando o salmo, vê nesse chefe Judas traidor (At 1,20)".

[38] Na tradução do Padre Matos Soares: *porque o marido sem fé é santificado pela mulher fiel, e a mulher sem fé é santificada pelo marido fiel*.

[39] Acerca desta afirmação escreveria Santo Agostinho: "Isto não o provei ali, até porque o expus tão somente como opinião. Mas devo agora acrescentar: 'se terminar a vida nesse estado de alma criminoso e perverso'. Sim, porque, nesta vida, ainda do mais malvado não há que desesperar; e orar por aquele de quem não se desespera não é de modo algum imprudente" (*Retractationum Libri Duo*, liv. I, cap. 19, n. 7).

[40] Ou seja, o mesmo judeu de Tarso que era agora o Apóstolo Paulo.

[41] Trata-se do Livro da Sabedoria.

[42] Na tradução do Padre Matos Soares: *e o sol da inteligência não nasceu para nós*.

LIBER SECUNDUS

DE BEATITUDINIBUS QUIBUS VIDETUR DEUS

I

1. Misericordiam, usque ad cuius tractationem liber primus terminum accepit, sequitur cordis mundatio, unde iste sumit exordium. Cordis autem mundatio est tamquam oculi, quo videtur Deus; cuius simplicis habendi tantam curam esse oportet, quantam eius rei dignitas flagitat quae tali oculo conspici potest. Huic autem oculo magna ex parte mundato difficile est non subrebere sordes aliquas de his rebus quae ipsas bonas nostras actiones comitari solent veluti est laus humana. Siquidem non recte vivere perniciosum est, recte autem vivere et nolle laudari quid est aliud quam inimicum esse rebus humanis, quae utique tanto sunt miseriores, quanto minus placet recta vita hominum? Si ergo inter quos vivis te recte viventem non laudaverint, illi in errore sunt; si autem laudaverint, tu in periculo, nisi tam simplex cor habueris et mundum, ut ea quae recte facis non propter laudes hominum facias, magisque illis recte laudantibus gratuleris, quibus id quod bonum est placet, quam tibi, nisi quia recte vivis, etiamsi nemo laudaret, ipsamque laudem tuam tunc intellegas utilem esse laudantibus, si non te ipsum in tua bona vita sed Deum honorent, cuius sanctissimum templum est quisquis vivit bene, ut illud impleatur quod ait David: *In Domino laudabitur anima mea; audiant mites et iucundentur.* Pertinet ergo ad oculum mundum non intueri in recte faciendo laudes hominum et ad eas referre quod

LIVRO SEGUNDO

ACERCA DA ÚLTIMA PARTE DO SERMÃO DO SENHOR NA MONTANHA, CONTIDA NO CAPÍTULO SEXTO E NO CAPÍTULO SÉTIMO DE SÃO MATEUS

I

1. À misericórdia, cujo tratado finalizou o livro primeiro, segue-se a limpeza do coração, que inicia este outro livro. A limpeza do coração é como a do olho com que se vê a Deus, olho cuja simplicidade temos de buscar com tanta diligência quanta é a dignidade do objeto que com ele podemos contemplar. Estando embora grandemente limpo este olho, não é difícil porém que se lhe adira alguma sujeira proveniente das coisas que costumam acompanhar nossas boas ações, como o louvor humano. Sim, porque não viver retamente é pernicioso; mas viver retamente e não querer ser louvado, que é isto senão ser inimigo das coisas mundanas, que são tão mais miseráveis quão menos agrada aos homens a reta vida? Se, portanto, aqueles com que convives não te louvarem quando viveres retamente, estarão eles em erro; se te louvarem, estarás tu em perigo, a não ser que tenhas um coração tão simples e tão limpo que ajas retamente não para que te louvem, antes até para que tu mesmo os congratules a eles por louvar o que é reto e gostar do que é bom; e, porque viverias retamente ainda que ninguém te louvasse, compreenderás perfeitamente que é útil teu louvor aos que te louvam, se é que não te louvam a vida boa, mas a Deus, de Quem é templo santíssimo todo o que vive uma vida boa, para que se cumpra o que diz Davi: *No Senhor se gloriará a minha alma. Ouçam-no os humildes, e alegrem-se* (Sl 33,3). É próprio do olho limpo, por conseguinte, quando se age corretamente, não olhar para os louvores dos homens nem ter em mira obtê-los

recte facis, id est propterea recte facere aliquid, ut hominibus placeas. Sic enim etiam simulare bonum libebit, si non attenditur nisi ut homo laudet, qui quoniam videre cor non potest, potest etiam falsa laudare. Quod qui faciunt, id est qui bonitatem simulant, duplici corde sunt. Non ergo habet simplex cor, id est mundum cor, nisi qui transcendit humanas laudes et illum solum intuetur, cum recte vivit, et ei placere nititur qui conscientiae solus inspector est. De cuius conscientiae puritate quidquid procedit tanto est laudabilius, quanto humanas laudes minus desiderat.

2. *Cavete ergo*, inquit, *facere iustitiam vestram coram hominibus, ut videamini ab eis*; id est: Cavete hoc animo iuste vivere et ibi constituere bonum vestrum, ut vos videant homines! *Alioquin mercedem non habebitis apud Patrem vestrum qui in caelis est*; non si ab hominibus videamini, sed si propterea iuste vivatis, ut ab hominibus videamini. Nam ubi erit, quod in principio sermonis huius dictum est: *Vos estis lumen mundi? Non potest civitas abscondi super montem constituta. Neque accendunt lucernam et ponunt eam sub modio sed super candelabrum, ut luceat omnibus qui in domo sunt. Sic luceat lumen vestrum coram hominibus, ut videant bona facta vestra.* Sed non ibi finem constituit, addidit enim: *Et glorificent Patrem vestrum qui in caelis est*. Hic autem, quia hoc reprehendit, si ibi sit finis recte factorum, id est, si propterea recte faciamus, ut tantum videamur ab hominibus, posteaquam dixit: *Cavete facere iustitiam vestram coram hominibus, ut videamini ab eis*, nihil addidit. In quo apparet non hoc eum prohibuisse, ut recte fiat coram hominibus, sed ne ideo recte fiat coram hominibus ut videamur ab eis, id est ut hoc intueamur et ibi finem nostri propositi collocemus.

3. Nam et Apostolus dicit: *Si adhuc hominibus placerem, Christi servus non essem*, cum alio loco dicat: *Placete omnibus per omnia, sicut et ego omnibus per omnia placeo*. Quod qui non intellegunt contrarium putant, cum ille se dixerit non placere hominibus, quia non ideo recte faciebat ut placeret hominibus sed ut Deo, ad cuius amorem corda hominum volebat convertere eo ipso quo placebat hominibus. Itaque et non

pelas boas ações, ou seja, não fazer algo bom para agradar aos homens. Sim, porque com tal mau agir se poderia fingir o bem, atendendo tão somente ao louvor humano, uma vez que o homem, por não poder penetrar o coração, pode louvar o que é falso. Os que assim procedem, quer dizer, os que fingem bondade, têm um coração dúplice. Não o tem simples, isto é, limpo, senão o que está acima dos louvores humanos, e que, procedendo corretamente, olha e tenta agradar somente ao Único que vê dentro de nossa consciência. E tão mais louvável é o que provém da consciência limpa quão menos se desejam os louvores humanos.

2. *Guardai-vos*, portanto, *de fazer as vossas boas obras diante dos homens, com o fim de serdes vistos por eles*, ou seja, guardai-vos de viver retamente com o único e exclusivo fim de que vos vejam os homens; *doutra sorte não sereis remunerados pelo vosso Pai, que está nos céus* (Mt 6,1), ou seja, não se sois vistos pelos homens, e sim se viveis retamente para que os vejam os homens. Sim, porque de outro modo como se verificará o que se disse no início deste sermão: *Vós sois a luz do mundo? Não pode esconder-se* – prossegue Ele – *uma cidade situada sobre um monte; nem acendem uma lucerna, e a põem debaixo do alqueire, mas sobre o candeeiro, a fim de que ela dê luz a todos os que estão em casa. Assim brilhe a vossa luz diante dos homens, para que eles vejam as vossas boas obras*; o Senhor, porém, não indicou isto como fim, senão que acrescentou: *e glorifiquem o vosso Pai, que está nos céus* (Mt 5,14-16). Não obstante, nesta passagem em que proíbe nos proponhamos tal fim, a saber, que ajamos retamente só para que nos vejam os homens, após ter dito: *Guardai-vos de fazer as vossas boas obras diante dos homens, com o fim de serdes vistos por eles*, não acrescenta Cristo mais nada. Isso prova que não proibiu o agir retamente diante dos homens, e sim que nos proponhamos como fim de nossas boas ações sermos vistos por eles, ou seja, que ponhamos nisso nossa intenção e propósito.

3. Diz o Apóstolo: *Se agradasse ainda aos homens, não seria servo de Cristo* (Gl 1,10). Diz todavia alhures: *Não sejais motivo de escândalo* [e fazei como] *eu,* [que] *em tudo procuro agradar a todos* (1Cor 10,32-33). Os que não compreendem isto julgam ver aqui uma contradição. Disse ele, no entanto, que se não agradava aos homens é precisamente porque não fazia o bem para agradar-lhes a eles, mas sim a Deus, a cujo amor desejava converter o coração dos homens pelo simples fato de agradar-lhes a eles. Assim, dizia

se placere hominibus recte dicebat, quia in eo ipso ut Deo placeret intuebatur, et placendum esse hominibus recte praecipiebat, non ut hoc appeteretur tamquam merces recte factorum; sed quia Deo placere non posset, qui non se his quos salvos fieri vellet praeberet imitandum; imitari autem illum qui sibi non placuerit nullo pacto quisquam potest. Sicut ergo non absurde loqueretur qui diceret: In hac opera qua navem quaero non navem quaero sed patriam; sic Apostolus convenienter diceret: In hac opera qua hominibus placeo non hominibus sed Deo placeo, quia non hoc appeto, sed ad id refero ut me imitentur quos salvos fieri volo. Sicut dicit de oblatione quae fit in sanctos: *Non quia quaero datum sed requiro fructum*; id est: Quod quaero datum vestrum, non hoc quaero sed fructum vestrum. Hoc enim indicio apparere poterat, quantum profecissent in Deum, cum id libenter facerent, quod non propter gaudium de muneribus sed propter communionem caritatis ab eis quaerebatur.

4. Quamquam et cum addit et dicit: *Alioquin mercedem non habebitis apud Patrem vestrum qui in caelis est*, nihil aliud demonstrat nisi id nos cavere oportere, ne humanam laudem pro nostrorum operum mercede quaeramus id est ea nos beatos effici arbitremur.

II

5. *Cum ergo facis eleemosynam*, inquit, *noli tuba canere ante te, sicut hypocritae faciunt in sinagogis et in vicis, ut glorificentur ab hominibus*. Noli, inquit, sic velle innotescere ut hypocritae. Manifestum est autem hypocritas non quod oculis praetendunt hominum, id etiam corde gestare. Sunt enim hypocritae simulatores tamquam pronuntiatores personarum alienarum sicut in theatricis fabulis. Non enim qui agit partes Agamemnonis in tragoedia, verbi gratia, sive alicuius alterius ad historiam vel fabulam quae agitur pertinentis, vere ipse est, sed simulat eum et hypocrita dicitur. Sic in Ecclesia vel in omni vita humana quisquis se vult videri quod non est, hypocrita est. Simulat enim

com toda a razão que não agradava aos homens, porque ainda nisto se propunha a agradar a Deus; e também com toda a razão dizia que devemos agradar aos homens, não tendo isto por finalidade de nossas boas obras, mas porque não poderia agradar a Deus o que não se oferecesse como modelo aos que queria salvar, não podendo ninguém imitar uma pessoa que não lhe seja agradável. E, assim como não diria um absurdo o que dissesse: "Construo este navio não pelo navio, mas pela pátria", assim também disse acertadamente o Apóstolo: Nesta obra por que sou agradável aos homens não agrado aos homens, mas a Deus; pois não pretendo ser agradável aos homens, e sim que me imitem aqueles cuja salvação desejo. Também o diz a oblação que ele faz pelos santos:[1] *Não é que eu busque dádivas, mas busco o fruto* (Fl 4,17),[2] ou seja: Ao pedir-vos dádivas, não busco dádiva para mim, mas fruto para vós, porque seria um indício de que tinham avançado no caminho para Deus o fazerem espontaneamente ao Apóstolo aquelas dádivas, que ele não lhes pedia pela simples satisfação de recebê-las, mas para fomentar-lhes as obras comuns de caridade.

4. E, quando acrescenta: *doutra sorte não sereis remunerados pelo vosso Pai, que está nos céus* (Mt 6,1), dá-nos a entender Cristo que devemos evitar a busca do louvor humano como galardão de nossas obras, ou seja: não devemos pensar que o louvor humano é capaz de fazer-nos felizes.

II

5. *Quando pois dás esmolas, não faças tocar a trombeta diante de ti, como fazem os hipócritas nas sinagogas e nas praças, para serem honrados pelos homens* (Mt 6,2). Não queiras – diz o Senhor – dar-te a conhecer como fazem os hipócritas. Sabemos todos que os hipócritas não trazem no coração o que ostentam por fora. São perfeitos fingidores, e, como se dá nas obras teatrais, representam papéis alheios. Não é Agamêmnon, por exemplo, aquele que o representa na tragédia, e diga-se o mesmo com respeito a qualquer outra personagem histórica ou fabulosa; tão somente simula ser ela, e é chamado hipócrita. Assim, na Igreja, como em toda a vida humana, o que quer ser tido pelo que não é, é um hipócrita. Finge-se justo, mas não pratica a justiça; porque põe todo o seu prêmio no louvor humano,

iustum, non exhibet, quia totum fructum in laude hominum ponit quam possunt etiam simulantes percipere, dum fallunt eos quibus videntur boni ab eisque laudantur. Sed tales ab inspectore cordis Deo mercedem non accipiunt nisi fallaciae supplicium. *Ab hominibus* autem *perceperunt*, inquit, *mercedem suam*. Rectissimeque his dicetur: *Recedite a me operarii dolosi*; nomen enim meum habuistis, sed opera mea non fecistis. Illi ergo perceperunt mercedem suam qui non ob aliud eleemosynam faciunt nisi ut glorificentur ab hominibus; non si glorificentur ab hominibus, sed si ideo faciant ut glorificentur, sicut superius tractatum est. Laus enim humana non appeti a recte faciente, sed sequi debet recte facientem, ut illi proficiant qui etiam imitari possunt quod laudant, non ut hic putet aliquid eos sibi prodesse quem laudant.

6. *Te autem faciente eleemosynam nesciat sinistra tua, quid faciat dextera tua.* Si intellexeris sinistram infideles dici, videbitur nulla esse culpa placere velle fidelibus, cum prorsus nihilo minus in quorumlibet hominum laude fructum et finem boni operis constituere prohibeamur. Quod autem ad id pertinet, ut te imitentur quibus recte facta tua placuerint, non tantum fidelibus sed etiam infidelibus exhibendum est, ut laudandis bonis operibus nostris Deum honorent et veniant ad salutem. Si autem sinistram inimicum putaveris, ut nesciat inimicus tuus cum eleemosynam facis, cur ipse Dominus inimicis Iudaeis circumstantibus misericorditer sanavit homines? Cur apostolus Petrus, sanato eo quem ad portam speciosam debilem miseratus est, etiam iras inimicorum in se atque in alios Christi discipulos pertulit? Deinde si non oportet scire inimicum, cum eleemosynam facimus, quomodo cum ipso inimico faciemus, ut illud impleamus praeceptum: *Si esurierit inimicus tuus, ciba illum; si sitierit, potum da illi.*

7. Tertia solet esse carnalium opinio tam absurda et ridenda, ut non eam commemorarem, nisi expertus essem non paucos eo errore detineri qui dicunt sinistrae nomine uxorem significari; ut quoniam in re familiari tenaciores pecuniarum solent esse feminae, lateat eas, cum aliquid egenis misericorditer impendunt viri earum,

louvor que podem conseguir os fingidores enquanto enganam os que, tomando-os por bons, os louvam. Tais fingidores, porém, não recebem recompensa de Deus, mas castigo por sua falsidade; dos homens – diz Ele – *já receberam a sua recompensa* (Mt 6,2). Sapientissimamente dirá o Senhor a estes: Afastai-vos de mim, obradores de engano; tivestes meu nome nos lábios, mas não fizestes minhas obras. Receberam já seu prêmio os que não dão esmola senão para ser honrados pelos homens, e o receberam não porque são honrados pelos homens, mas porque a dão para ser honrados por eles, como já dissemos. Não deve ir em busca do louvor humano o que age bem, mas o louvor é que deve ir em busca dele, para que assim aproveitem os que podem imitar o que louvam, e não para que este a quem louvam pense que eles lhe aproveitam a ele.

6. *Mas, quando dás esmola, não saiba a tua esquerda o que faz a tua direita* (Mt 6,3). Se se supuser que a esquerda representa os infiéis, parecerá que não há culpa nenhuma em desejar agradar aos fiéis; proíbe-se-nos, no entanto, que nos proponhamos como fim e galardão de nossas boas obras o louvor de qualquer classe de homens. Mas, se se trata de nos imitarem a nós os que se comprazem em nossas boas ações, temos de manifestá-las não somente aos fiéis, mas também aos infiéis, a fim de que, louvando-nos as boas obras, honrem a Deus e alcancem sua própria salvação. E, se pela esquerda se compreende o inimigo, ou seja, que não saiba teu inimigo quando dás esmola, como é que o próprio Senhor fez misericordiosamente diversas curas na presença de seus inimigos judeus? Como é que, ademais, Pedro curou o coxo de quem se compadecera junto à Porta Especiosa, suportando até a ira dos inimigos contra ele mesmo e contra outros discípulos de Cristo (At 3,2.)? E, se, além disso, não nos deve ver nosso inimigo quando damos esmola, como faremos para cumprir com o mesmo inimigo o preceito que diz: *Se o teu inimigo tiver fome, dá-lhe de comer, se tiver sede, dá-lhe água para beber* (Pr 25,21)?

7. Há uma terceira opinião, própria de gente carnal, e tão absurda e risível, que eu não a referiria se não me constasse que são muitos os que incorrem neste erro. Estes dizem que a palavra *esquerda* representa a mulher, alegando que, como com respeito a dinheiro costumam ser mais zelosas as mulheres, há que mantê-las na ignorância quando, impelido pela

propter domesticas lites. Quasi vero soli viri christiani sint, et non hoc praeceptum etiam feminis datum sit. Cui ergo sinistrae iubetur femina occultare opus misericordiae suae? An etiam vir sinistra erit feminae? Quod absurdissime dicitur. Aut si quispiam putat invicem sibi sinistras esse, si ab altero ita erogetur aliquid de re familiari ut sit contra alterius voluntatem, non erit christianum tale coniugium. Sed necesse est, ut quisquis eorum eleemosynam facere voluerit ex praecepto Dei, quemcumque adversum habuerit, inimicus sit praecepto Dei et ideo inter infideles deputetur. Praeceptum est autem de talibus, ut bona sua conversatione ac moribus lucrifaciat uxorem maritus fidelis vel maritum mulier fidelis. Quapropter non sibi debent occultare bona opera sua, quibus invitandi sunt ab invicem, ut alter alterum possit ad christianae fidei communionem invitare. Nec furta facienda sunt, ut promereatur Deus. Quod si occultandum est aliquid, quam diu alterius infirmitas aequo animo id non potest sustinere – quod tamen non iniuste atque illicite fit –, non tamen ipsam nunc sinistram significari totius capituli consideratione facile apparet, in qua simul invenietur, quam sinistram vocet.

8. *Cavete*, inquit, *facere iustitiam vestram coram hominibus, ut videamini ab eis; alioquin mercedem non habebitis apud Patrem vestrum qui in caelis est.* Generaliter hic iustitiam nominavit, deinde partiliter exsequitur. Est enim pars aliqua iustitiae opus quod per eleemosynam fit, et ideo connectit dicendo: *Cum ergo facis eleemosynam, noli tuba canere ante te, sicut hypocritae faciunt in sinagogis et in vicis, ut glorificentur ab hominibus.* Ad hoc respicit quod superius ait: *Cavete facere iustitiam vestram coram hominibus, ut videamini ab eis.* Quod autem sequitur: *Amen dico vobis, perceperunt mercedem suam*, ad illud respicit quod supra posuit: *Alioquin mercedem non habebitis apud Patrem vestrum qui in caelis est.* Deinde sequitur: *Te autem faciente eleemosynam.* Cum dicit: *Te autem*, quid aliud dicit quam: non quomodo illi? Quid ergo mihi iubet? *Te autem*, inquit, *faciente eleemosynam, non sciat sinistra tua, quid faciat dextera tua.* Ergo illi sic faciunt, ut sciat sinistra eorum, quid faciat dextera eorum. Quod igitur in illis culpatum est, hoc tu

compaixão, o marido der algo aos necessitados, ignorância, portanto, que lhe evitaria querelas domésticas. Como se só os maridos fossem cristãos, e como se aquele preceito não se houvesse dado também às mulheres! De que *esquerda* deverá, então, ocultar a mulher suas próprias obras de misericórdia? Será o marido a *esquerda* da esposa? Nada mais absurdo. Ou, se se pensa que cada qual é para o outro a *esquerda*, caso um deles gaste contra a vontade do outro qualquer coisa dos bens domésticos, não será cristão este matrimônio; e necessariamente, quando qualquer deles quiser dar esmola segundo o preceito de Deus, quem quer que esteja contra isto contrariará o preceito de Deus e será tido, portanto, como infiel. Para eles, porém, há o preceito de que o marido fiel, com bom trato e boas maneiras, atraia a concordância da mulher, e de que a mulher o faça igualmente com respeito ao marido. Nenhum dos dois deve, por conseguinte, esconder suas boas obras, que hão de servir-lhes de estímulo mútuo, para que um possa convidar o outro à comunhão da fé cristã. E, se houvesse que esconder algo que a fraqueza de um não pudesse suportar, e sempre que isso não fosse ilícito ou injusto, não se seguiria, como pode depreender-se de todo este capítulo, que então se significasse a esquerda. A seguir se saberá a que esquerda se refere o Senhor.

8. *Guardai-vos* – diz Ele – *de fazer as vossas boas obras diante dos homens, com o fim de serdes vistos por eles, doutra sorte não sereis remunerados pelo vosso pai, que está nos céus* (Mt 6,1). Aqui, fala da justiça em termos gerais; em seguida a trata em termos particulares, uma vez que a obra praticada na esmola é parte da mesma justiça; e por isso termina este pensamento com as seguintes palavras: *Quando pois dás esmola, não faças tocar a trombeta diante de ti, como fazem os hipócritas nas sinagogas e nas praças, para serem honrados pelos homens* (Mt 6,2). A isto se refere o dito anteriormente: *Guardai-vos de fazer as vossas boas obras diante dos homens, com o fim de serdes vistos por eles,* e igualmente o seguinte: *Em verdade vos digo que já receberam a sua recompensa,* e veja-se que já se afirmara: *doutra sorte não sereis remunerados pelo vosso Pai, que está nos céus.* E prossegue: *Mas [tu], quando dás esmola.* E que implica este dizer senão o *não como eles?* Que é portanto o que se me ordena? *Mas, quando dás esmola, não saiba a tua esquerda o que faz a tua direita,* ou seja: eles agem de modo que a mão esquerda saiba o que faz a mão direita. Evite-se, por conseguinte, tudo o que se lhes

facere vetaris. In illis autem hoc culpatum est quod ita faciunt, ut laudes hominum quaerant. Quapropter nihil consequentius sinistra videtur significare quam ipsam delectationem laudis. Dextera autem significat intentionem implendi praecepta divina. Cum itaque conscientiae facientis eleemosynam miscet se appetitio laudis humanae, fit sinistra conscia operis dexterae. *Nesciat* ergo *sinistra tua, quid faciat dextera tua*, id est: Non se misceat conscientiae tuae laudis humanae appetitio, cum in eleemosyna facienda divinum praeceptum contendis implere.

9. *Ut sit eleemosyna tua in abscondito.* Quid est in abscondito nisi in ipsa bona conscientia, quae humanis oculis demonstrari non potest nec verbis aperiri? Quando quidem multi multa mentiuntur. Quapropter si dextera intrinsecus agit in abscondito, ad sinistram pertinent exteriora omnia quae sunt visibilia et temporalia. Sit ergo eleemosyna tua in ipsa conscientia, ubi multi eleemosynam faciunt bona voluntate, etiamsi pecuniam vel si quid est aliud quod inopi largiendum est non habent. Multi autem foris faciunt et intus non faciunt, qui vel ambitione vel alicuius temporalis rei gratia volunt misericordes videri, in quibus sola sinistra operari existimanda est. Item alii quasi medium inter utrosque locum tenent, ut et intentione quae in Deum est eleemosynam faciant, et tamen inserat se huic optimae voluntati nonnulla etiam laudis vel alicuius rei fragilis et temporalis cupiditas. Sed Dominus noster multo vehementius prohibet solam sinistram in nobis operari, quando etiam misceri eam vetat operibus dexterae, ut scilicet non modo sola temporalium rerum cupiditate caveamus eleemosynam facere, sed nec ita in hoc opere attendamus Deum, ut sese misceat vel adiungat exteriorum appetitio commodorum. Agitur enim de corde mundando, quod nisi fuerit simplex, mundum non erit. Simplex autem quomodo erit, si duobus dominis servit, nec una intentione rerum aeternarum purificat aciem suam, sed eam mortalium quoque fragiliumque rerum amore obnubilat? *Sit* ergo *eleemosyna tua in abscondito, et Pater tuus, qui videt in abscondito, reddet tibi.* Rectissime omnino et verissime.

censura a eles. A eles censura-se-lhes que busquem o louvor por seus atos. Dessa maneira, nada mais lógico que por mão esquerda se entenda a complacência no próprio louvor, e por mão direita se entenda a intenção de cumprir os mandamentos de Deus. Quando, pois, o desejo de louvor humano se imiscui na consciência do que dá esmola, a esquerda sabe, então, o que faz a direita. *Não saiba a tua esquerda o que faz a tua direita*, quer dizer, não se te imiscua na consciência o desejo de louvor humano, quando mediante a esmola pretenderes cumprir o preceito divino.

9. *Para que a tua esmola fique em segredo* (Mt 6,4). Que significa este *em segredo* senão a mesma boa consciência, que aos olhos humanos não pode manifestar-se nem declarar-se mediante palavras, uma vez que são muitos os que mentem em demasia? Se portanto a mão direita age interiormente, *em segredo*, à esquerda pertence todo o exterior, ou seja, o visível e temporal. Esteja pois tua esmola em tua própria consciência, donde muitos darem esmola de boa vontade ainda que não tenham dinheiro nem nada mais que dar ao necessitado. Muitos o fazem exteriormente – não no interior –, já que por ambição ou qualquer outro motivo de ordem temporal querem parecer misericordiosos; nestes age tão somente a mão esquerda. Outros há que observam um meio-termo entre tais extremos: por um lado, dão esmola com a intenção de agradar a Deus; por outro lado, todavia, esta vontade excelente se acompanha do desejo de louvor humano ou de qualquer outra coisa temporal e frágil. Mas Nosso Senhor, se proíbe com muita veemência que aja em nós somente a esquerda, ordena também que evitemos sua intervenção nas obras da direita, ou seja, não só devemos guardar-nos de dar esmola com o único desejo de coisas temporais, mas também, ainda quando o façamos tendo em vista a Deus, devemos evitar toda e qualquer intenção de ordem temporal. Trata-se, assim, de limpar o coração, e este não poderá limpar-se se não for simples. E como haverá de ser simples se serve a dois senhores e não purifica sua intenção com o único desejo das coisas eternas, antes o obscurece com amor das mortais e efêmeras? Fique pois *a tua esmola (...) em segredo; e teu Pai, que vê [o que fazes] em segredo, te pagará* (Mt 6,4). Palavras repletas de retidão e de verdade, porque, se o prêmio o esperas no Único capaz de penetrar o interior das consciências, então te

Si enim praemium ab eo expectas qui conscientiae solus inspector est, sufficiat tibi ad promerendum praemium ipsa conscientia! Multa latina exemplaria sic habent: *Et Pater tuus, qui videt in abscondito, reddet tibi palam*. Sed quia in graecis, quae priora sunt, non invenimus *palam*, non putavimus hinc esse aliquid disserendum.

III

10. *Et cum oratis, inquit, non eritis sicut hypocritae, qui amant stare in sinagogis et in angulis platearum stantes orare, ut videantur ab hominibus.* Neque hic videri ab hominibus nefas est, sed ideo haec agere, ut videaris ab hominibus. Et superfluo totiens eadem dicuntur, cum sit iam una regula custodienda, qua cognitum est, non si haec sciant homines, formidandum esse aut fugiendum, sed si hoc animo fiant, ut fructus in eis expetatur placendi hominibus. Servat etiam ipse Dominus eadem verba, cum adiungit similiter: *Amen dico vobis, perceperunt mercedem suam*, hinc ostendens id se prohibere, ut ea merces appetatur qua gaudent stulti, cum laudantur ab hominibus.

11. *Vos autem cum oratis*, inquit, *introite in cubicula vestra*. Quae sunt ista cubicula nisi ipsa corda, quae in psalmo etiam significantur, ubi dicitur: *Quae dicitis in cordibus vestris, et in cubilibus vestris compungimini? Et claudentes ostia orate*, ait, *Patrem vestrum in abscondito*. Parum est intrare in cubicula, si ostium pateat importunis, per quod ostium ea quae foris sunt improbe se immergunt et interiora nostra appetunt. Foris autem esse diximus omnia temporalia et visibilia, quae per ostium, id est per carnalem sensum, cogitationes nostras penetrant et turba vanorum fantasmatum orantibus obstrepunt. Claudendum est ergo ostium, id est carnali sensui resistendum est, ut oratio spiritalis dirigatur ad Patrem, quae fit in intimis cordis, ubi oratur Pater in abscondito. *Et Pater*, inquit, *vester, qui videt in abscondito, reddet vobis*. Et hoc tali clausula terminandum fuit. Non enim hoc monet nunc ut oremus, sed quomodo oremus; neque superius ut faciamus eleemosynam, sed

baste esta mesma consciência para mereceres o galardão. Muitos exemplares latinos se expressam assim: *E teu Pai, que vê [o que fazes] em segredo, te pagará publicamente*; como porém nos gregos, que são anteriores, não encontramos a palavra *publicamente*, não julguei necessário fazer a seu respeito consideração nenhuma.

III

10. *E, quando orais* – diz o Senhor –, *não haveis de ser como os hipócritas, os quais gostam de orar em pé nas sinagogas e nos cantos das praças, a fim de serem vistos pelos homens* (Mt 6,5). Aqui tampouco se afirma que seja ilícito ser visto pelos homens, e sim que o é agir para ser visto por eles. É supérfluo dizer tantas vezes o mesmo, uma vez que a regra que deve observar-se é uma só: recear e evitar não que os homens nos conheçam as boas obras, mas fazê-las com a intenção de que a recompensa nos seja o aplauso humano. Mantém o Senhor a mesma forma de expressão, quando, como anteriormente, acrescenta: *Em verdade vos digo que já receberam a sua recompensa*, dando-nos a entender com isso que o que Ele proíbe é a busca daquele galardão que constitui o deleite dos néscios ao serem louvados pelos homens.

11. *Tu, porém* – diz Jesus Cristo –, *quando orares, entra no teu quarto* (Mt 6,6). Que quarto será este senão vosso coração, quarto a que também se referem as palavras do Salmo: *Do [mal] que pensais nos vossos corações compungi-vos no retiro dos vossos aposentos* (Sl 4,5)?[3] *E, fechada a porta* – prossegue Nosso Senhor –, *em segredo, ora a teu Pai* (Mt 6,6). De pouco serve entrar nos aposentos se permanece aberta a porta aos importunos, porta por que irrompem malignamente, a fim de turvar-nos o coração, as coisas de fora. Ora, as coisas de fora são as temporais e visíveis, as quais se nos introduzem pela porta, ou seja, pelo sentido carnal, nos pensamentos, assaltando-nos a oração uma turba de fantasmas vãos. É preciso pois fechar a porta, ou, o que é o mesmo, resistir aos sentidos carnais, a fim de que a oração espiritual se dirija ao Pai, na intimidade do coração em que a Ele se reza em segredo. *E teu Pai, que vê [o que fazes] em segredo, te pagará*: tinha de terminar assim este assunto, pois que aqui não nos diz Ele que oremos, mas sim como devemos orar, assim como anteriormente não nos disse que demos esmola, mas sim como devemos

quo animo faciamus, quoniam de corde mundando praecipit, quod non mundat nisi una et simplex intentio in aeternam vitam solo et puro amore sapientiae.

12. *Orantes autem nolite*, ait, *multiloqui esse sicut ethnici, arbitrantur enim quod in multiloquio suo exaudiantur*. Sicut hypocritarum est praebere se spectandos in oratione, quorum fructus est placere hominibus, ita ethnicorum, id est gentilium in multiloquio se putare exaudiri. Et re vera omne multiloquium a gentilibus venit, qui exercendae linguae potius quam mundando animo dant operam. Et hoc nugatorii studii genus etiam ad Deum prece flectendum transferre conantur, arbitrantes sicut hominem iudicem verbis adduci ad sententiam. *Nolite itaque similes esse illis*, dicit unus et verus magister; *scit enim Pater vester quid vobis necessarium sit, antequam petatis ab eo*. Si enim verba multa ad id proferuntur, ut instruatur et doceatur ignarus, quid eis opus est ad rerum omnium cognitorem, cui omnia quae sunt eo ipso quo sunt loquuntur seseque indicant facta? Et ea quae futura sunt eius artem sapientiamque non latent, in qua sunt et quae transierunt et quae transitura sunt omnia praesentia et non transeuntia.

13. Sed quoniam, quamvis pauca, tamen verba et ipse dicturus est, quibus nos doceat orare, quaeri potest, cur vel his paucis verbis opus sit ad eum qui scit omnia antequam fiant, et novit, ut dictum est, quid nobis sit necessarium antequam petamus ab eo. Hic primo respondetur non verbis nos agere debere apud Deum, ut impetremus quod volumus, sed rebus quas animo gerimus et intentione cogitationis cum dilectione pura et simplici affectu sed res ipsas verbis nos docuisse Dominum nostrum, quibus memoriae mandatis eas ad tempus orandi recordemur.

14. Sed rursus quaeri potest – sive rebus sive verbis orandum sit –, quid opus sit ipsa oratione, si Deus iam novit quid nobis sit necessarium, nisi quia ipsa orationis intentio cor nostrum serenat et purgat, capaciusque efficit ad excipienda divina munera, quae spiritaliter nobis infunduntur. Non enim ambitione precum nos

dá-la; porque aqui nos inculca a limpeza do coração, que não se limpará enquanto nossa intenção não for simples e única, voltada para a vida eterna, inspirada só e puramente pelo amor da sabedoria.

12. *Nas vossas orações* – diz Cristo – *não queirais usar muitas palavras como os pagãos, pois julgam que, pelo seu muito falar, serão ouvidos* (Mt 6,7). Assim como é próprio dos hipócritas fazer-se notar quando oram, não pretendendo senão agradar aos mesmos homens, assim é próprio dos pagãos pensar que serão ouvidos a poder de palavras. E em verdade todo e qualquer palavrório vem dos pagãos, que se preocupam mais em soltar a língua que em purificar o coração. E tal frívolo vício também o praticam quando tentam dobrar a Deus com súplicas, julgando que, como os juízes humanos, também Ele se deixa impressionar por palavras. *Não queirais portanto parecer-vos com eles*, diz o único e verdadeiro Mestre, *porque vosso pai sabe o que vos é necessário, antes que vós lho peçais* (Mt 6,8). Sim, porque, se precisamos valer-nos de muitas palavras ao tentar ensinar ou instruir um ignorante, que necessidade temos delas quando se trata d'O que conhece todas as coisas, a Quem todas falam por seu mero ser, proclamando que foram feitas justamente por Ele, e de cuja arte e sabedoria não se escondem as coisas futuras, estando antes presentes a elas, e não de passagem, todas quantas passaram e todas quantas hão de passar?

13. Dado porém que Ele próprio nos dirá com que palavras, poucas, devemos orar, cabe a pergunta: Por que temos de empregar até estas mesmas poucas palavras, se Ele conhece todas as coisas antes de elas serem feitas, e, como dissemos, conhece aquilo de que necessitamos antes que Lho peçamos? A primeira resposta é que não havemos de precisar de palavras, quando nos encontramos diante de Deus, para conseguir o que queremos, mas tão somente de quanto acalentamos no espírito, e das intenções que nos informam o pensamento, com amor puro e afeto simples. Nosso Senhor, todavia, por-nos-á tudo isto em palavras, para que, confiando-as à memória, o recordemos no momento de orar.

14. Mas cabe ainda esta pergunta: Sejam ou não sejam palavras o que temos de empregar ao rezar, por que devemos fazer orações, conhecendo Deus, como conhece, todas as nossas necessidades, senão porque a mesma atitude de súplica nos sossega e nos purifica o coração, capacitando-o a melhor receber os dons divinos que espiritualmente nos são infundidos?

exaudit Deus, qui semper paratus est dare suam lucem nobis non visibilem sed intellegibilem et spiritalem; sed nos non semper parati sumus accipere, cum inclinamur in alia et rerum temporalium cupiditate tenebramur. Fit ergo in oratione conversio cordis ad eum qui semper dare paratus est, si nos capiamus quod dederit, et in ipsa conversione purgatio interioris oculi, cum excluduntur ea quae temporaliter cupiebantur, ut acies simplicis cordis ferre possit simplicem lucem divinitus sine ullo occasu aut immutatione fulgentem, nec solum ferre sed etiam manere in illa, non tantum sine molestia sed etiam cum ineffabili gaudio, quo vere ac sinceriter beata vita perficitur.

IV

15. Sed iam considerandum est, quae nos orare ille praeceperit per quem et discimus quid oremus et consequimur quod oramus. *Sic itaque vos orate*, inquit: *Pater noster qui es in caelis, sanctificetur nomen tuum; adveniat regnum tuum; fiat voluntas tua sicut in caelo et in terra. Panem nostrum cotidianum da nobis hodie; et dimitte nobis debita nostra, sicut et nos dimittimus debitoribus nostris; et ne nos inferas in tentationem, sed libera nos a malo.* Cum in omni deprecatione benivolentia concilianda sit eius quem deprecamur, deinde dicendum quid deprecemur, laude illius ad quem oratio dirigitur solet benivolentia conciliari, et hoc in orationis principio poni solet. In quo Dominus noster nihil aliud nos iussit dicere nisi: *Pater noster qui es in caelis*. Multa dicta sunt in laudem Dei, quae per omnes sanctas Scripturas varie lateque diffusa poterit quisque considerare cum legit; nusquam tamen invenitur praeceptum populo Israel, ut diceret: *Pater noster*, aut oraret Patrem Deum: sed Dominus eis insinuatus est tamquam servientibus, id est secundum carnem adhuc viventibus. Hoc autem dico, cum mandata legis acciperent, quae observare iubebantur; nam prophetae saepe ostendunt eumdem Dominum Deum etiam Patrem eorum esse

Não pelo desejo de fazer-se rogado é que nos escuta Deus, que está sempre disposto a dar-nos sua luz, já não a visível, mas a espiritual; e sim porque nós nem sempre parecemos dispostos a recebê-la, quando nos inclinamos a outras coisas, e quando o desejo do temporal nos turva a alma. Produz-se no orar, assim, uma conversão de nosso coração a'O que está sempre pronto para dar, cabendo-nos a nós tão somente estar abertos para receber-Lhe os dons; e, nesta mesma conversão, purifica-se-nos a visão interior, ao se nos excluírem do desejo as coisas temporais, podendo desta forma nosso simples coração suportar o esplendor da luz simples que do seio mesmo da Divindade brilha sem mudança nem ocaso; e não somente suportá-la, mas permanecer nela; não já sem inquietação, mas com gáudio inefável, o qual, com efeito, constitui a verdadeira perfeição da felicidade nesta vida.

IV

15. Já é a altura, porém, de considerar o que nos manda pedir na oração O que nos ensina o que temos de pedir, e por Quem alcançamos o que pedimos. *Vós pois* – diz Ele – *orai assim: Pai nosso, que estais nos céus, santificado seja o vosso nome. Venha a nós o vosso reino, seja feita a vossa vontade, assim na terra como no céu. O pão nosso de cada dia dai-nos hoje. Perdoai as nossas dívidas, assim como nós perdoamos aos nossos devedores. E não nos deixeis cair em tentação, mas livrai-nos do mal* (Mt 5,9-13).[4] Em todo e qualquer pedido, deve-se atrair a benevolência daquele a quem se endereça o pedido, o que sempre se há de fazer no início. Nosso Senhor mandou-nos iniciar assim: *Pai nosso, que estais no céu*. Disseram-se muitas coisas em louvor de Deus, as quais, profusa e extensamente esparzidas por todas as Santas Escrituras, qualquer pessoa pode ler e meditar; mas nelas não se encontra um só lugar em que se ordene ao povo de Israel que diga *Pai nosso* ou que ore a Deus *Pai*, e isso porque o Senhor se manifestou àquele povo como a servidores, ou seja, como a quem vivia ainda segundo a carne. Refiro-me ao tempo em que os judeus recebiam os mandamentos da Lei que se lhes ordenava observassem, pois os Profetas dão amiúde a entender que Nosso Senhor mesmo teria podido ser-lhes igualmente Pai se não se tivessem afastado de seus mandamentos. É o que se nos diz por esta palavra: *Criei filhos [diz ele], e*

potuisse, si ab eius mandatis non aberrarent, sicuti est illud: *Filios genui et exaltavi; ipsi autem me spreverunt*; et illud: *Ego dixi: Dii estis et filii Altissimi; vos autem sicut homines moriemini, et sicut unus ex principibus cadetis*; et illud: *Si Dominus sum ubi est timor meus? Et si Pater sum, ubi est honor meus?*, et alia permulta, ubi arguuntur Iudaei quod filii esse peccando noluerunt, exceptis eis quae in prophetia dicuntur de futuro populo christiano, quod Patrem Deum esset habiturus secundum illud evangelicum: *Dedit eis potestatem filios Dei fieri*. Apostolus autem Paulus dicit: *Quam diu heres parvulus est, nihil differt a servo*; et spiritum adoptionis nos accepisse commemorat, *in quo clamamus: Abba, Pater.*

16. Et quoniam quod vocamur ad aeternam haereditatem, ut simus Christi coheredes et in adoptionem filiorum veniamus, non est meritorum nostrorum sed gratiae Dei, eamdem ipsam gratiam in orationis principio ponimus, cum dicimus: *Pater noster*. Quo nomine et caritas excitatur – quid enim carius filiis debet esse quam pater? – et supplex affectus, cum homines dicunt Deo: *Pater noster*, et quaedam praesumptio impetrandi quae petituri sumus, cum priusquam aliquid peteremus, tam magnum donum accepimus, ut sinamur dicere: *Pater noster,* Deo. Quid enim non det iam filiis petentibus, cum hoc ipsum ante dederit, ut filii essent? Postremo quanta cura animum tangit, ut qui dicit: *Pater noster*, tanto Patre non sit indignus? Si enim quisquam plebeius senatorem grandioris aetatis ab eo ipso permittatur patrem vocare, sine dubio trepidabit nec facile audebit cogitans humilitatem generis sui et opum indigentiam et plebeiae personae vilitatem; quanto ergo magis trepidandum est appellare Patrem Deum, si tanta est labes tantaeque sordes in moribus, ut multo iustius eas a sua coniunctione Deus expellat quam ille senator cuiusvis mendici egestatem, quando quidem ille hoc contemnit in mendico, quo et ipse potest humanarum rerum fragilitate devenire, Deus autem in sordidos mores numquam cadit. Et gratias misericordiae ipsius, qui hoc a nobis exigit ut Pater noster sit, quod nullo sumptu sed sola bona voluntate comparari

engrandeci-os, porém eles desprezaram-me (Is 1,2); e por esta: *Eu disse: Sois deuses, e todos filhos do Excelso* (Sl 81,6); e também por esta: *Se eu, pois, sou vosso pai, onde está a minha honra? E, se sou vosso Senhor, onde está o temor que se me deve?* (Ml 1,6); e por muitas outras, em que se censura aos judeus o não ter querido, por causa de seus pecados, ser filhos, conquanto também haja as passagens proféticas que, a respeito do futuro povo cristão, dizem que se haverá de ter a Deus por Pai, o que está de acordo com esta palavra do Evangelho: *Deu[-lhes] poder de se tornarem filhos de Deus* (Jo 1,12). E o Apóstolo Paulo não só afirma: *Enquanto o herdeiro é menino, em nada difere de um servo* (Gl 4,1), mas lembra-nos que recebemos o espírito de adoção, pelo qual podemos exclamar: *Abba, Pai* (Gl 4,6).

16. E não é mérito nosso termos sido chamados à eterna herança para que sejamos coerdeiros de Cristo e alcancemos a adoção de filhos; é-o da graça de Deus, da mesma graça que reconhecemos no início da oração, ao dizer: *Pai nosso*. Com este nome se estimula a caridade, porque o que pode ser mais amado pelos filhos que o pai? Estimula-se igualmente o afeto de súplica quando os homens dizem a Deus: *Pai nosso*, e também certa presunção de que havemos de alcançar o que vamos pedir, uma vez que, antes de pedir o que quer que seja, recebemos já o dom imenso de poder dizer a Deus: *Pai nosso*. Com efeito, que poderá Ele negar agora aos filhos que Lhe pedem, tendo-lhes outorgado antes que fossem filhos? Por fim, qual não será a solicitude do que diz *Pai nosso* para não ser indigno de tão grande Pai? Porque, se a um plebeu lhe desse um senador, de idade madura, o poder de chamar-lhe pai, sem sombra de dúvida aquele tremeria e não se atreveria a fazê-lo, pensando na baixeza de sua linhagem, e em sua pobreza, e na condição vil de sua mesma pessoa; pois, então, com quanto mais razão havemos de tremer nós ao chamar Pai a Deus, sendo tanta a abjeção e a baixeza de nossos costumes, e podendo afastar-nos Deus de sua presença com justiça maior que aquele senador à pobreza de qualquer mendigo? Sim, porque o que o senador despreza no mendigo é algo que, pela fragilidade do humano, pode suceder-lhe também a ele; Deus, todavia, não cairá jamais em costumes sórdidos. Devemos unicamente à sua graça misericordiosa ser Ele nosso Pai, o que a nenhum preço, mas tão somente com boa vontade, podemos adquirir. Sirva isto de advertência aos ricos e nobres

potest! Admonentur hic etiam divites vel genere nobiles secundum saeculum, cum christiani facti fuerint, non superbire adversus pauperes et ignobiles, quoniam simul dicunt Deo: *Pater noster*, quod non possunt vere ac pie dicere, nisi se fratres esse cognoscant.

V

17. Utatur ergo voce Novi Testamenti populus novus ad aeternam haereditatem vocatus et dicat: *Pater noster qui es in caelis*, id est in sanctis et iustis; non enim spatio locorum continetur Deus. Sunt autem caeli excellentia quidem mundi corpora sed tamen corpora, quae non possunt esse nisi in loco. Sed si in caelis tamquam in superioribus mundi partibus locus Dei esse creditur, melioris meriti sunt aves, quarum vita est Deo vicinior. Non autem scriptum est: Prope est Dominus excelsis hominibus aut eis qui in montibus habitant, sed scriptum est: *Prope est Dominus obtritis corde*, quod magis pertinet ad humilitatem. Sed quemadmodum terra appellatus est peccator, cum ei dictum est: *Terra es et in terram ibis*, sic caelum iustus e contrario dici potest. Iustis enim dicitur: *Templum enim Dei sanctum est, quod estis vos*. Quapropter si in templo suo habitat Deus, et sancti templum eius sunt, recte dicitur *qui es in caelis*: qui es in sanctis. Et accommodatissima ista similitudo est, ut spiritaliter tantum interesse videatur inter iustos et peccatores, quantum corporaliter inter caelum et terram.

18. Cuius rei significandae gratia, cum ad orationem stamus, ad orientem convertimur, unde caelum surgit; non tamquam ibi habitet Deus, quasi ceteras mundi partes deseruerit qui ubique praesens est, non locorum spatiis, sed maiestatis potentia; sed ut admoneatur animus ad naturam excellentiorem se convertere, id est ad Deum, cum ipsum corpus eius, quod terrenum est, ad corpus excellentius, id est ad corpus caeleste, convertitur. Convenit etiam gradibus religionis et plurimum expedit, ut omnium sensibus et parvulorum et magnorum bene sentiatur de Deo. Et ideo qui visibilibus adhuc pulchritudinibus

segundo o mundo, para que, ao se tornarem cristãos, não se ensoberbeçam diante dos pobres e humildes, uma vez que todos, a um só tempo, dizem a Deus *Pai nosso*, e não o poderão dizer com verdade nem sincera piedade se não se tratarem mutuamente como irmãos.

V

17. Empregue pois a palavra do Novo Testamento o povo novo, chamado à herança eterna, e diga: *Pai nosso, que estais no céu*, ou seja, que estais nos santos e justos. Sim, porque Deus não se contém em espaço material, e, ainda que os céus sejam parte nobre do mundo material, são, com efeito, algo corpóreo e, consequentemente, devem ocupar um lugar qualquer. Se portanto o céu, por ser o ponto mais elevado do mundo, fosse a morada de Deus, seriam as aves as criaturas mais meritórias, dado que se encontrariam mais próximas d'Ele. Mas não se escreveu: Próximo está o Senhor dos homens mais elevados, ou dos que vivem nas montanhas, e sim isto: *O Senhor está próximo dos que têm o coração oprimido* (Sl 33,19),[5] o que convém antes com a humildade. Assim porém como ao pecado se chamou terra: *És terra, e em terra te hás de tornar* (Gn 3,19), assim, ao contrário, ao justo pode chamar-se céu. Aos justos diz-se: *Porque é santo o templo de Deus, que vós sois* (1Cor 3,17). Se portanto Deus habita seu templo, são os santos este templo, e dizer *que estais no céu* equivale a dizer *que estais nos santos*. E, tão a propósito vem esta comparação, que pode dizer-se que há tanta distância, no plano do espiritual, entre os justos e os pecadores quanta a há, no plano do material, entre o céu e a terra.

18. Para significá-lo, voltamo-nos, quando em oração, para o oriente, que é onde começa o céu; não como se só ali habitasse Deus, e como se houvesse abandonado as demais partes do mundo O que está presente em todas – não materialmente, mas pelo poder de sua majestade –, e sim para que a alma, quando seu corpo, que é terreno, se volta para o corpo mais excelente, perceba que se volta para a natureza mais excelente, isto é, que se volta para Deus. E, para que se progrida na religião, convém igualmente e ajuda sobremodo que todos, pequenos como grandes, sintam a Deus de forma a mais alta, sendo por isso tolerável a opinião dos que, presos ainda

dediti sunt nec possunt aliquid incorporeum cogitare, quoniam necesse est caelum praeferant terrae, tolerabilior est opinio eorum, si Deum, quem adhuc corporaliter cogitant, in caelo potius credant esse quam in terra, ut cum aliquando cognoverint dignitatem animae caeleste etiam corpus excedere, magis eum quaerant in anima quam in corpore etiam caelesti, et cum cognoverint, quantum distet inter peccatorum animas et iustorum, sicut non audebant, cum adhuc carnaliter saperent, in terra eum collocare sed in caelo, sic postea meliore fide vel intellegentia magis eum in animis iustorum quam in peccatorum requirant. Recte ergo intellegitur quod dictum est: *Pater noster qui es in caelis*, in cordibus iustorum esse dictum tamquam in templo sancto suo. Simul etiam ut qui orat, in se quoque ipso velit habitare quem invocat; et cum hoc affectat, teneat iustitiam, quo munere invitatur ad inhabitandum animum Deus.

19. Iam videamus quae sint petenda! Dictum est enim, qui sit qui petitur et ubi habitet. Primum autem omnium quae petuntur hoc est: *Sanctificetur nomen tuum*. Quod non sic petitur, quasi non sit sanctum nomen Dei, sed ut sanctum habeatur ab hominibus, id est ita illis innotescat Deus, ut non existiment aliquid sanctius, quod magis offendere timeant. Neque enim quia dictum est: *Notus in Iudaea Deus, in Israel magnum nomen eius*, sic intellegendum est, quasi alibi minor sit Deus, alibi maior; sed ibi magnum est nomen eius, ubi pro suae maiestatis magnitudine nominatur. Ita ibi dicitur sanctum nomen eius, ubi cum veneratione et offensionis timore nominatur. Et hoc est quod nunc agitur, dum Evangelium adhuc usque per diversas gentes innotescendo commendat unius Dei nomen per administrationem filii eius.

VI

20. Deinde sequitur: *Adveniat regnum tuum*. Sicut ipse Dominus in Evangelio docet, tunc futurum esse iudicii diem, cum Evangelium

a belezas visíveis, e incapazes de conceber nada incorpóreo, creem antes que Deus está no céu e não na terra, pois que por certo têm em conta mais alta aquele que a esta. Desse modo, quando alguma vez chegarem a conhecer que a dignidade da alma supera até a dos corpos celestes,[6] acabarão por buscar a Deus mais na alma que no corpo, por mais que seja este o céu; e, quando conhecerem quanta distância há entre a alma dos pecadores e a dos justos, assim como não ousavam – quando ainda eram carnais – pô-Lo na terra, pondo-O antes no céu, assim depois – com melhor fé e inteligência – O buscarão a Ele antes na alma dos justos que na alma dos pecadores. Igualmente, quando se diz *Pai nosso, que estais no céu*, compreende-se que Ele está no coração dos justos como em seu templo santo, e, desse modo, o que reza acabará por suscitar em si mesmo o desejo de que habite nele Aquele a quem invoca, e, sentindo este afeto, cumprirá a justiça, com cujo oferecimento melhor se convida a Deus a habitar a alma.

19. Vejamos agora o que se há de pedir, já que até aqui não fiz senão expor quem é Aquele a quem pedimos, e qual é sua morada. Pois bem, o que primeiramente pedimos é isto: *Santificado seja o vosso nome*. Não o pedimos como se não fosse santo o nome de Deus, mas antes para que seja tido por santo pelos homens, ou seja, que de tal modo estes o conheçam, que não tenham nada por mais santo, nem a nada temam mais ofender. Não porque se disse: *Deus é conhecido na Judeia; grande é o seu nome em Israel* (Sl 75,1), é que se há de julgar que Deus é menor numa parte e maior noutra, senão que lhe é grande o nome onde quer que se refira em conformidade com a grandeza de sua majestade. Assim, diz-se santo o nome de Deus onde se pronuncia com veneração e com temor de ofendê-lo. E é precisamente isto o que se está verificando agora, quando o Evangelho, chegando aos mais diversos povos, impõe a seu respeito o nome de um só Deus, por ministério de seu Filho.

VI

20. E segue-se: *Venha a nós o vosso reino*. Como ensina o próprio Senhor no Evangelho, o dia do Juízo sucederá quando o Evangelho já tiver sido pregado a todas as gentes (Mt 24,14), o que tem que ver com

praedicatum fuerit in omnibus gentibus; quae res pertinet ad sanctificationem nominis Dei. Non enim et hic ita dictum est: *Adveniat regnum tuum*, quasi nunc Deus non regnet. Sed forte quis dicat *Adveniat* dictum esse in terram; quasi vero non ipse etiam nunc regnet in terra, semperque in ea regnaverit a constitutione mundi. *Adveniat* ergo accipiendum est: manifestetur hominibus. Quemadmodum enim etiam praesens lux absens est caecis et eis qui oculos claudunt, ita Dei regnum, quamvis numquam discedat de terris, tamen ignorantibus absens est. Nulli autem licebit ignorare Dei regnum, cum eius Unigenitus non solum intellegibiliter sed etiam visibiliter in homine dominico de caelo venerit iudicaturus vivos et mortuos. Post quod iudicium, id est cum discretio et separatio iustorum ab iniustis facta fuerit, ita inhabitabit iustos Deus, ut non opus sit quemquam doceri per hominem, sed sint *omnes*, ut scriptum est, *docibiles Deo*. Deinde beata vita omni ex parte perficietur in sanctis in aeternum, sicut nunc caelestes angeli sanctissimi atque beatissimi Deo solo illustrante sapientes et beati sunt, quia et hoc promisit Dominus suis: *In resurrectione erunt*, inquit, *sicut angeli in caelis*.

21. Et ideo post illam petitionem qua dicimus: *Adveniat regnum tuum*, sequitur: *fiat voluntas tua sicut in caelo et in terra*, id est sicut est in angelis, qui sunt in caelis voluntas tua, ut omnimodo tibi adhaereant teque perfruantur, nullo errore obnubilante sapientiam eorum, nulla miseria impediente beatitudinem illorum, ita fiat in sanctis tuis, qui in terra sunt, et de terra quod ad corpus attinet facti sunt, et quamvis in caelestem habitationem atque immutationem, tamen de terra assumendi sunt. Ad hoc respicit etiam illa angelorum praedicatio: *Gloria in excelsis Deo, et in terra pax hominibus bonae voluntatis*, ut cum praecesserit bona voluntas nostra, quae vocantem sequitur, perficiatur in nobis voluntas Dei, sicuti est in caelestibus angelis, ut nulla adversitas resistat nostrae beatitudini, quod est pax. Item *fiat voluntas tua* recte intellegitur: oboediatur praeceptis tuis, *sicut in caelo et*

a santificação do nome de Deus. Com efeito, não se diz aqui *Venha a nós o vosso reino* como se Deus não reinasse agora. Mas poderá alguém julgar que se diz *Venha* no sentido de vir à terra, como se Ele não reinasse igualmente na terra ou não tivesse reinado nela desde o começo do mundo. *Venha*, porém, é o mesmo que dizer *manifeste-se aos homens*. Assim como a luz presente está ausente para os cegos e para os que fecham os olhos, assim também o reino de Deus, embora nunca se ausente da terra, está porém ausente para os que o ignoram. Não obstante, ninguém ignorará o reino de Deus quando seu Unigênito, não só de maneira inteligível, mas também de maneira visível no homem do Senhor, vier do céu a julgar os vivos e os mortos.[7] Após o Juízo, ou seja, quando já tiverem sido diferençados e separados os justos e os injustos, de tal maneira habitará Deus nos justos, que não haverá necessidade de nenhum homem ser instruído por outro homem, senão que todos, como está escrito, *serão instruídos pelo Senhor* (Is 54,13; Jo 6,45). Depois, a vida bem-aventurada alcançará nos santos, para sempre, a perfeição total, como agora os santos e bem-aventurados anjos, pela só iluminação de Deus, são perfeitamente sábios e felizes, pois que isto é o que prometeu Deus aos seus: *Na ressurreição* – disse – *serão como os anjos de Deus no céu* (Mt 22,30).

21. Por isso, após pedir *Venha a nós o vosso reino*, pedimos: *Seja feita a vossa vontade, assim na terra como no céu*, ou seja, assim como vossa vontade se cumpre nos anjos que estão no céu, e que se unem totalmente a vós e desfrutam de vós, sem nenhum erro que lhes tolde a sabedoria, nem infelicidade nenhuma que lhes diminua a ventura, assim também aconteça em vossos santos que estão na terra, que foram feitos de terra quanto ao corpo e que hão de ser levados da terra, para entrar em vossa imutável e celeste morada. A isto também se referia aquele anúncio dos anjos: *Glória a Deus nas alturas, e paz na terra aos homens de boa vontade* (Lc 2,14),[8] para que, precedendo à nossa boa vontade, que segue a'O que a chama, se aperfeiçoe em nós a vontade de Deus como sucede nos anjos do céu, e para que nenhuma adversidade se nos oponha à felicidade, consistindo nisto a paz. *Seja feita a vossa vontade* há de interpretar-se: obedeça-se a vossos mandamentos, ou seja, como os anjos, também obedeçam a eles os homens. Faz-se a vontade de Deus quando se obedece a seus mandamentos, como afirma o próprio

in terra, id est sicut ab angelis ita ab hominibus. Nam fieri voluntatem Dei, cum obtemperatur praeceptis eius, ipse Dominus dicit, cum ait: *Meus cibus est ut faciam voluntatem eius qui me misit*, et saepe: *Non veni facere voluntatem meam, sed voluntatem eius qui me misit*; et cum ait: *Ecce mater mea et fratres mei. Et quicumque fecerit voluntatem Dei, hic mihi est frater et mater et soror*. Qui ergo faciunt voluntatem Dei, in illis utique fit voluntas Dei, non quia ipsi faciunt, ut velit Deus, sed quia faciunt quod ille vult, id est faciunt secundum voluntatem eius.

22. Est etiam ille intellectus: *Fiat voluntas tua sicut in caelo et in terra*: sicut in sanctis et iustis ita etiam in peccatoribus. Quod adhuc duobus modis accipi potest: sive ut oremus etiam pro inimicis nostris – quid enim aliud sunt habendi contra quorum voluntatem christianum et catholicum nomen augetur? –, ut ita dictum sit: *Fiat voluntas tua sicut in caelo et in terra*, tamquam si diceretur: Faciant voluntatem tuam sicut iusti ita etiam peccatores, ut ad te convertantur; sive ita: *Fiat voluntas tua sicut in caelo et in terra*, ut sua cuique tribuantur; quod fiet extremo iudicio, ut iustis praemium peccatoribus damnatio retribuatur, cum agni ab haedis separabuntur.

23. Ille etiam non absurdus, immo et fidei et spei nostrae convenientissimus intellectus est, ut caelum et terram accipiamus spiritum et carnem. Et quoniam dicit Apostolus: *Mente servio legi Dei, carne autem legi peccati*, videmus factam voluntatem Dei in mente, id est in spiritu. Cum autem absorta fuerit mors in victoriam, et mortale hoc induerit immortalitatem, quod fiet carnis resurrectione atque illa immutatione quae promittitur iustis secundum eiusdem Apostoli praedicationem, fiet voluntas Dei et in terra sicut in caelo; id est ut quemadmodum spiritus non resistit Deo sequens et faciens voluntatem eius, ita et corpus non resistat spiritui vel animae, quae nunc corporis infirmitate vexatur et in carnalem consuetudinem prona est. Quod erit summae pacis in vita aeterna, ut non solum velle adiaceat nobis sed etiam perficere bonum. *Nunc enim velle*, inquit,

Senhor: *A minha comida é fazer a vontade daquele que me enviou* (Jo 4,34). Di-lo amiúde: *Eu desci do céu, não para fazer a minha vontade, mas a vontade daquele que me enviou* (Jo 6,38). E igualmente o dá a entender pelas seguintes palavras: *Eis minha mãe e meus irmãos. Porque todo aquele que fizer a vontade de meu Pai, que está nos céus, esse é meu irmão e irmã e mãe* (Mt 12,49-50). Logo, naqueles que fazem a vontade de Deus, faz-se a vontade de Deus, não porque fazem que Deus o queira, mas porque fazem o que Ele quer, ou seja, obram segundo Sua única vontade.

22. Também se pode interpretar de outra maneira este pedido: *Seja feita a vossa vontade, assim na terra como no céu*, a saber, assim nos santos e justos como nos pecadores. E isto, por seu turno, pode entender-se de duas maneiras: ou que devemos rezar ainda por nossos inimigos (que outro nome podemos dar aos que se opõem à expansão do nome cristão e católico?), de sorte que ao dizermos *Seja feita a vossa vontade, assim na terra como no céu* signifiquemos isto: Façam a vossa vontade, como os justos, também os pecadores, para que se convertam a Vós; ou que dizemos *Seja feita a vossa vontade, assim na terra como no céu* para que se dê a cada um o que é seu, o que precisamente se fará no Juízo Final, quando serão premiados os justos e condenados os pecadores, tendo sido separados já os cordeiros dos cabritos.

23. Outra interpretação não equivocada, ou, mais ainda, em grande conformidade com nossa fé e com nossa esperança, é a que entende por céu e por terra o espírito e a carne. E, pelo dizer do Apóstolo: *Assim, pois, eu mesmo sirvo à lei de Deus com o espírito; e sirvo à lei do pecado com a carne* (Rm 7,25), vemos que a vontade de Deus se cumpre na mente, ou seja, no espírito, mas isto não se verificará inteiramente senão quando já tiver sido tragada a morte na vitória e quando já se tiver revestido de imortalidade o que é mortal (1Cor 15,54), o que sucederá com a ressurreição da carne e com a transformação que se promete aos justos, segundo a pregação do mesmo Apóstolo (1Cor 15,52). Seja feita a vontade de Deus, assim na terra como no céu: assim como o espírito não resiste a Deus, e segue e faz Sua vontade, assim o corpo não resista ao espírito ou alma, que, se agora é atormentada pela debilidade do corpo e está inclinada à vida carnal, já não o será na vida eterna, ou seja, quando, em meio de grande paz, se encontrar perfeitamente em nós não só o querer o bem, mas o cumpri-lo. *O querer [o bem]* –

adiacet mihi, perficere autem bonum non, quia nondum in terra sicut in caelo, id est nondum in carne sicut in spiritu facta est voluntas Dei. Nam et in miseria nostra fit voluntas Dei, cum ea patimur per carnem quae nobis mortalitatis iure debentur, quam peccando meruit nostra natura. Sed id orandum est, ut sicut in caelo et in terra fiat voluntas Dei, id est ut quemadmodum condelectamur legi Dei secundum interiorem hominem, ita etiam corporis immutatione facta huic nostrae delectationi nulla pars nostra terrenis doloribus seu voluptatibus adversetur.

24. Nec illud a veritate abhorret, ut accipiamus *Fiat voluntas tua sicut in caelo et in terra*: sicut in ipso Domino Iesu Christo ita et in Ecclesia, tamquam in viro, qui Patris voluntatem implevit, ita et in femina, quae illi desponsata est. Caelum enim et terra convenienter intellegitur quasi vir et femina, quoniam terra caelo fecundante fructifera est.

VII

25. Quarta petitio est: *Panem nostrum cotidianum da nobis hodie*. Panis cotidianus aut pro his omnibus dictus est quae huius vitae necessitatem sustentant, de quo cum praeciperet ait: *Nolite cogitare de crastino*, ut ideo sit additum: *Da nobis hodie*; aut pro sacramento corporis Christi, quod cotidie accipimus; aut pro spiritali cibo, de quo idem Dominus dicit: *Operamini escam quae non corrumpitur*, et illud: *Ego sum panis vitae, qui de caelo descendi*. Sed horum trium quid sit probabilius, considerari potest. Nam forte quispiam moveatur, cur oremus pro his adipiscendis quae huic vitae sunt necessaria, veluti est victus et tegumentum, cum ipse Dominus dicat: *Nolite solliciti esse quid edatis vel quid induamini*. An potest quisque de ea re pro qua adipiscenda orat non esse sollicitus, cum tanta intentione animi oratio dirigenda sit, ut ad hoc totum illud referatur quod de claudendis cubiculis

diz – *encontra-se ao meu alcance; mas não acho meio de fazê-lo perfeitamente* (Rm 7,18): isto se explica pelo fato de ainda não se ter feito a vontade de Deus assim na terra como no céu, ou seja, assim na carne como no espírito. E ainda com nossa miséria podemos cumprir a vontade de Deus, quando padecemos na carne o que por direito de mortalidade nos cabe, mortalidade que pelo pecado nossa natureza mereceu. Devemos todavia rezar porque se cumpra a vontade de Deus assim na terra como no céu, quer dizer: assim como nos comprazemos de coração com a lei segundo o homem interior (Rm 7,22), assim também, porque feita já a mudança de nosso corpo, não haja parte nenhuma em nós que se oponha àquele comprazimento em razão de dores ou de desfrutes terrenos.

24. Tampouco se opõe à verdade compreender as palavras *Seja feita a vossa vontade, assim na terra como no céu* deste modo: assim como em Nosso Senhor mesmo, assim também na Igreja; assim como no varão que cumpriu a vontade do Pai, assim também na mulher que se casou com ele, uma vez que o céu e a terra podem perfeitamente conceber-se, respectivamente, como homem e mulher, porque a terra é frutuosa mediante a fecundação do céu.

VII

25. O quarto pedido é: *O pão nosso de cada dia dai-nos hoje* (Mt 6,11). Por *pão nosso de cada dia* pode entender-se ou tudo o que nos é necessário para esta vida – com respeito à qual nos deu este preceito: *Não queirais, pois, andar [demasiadamente] inquietos pelo dia de amanhã* (Mt 6,34), e por isso acrescentou: *dai-nos hoje* –, ou o Sacramento do Corpo de Cristo que recebemos cada dia, ou ainda o alimento espiritual de que diz o mesmo Senhor: *Trabalhai não pela comida que perece* (Jo 6,27), e: *Eu sou o pão da vida que desci do céu* (Jo 6,41).[9] Convém, contudo, considerar qual desses três significados é o mais próprio. Perguntará talvez alguém: Por que temos de orar para conseguir o necessário à vida, como o alimento e o vestido, se o próprio Senhor nos disse: *Não andeis [demasiadamente] inquietos nem com o que [vos é preciso para] alimentar a vossa vida, nem com o que [vos é preciso para] vestir o vosso corpo* (Lc 12,22)? Por acaso podemos deixar de preocupar-nos com o que tentamos alcançar na oração, até porque devemos orar com tanta concentração

dictum est, et illud quod ait: *Quaerite primum regnum Dei, et haec omnia apponentur vobis*? Non ait utique: *Quaerite primum regnum Dei*, deinde ista quaerite, sed: *haec omnia*, inquit, *apponentur vobis*, scilicet etiam non quaerentibus. Quomodo autem recte dicatur non quaerere aliquis quod ut accipiat intentissime Deum deprecatur, nescio utrum inveniri queat.

26. De sacramento autem corporis Domini ut illi non moveant quaestionem, qui plurimi in orientalibus partibus, non cotidie cenae dominicae communicant, cum iste panis cotidianus dictus sit! Ut ergo illi taceant, neque de hac re suam sententiam defendant vel ipsa auctoritate ecclesiastica, quod sine scandalo ista faciunt, neque ab eis qui ecclesiis praesunt facere prohibentur, neque non obtemperantes damnantur! Unde probatur non hunc in illis partibus intellegi cotidianum panem; nam magni peccati crimine arguerentur qui ex eo cotidie non accipiunt. Sed ut de istis, ut dictum est, nihil in aliquam partem disseramus, illud certe debet occurrere cogitantibus, regulam nos orandi a Domino accepisse, quam transgredi non oportet vel addendo aliquid vel praetereundo. Quod cum ita sit, quis est qui audeat dicere semel tantum nos orare debere orationem dominicam, aut certe, etiam si iterum vel tertio, usque ad eam tamen horam qua corpori Domini communicamus, postea vero non sic orandum per reliquas partes diei? Non enim iam dicere poterimus: *Da nobis hodie* quod iam accepimus. Aut poterit quisque cogere ut etiam ultima diei parte sacramentum illud celebremus?

27. Restat igitur ut cotidianum panem accipiamus spiritalem, praecepta scilicet divina, quae cotidie oportet meditari et operari. Nam de ipsis Dominus dicit: *Operamini escam quae non corrumpitur.* Cotidianus autem iste cibus nunc dicitur, quam diu ista vita temporalis per dies decedentes succedentesque peragitur. Et re vera quam diu nunc in superiora nunc in inferiora, id est nunc in spiritalia nunc in

de espírito como nos dá a compreender o dito a respeito de fechar nosso quarto? E como conciliar isso com isto, que também disse Ele: *Buscai, pois, em primeiro lugar, o reino de Deus e a sua justiça, e todas estas coisas vos serão dadas por acréscimo* (Mt 6,33)? Certamente não diz: Buscai primeiro o reino de Deus, e buscai depois estas outras coisas; mas sim: *e todas estas coisas vos serão dadas por acréscimo*, ou seja, até sem buscá-las. Não vejo, porém, como se possa dizer com verdade que alguém não busca aquilo para cuja obtenção suplica instantemente a Deus.

26. Acerca do Sacramento do Corpo do Senhor, para que não se nos oponham os numerosos orientais que não comungam diariamente da ceia do Senhor, ao passo que este pão se diz o pão nosso *de cada dia*; para que não digam palavra em defesa de sua opinião neste ponto apoiando-se na própria autoridade eclesiástica, o que fazem sem escândalo e ainda com consentimento dos que lhes presidem às igrejas, os quais nem sequer os castigam quando desobedecem (o que prova que não é este o pão que entendem por cotidiano, porque, se o fosse, seriam tidos por grandes pecadores os que não o recebessem diariamente); para que neste assunto não nos pronunciemos em um sentido nem em outro, uma coisa há de compreender todo o que pensa: recebemos do Senhor um método de rezar que não devemos infringir, ou seja, não lhe devemos acrescentar nem suprimir nada. Assim, quem ousará dizer que devemos rezar uma só vez a oração dominical, ou, caso a rezemos duas ou três vezes, só até o momento de receber o Corpo de Cristo, permanecendo nas restantes horas do dia, portanto, sem fazê-lo, uma vez que não poderíamos dizer *dai-nos hoje* o que já hoje recebemos, a não ser que se nos exigisse celebrar no mesmo fim do dia aquele Sacramento?

27. Resta, portanto, que por *pão nosso de cada dia* entendamos o pão espiritual, ou seja, os mandamentos divinos que diariamente temos de meditar e cumprir. Deles diz o Senhor: *Trabalhai não pela comida que perece* (Jo 6,27). Chama-se *de cada dia* a este pão agora, enquanto perdura esta vida temporal ao longo de dias que se sucedem uns aos outros. E, em verdade, enquanto a alma se inclinar algumas vezes para as coisas do alto e outras vezes para as coisas de baixo, ou seja, agora para o espiritual e em seguida para o carnal, terá diariamente necessidade de nutrir-se deste pão, ora

carnalia animi affectus alternat, tamquam ei qui aliquando pascitur cibo, aliquando famem patitur, cotidie panis est necessarius, quo reficiatur esuriens et relabens erigatur. Sic itaque corpus nostrum in hac vita ante illam scilicet immutationem cibo reficitur, quia sentit dispendium, sic et animus, quoniam temporalibus affectibus quasi dispendium ab intentione Dei patitur, praeceptorum cibo reficitur. *Da nobis hodie* autem dictum est quamdiu dicitur hodie, id est in hac temporali vita. Sic enim cibo spiritali post hanc vitam saturabimur in aeternum, ut non tunc dicatur cotidianus panis, quia ibi temporis volubilitas, quae diebus dies succedere facit, unde appellatur cotidie, nulla erit. Ut autem dictum est: *Hodie si vocem eius audieritis*, quod interpretatur Apostolus in *epistula* quae est *ad Hebraeos*: *Quam diu dicitur hodie*, ita et hic accipiendum est: *Da nobis hodie*. Si quis autem etiam [illa quae] de victu corporis necessario vel de Sacramento Dominici corporis istam sententiam vult accipere, oportet ut coniuncte accipiantur omnia tria, ut scilicet cotidianum panem simul petamus et necessarium corpori et sacratum visibilem et invisibilem verbi Dei.

VIII

28. Sequitur quinta petitio: *Et dimitte nobis debita nostra, sicut et nos dimittimus debitoribus nostris*. Debita peccata dici manifestum est vel illo quod ait idem Dominus: *Non exies inde, donec solvas novissimum quadrantem*, vel illo quod debitores appellavit qui ei nuntiati sunt extincti, vel ruina turris vel quorum sanguinem sacrificio Pilatus miscuit. Dixit enim putare homines quod illi ultra modum debitores essent, id est peccatores, et addidit: *Amen dico vobis, nisi penitentiam egeritis, similiter moriemini*. Non hic ergo quisque urgetur pecuniam dimittere debitoribus, sed quaecumque in eum alius peccaverit. Nam pecuniam dimittere illo potius iubemur praecepto quod superius dictum est: *Si*

para saciar sua fome, ora para fortalecer-se após as quedas, do mesmo modo que aquele que algumas vezes se alimenta padece outras vezes fome. Por isso, assim como nosso corpo nesta vida, antes da transformação derradeira, tem de refazer-se com comida porque sofre desgaste, assim a alma, dado que sofre como que um desgaste em sua tendência para Deus, desgaste motivado pelos afetos temporais, é bom que recobre as forças com o manjar dos mandamentos. Diz-se *dai-nos hoje* enquanto se pode dizer *hoje*, ou seja, nesta vida temporal, porque, após esta vida, de tal sorte nos saciaremos para sempre do alimento espiritual, que então já nunca mais se dirá o pão *de cada dia*; então a marcha do tempo, que é o que faz que os dias se sucedam aos dias e que se possa dizer *diariamente*, será nula. E, assim como o Apóstolo, na Epístola aos Hebreus, interpreta este dizer: *Se hoje ouvirdes a sua voz* (Sl 94,8) como: *durante o tempo que se chama Hoje* (Hb 3,13), assim se deve entender, aqui, o *dai-nos hoje*. Se no entanto alguém quiser ver aí o alimento necessário para o corpo ou o Sacramento do Corpo do Senhor, convém que se entendam em conjunto estas três coisas, a saber: que ao pedir o pão *de cada dia* entendamos ao mesmo tempo o pão necessário para o corpo, o pão visível consagrado no Sacramento e o pão invisível da palavra de Deus.

VIII

28. Segue-se o quinto pedido: *Perdoai as nossas dívidas, assim como nós perdoamos aos nossos devedores* (Mt 6,12). É patente que por dívidas se compreendem aqui os pecados, como deu a entender o próprio Senhor por estas palavras: *Não sairás de lá antes de ter pagado o último quadrante* (Mt 5,26), e também por chamar devedores àqueles cuja morte, que Lhe fora anunciada, se dera ou pelo desabamento da torre,[10] ou porque Herodes[11] lhes misturara o sangue com o de seus próprios sacrifícios. Com efeito, disse Ele que, no próprio conceito dos homens, aqueles eram grandes devedores, ou seja, pecadores, mas acrescentou: *Se não fizerdes penitência, todos perecereis do mesmo modo* (Lc 13,5). Não se ordena, nesta passagem, que cada um perdoe a dívida aos devedores, mas sim qualquer pecado que outrem tenha cometido contra ele; porque ao perdão das dívidas se refere outro preceito, que já

quis tibi tunicam tollere voluerit et iudicio tecum contendere, dimitte illi et pallium. Nec ibi necesse est omni pecuniario debitori dimittere debitum, sed ei qui reddere noluerit, in tantum ut velit etiam litigare. *Servum autem Domini*, ut ait Apostolus, *non oportet litigare.* Qui ergo vel sponte vel conventus pecuniam debitam reddere noluerit, dimittenda illi est. Duas enim ob res nolet reddere, vel quod non habeat, vel quod avarus sit reique alienae cupidus. Utrumque autem pertinet ad inopiam; nam illa inopia est rei familiaris, haec animi. Quisquis itaque tali dimittit debitum, inopi dimittit opusque christianum operatur manente illa regula, ut in animo paratus sit amittere quod sibi debetur. Nam si modeste ac leniter omni modo egerit, ut sibi restituatur, non tam intendens fructum pecuniae quam ut hominem corrigat, cui sine dubio perniciosum est habere unde reddat et non reddere, non solum non peccabit sed proderit etiam plurimum, ne ille, dum alienam pecuniam lucrum facere vult, damnum fidei patiatur. Quod tanto est gravius, ut nulla sit comparatio. Ex quo intellegitur etiam in ista quinta petitione, qua dicimus: *Dimitte nobis debita nostra, sicut et nos dimittimus debitoribus nostris,* non de pecunia quidem dici, sed de omnibus quae in nos quisque peccat ac per hoc etiam de pecunia. Peccat namque in te qui tibi pecuniam debitam, cum habeat unde reddat, recusat reddere. Quod peccatum si non dimiseris, non poteris dicere: *Dimitte nobis, sicut et nos dimittimus*; si autem ignoveris, vides etiam de pecunia dimittenda admoneri eum cui tali prece orare praecipitur.

29. Illud sane tractari potest, ut quoniam dicimus: *Dimitte nobis, sicut et nos dimittimus,* tunc convincamur contra istam regulam fecisse, si eis non dimittamus qui veniam petunt, quia et nobis veniam petentibus a benignissimo Patre dimitti volumus. Sed illo rursus praecepto quo iubemur orare pro inimicis nostris non pro his iubemur qui veniam petunt. Iam enim qui tales sunt, inimici non sunt. Nullo modo autem quisquam vere dixerit orare se pro eo cui non ignoverit. Quapropter fatendum est omnia peccata dimittenda esse quae in nos admittuntur,

tratamos: *Ao que quer chamar-te a juízo e tirar-te a tua túnica, cede-lhe também a capa* (Mt 5,40). Mas nem sequer aqui se obriga a que perdoemos a dívida a todo e qualquer devedor pecuniário, mas tão só àquele que não quiser pagar a ponto de querer, ademais, opor-nos pleito: *Não convém que o servo do Senhor se ponha a litigar* (2Tm 2,24),[12] ou melhor, há que perdoar a dívida a todo o que nem voluntariamente nem por nenhum requerimento quer devolver o dinheiro que deve. E por dois motivos não o devolve: ou porque não o tem, ou porque é avaro e cobiçoso do alheio. Em ambos os casos, vê-se pobreza: no primeiro, de bens materiais; no segundo, de espírito. Quem quer, portanto, que perdoe uma dívida a um devedor como esses perdoa a um pobre e realiza obra cristã, segundo a regra que nos fala de estarmos dispostos a perder o que se nos deve; porque o que com discrição e suavidade tenta por todos os meios que lhe paguem, pretendendo não tanto o fruto do dinheiro quanto a correção do próximo – a quem, indubitavelmente, é pernicioso ter condições de pagar e não fazê-lo –, esse não só não peca, mas faz obra proveitosa, por evitar que quem se quer apoderar do dinheiro alheio padeça detrimento em sua fé, o que é tão grave, que nem sequer tem termo de comparação. Daí que possamos depreender que, quando neste quinto pedido dizemos: *Perdoai as nossas dívidas*, não se trata de dinheiro, mas de qualquer ofensa que se possa cometer contra nós, e consequentemente também em assunto pecuniário, porque peca contra ti o que, tendo dinheiro, se recusa a pagar-te o que deve. E, se não perdoares esta ofensa, não poderás dizer: *Perdoai-nos... assim como nós perdoamos*. Se porém a perdoares, compreenderás que deve perdoar qualquer dívida pecuniária todo aquele a quem se preceitua rezar esta prece.

29. Temos igualmente de persuadir-nos de que, se dizemos *Perdoai as nossas dívidas, assim como nós perdoamos*, agiremos contra esta mesma norma se não perdoarmos aos que nos pedem perdão, uma vez que também nós queremos que, pedindo-o nós, no-lo seja dado por nosso benigníssimo Pai. Mas não somos obrigados a orar pelos que nos pedem perdão em razão do preceito que nos ordena oremos pelos inimigos (Mt 5,44), uma vez que aqueles não o são. E ninguém andará com a verdade se disser que roga por aquele a quem não perdoou. Há que concluir, assim, que devemos perdoar qualquer ofensa que nos fizerem,

si volumus nobis a Patre dimitti quae admittimus. Nam de vindicta superius, ut arbitror, satis disputatum est.

IX

30. Sexta petitio est: *Et ne nos inferas in tentationem*. Nonnulli codices habent *inducas*, quod tantundem valere arbitror; nam ex uno graeco quod dictum est εἰσενέγκῃς utrumque translatum est. Multi autem in precando ita dicunt: *Ne nos patiaris induci in tentationem*, exponentes videlicet, quomodo dictum sit *inducas*. Non enim per se ipsum inducit Deus, sed induci patitur eum quem suo auxilio deseruerit ordine occultissimo ac meritis. Causis etiam saepe manifestis dignum iudicat ille quem deserat et in tentationem induci sinat. Aliud est autem induci in tentationem aliud tentari. Nam sine tentatione probatus esse nullus potest sive sibi ipse, sicut scriptum est: *Qui non est tentatus, qualia scit?*, sive alii, sicut Apostolus dicit : *Et tentationem vestram in carne mea non sprevistis.* Hinc enim eos firmos ipse cognovit, quod eis tribulationibus quae Apostolo secundum carnem acciderant non sunt a caritate deflexi. Nam Deo noti sumus et ante omnes tentationes, qui scit omnia antequam fiant.

31. Quod itaque scriptum est: *Tentat vos Dominus Deus vester, ut sciat si diligitis eum,* illa locutione positum est: *Ut sciat*, pro eo quod est: ut scire vos faciat; sicut diem laetum dicimus, quod laetos faciat, et frigus pigrum, quod pigros faciat, et innumerabilia huiusmodi, quae sive in consuetudine loquendi sive in sermone doctorum sive in Scripturis sanctis repperiuntur. Quod non intellegentes haeretici qui Veteri Testamento adversantur, velut ignorantiae vitio notandum putant eum de quo dictum est: *Tentat vos Dominus Deus vester*, quasi in Evangelio de Domino scriptum non sit: *Hoc autem dicebat tentans eum; nam ipse sciebat quid esset facturus.* Si enim noverat cor eius quem tentabat, quid est quod voluit videre tentando? Sed profecto illud factum est

se queremos que o Pai nos perdoe as que cometemos. Quanto à vingança, já a tratamos mais acima, e, creio-o, suficientemente.[13]

IX

30. O sexto pedido é: *E não nos ponhais* [não nos deixeis cair] *em tentação* (Mt 6,13). Alguns códices dizem *induzais*, o que a meu ver quer dizer o mesmo, pois que os dois verbos procedem da mesma palavra grega: εἰσενέγκῃς. Alguns, ao rezar, dizem: *Não deixais que sejamos induzidos a tentação*, dando a entender não só que o verbo é *induzir*, mas também que Deus não induz diretamente senão que permite seja induzido aquele a quem, por inescrutável desígnio e de acordo com o que mereça, Ele priva de seu socorro. Por vezes são causas manifestas o que O leva a privar alguém de seu auxílio, e a permitir seja induzido a tentação. Uma coisa, no entanto, é ser induzido a tentação, e outra é ser tentado; porque ninguém que não tenha sofrido tentação pode ser provado nem a seus próprios olhos, como se confirma pelo que está escrito: *Que sabe aquele que não foi tentado?* (Eclo 34,11), nem aos olhos dos outros, como diz o Apóstolo: *E o que na minha carne era uma prova para vós, não o desprezastes nem rejeitastes* (Gl 4,13-14). Donde deduzir o Apóstolo que eles estavam firmes: não tinham declinado na caridade apesar das tribulações que teve ele de sofrer segundo a carne. Sim, porque Deus nos conhece ainda antes de sermos tentados, uma vez que conhece todas as coisas antes que aconteçam.

31. Quando se diz nas Escrituras: *O Senhor vosso Deus vos põe à prova, para saber se o amais* (Dt 13,3),[14] as palavras *para saber* equivalem a estas: *para vos fazer saber*; e assim também dizemos *dia alegre* em lugar de *dia que alegra*, ou *frio preguiçoso* em lugar de *frio que nos faz preguiçosos*, sucedendo o mesmo em incontáveis locuções que se dizem comumente ou que encontramos nos sermões dos doutores e nas Escrituras santas. Por não compreenderem isto, os hereges que se opõem ao Antigo Testamento tacham de ignorantes aqueles de quem se diz: *O Senhor vosso Deus vos põe à prova*, como se não se dissesse do Senhor no Evangelho: *Dizia, porém, isto para experimentá-lo, porque sabia o que havia de fazer* (Jo 6,6). Se portanto conhecia o coração daquele a quem tentava, que é o que queria saber ao tentá-lo? Fê-lo, por certo, para

ut ipse sibi notus fieret qui tentabatur, suamque desperationem condemnaret, saturatis turbis de pane Domini, qui eas non habere quod ederent existimaverat.

32. Non ergo hic oratur ut non tentemur, sed ut non inferamur in tentationem; tamquam si quispiam cui necesse est igne examinari non oret ut igne non contingatur, sed ut non exuratur. *Vasa enim figuli probat fornax, et homines iustos tentatio tribulationis.* Ioseph ergo tentatus est illecebra stupri, sed non est illatus in tentationem. Susanna tentata est, nec ipsa inducta vel illata in tentationem; multique alii utriusque sexus, sed Iob maxime. Cuius admirabilem stabilitatem in Deo Domino suo cum illi haeretici hostes Veteris Testamenti ore sacrilego irridere voluerint, illud prae ceteris ventilant, quod satanas petiverit eum tentandum. Quaerunt enim ab imperitis hominibus talia intellegere nequaquam valentibus, quomodo satanas cum Deo loqui potuerit, non intuentes – non enim possunt, cum superstitione et contentione caecati sunt – Deum non loci spatium mole corporis occupare; et sic alibi esse alibi non esse, aut certe hic partem habere aliam et alibi aliam, sed maiestate ubique praesto esse, non per partes divisum sed ubique perfectum. Quod si carnaliter intuentur quod dictum est: *Caelum mihi thronus est et terra scabellum pedum meorum*, cui loco et Dominus attestatur dicens: *Non iuretis neque per caelum, quia thronus Dei est, neque per terram, quia scabellum est pedum eius*, quid mirum si in terra diabolus constitutus ante pedes Dei stetit et coram illo aliquid locutus est? Nam quando illi valent intellegere nullam esse animam quamvis perversam, quae tamen ullo modo ratiocinari potest, in cuius conscientia non loquatur Deus? Quis enim scripsit in cordibus hominum naturalem legem nisi Deus? De qua lege Apostolus dicit: *Cum enim gentes, quae legem non habent, naturaliter quae legis sunt faciunt, hi legem non habentes ipsi sibi sunt lex; qui ostendunt opus legis scriptum in cordibus suis, contestante conscientia illorum et inter se invicem cogitationum accusantium aut etiam excusantium, in die qua iudicabit Deus occulta hominum.* Quapropter

que o que era tentado se conhecesse a si mesmo e condenasse sua própria desconfiança, ao ver saciadas as turbas pelo pão do Senhor, e após ter julgado que nada tinham elas que comer.

32. Não pedimos aqui, por conseguinte, que não sejamos tentados, e sim que não caiamos em tentação, assim como alguém que tivesse de padecer a pena do fogo pedisse não que não o tocassem as chamas, mas que não o queimassem. Assim como o forno prova os vasos do oleiro, assim a tentação e a tribulação o fazem ao homem justo (Eclo 27,6). José foi tentado pelo atrativo do comércio carnal ilícito; mas não caiu na tentação (Gn 39,7-12). Susana foi tentada; tampouco, porém, caiu na tentação (Dn 13,19-24). E assim sucedeu a muitos outros homens e mulheres. Em especial a Jó, cuja admirável confiança em Deus aqueles hereges hostis ao Antigo Testamento pretendem ridicularizar, contestando particularmente a passagem do Livro em que Satanás pede a Deus permissão para tentar aquele patriarca (Jó 9, 12). Perguntam tais hereges aos que por falta de instrução não podem compreender tais assuntos como pôde Satanás falar com Deus; não veem (pois não podem fazê-lo, uma vez que a superstição e o espírito de discórdia os cegam) que Deus não ocupa lugar nenhum com presença corpórea, de modo que não pode estar aqui e não ali, nem pode sequer uma parte d'Ele estar neste lugar e outra alhures; sua majestade está em todas as partes, e nunca dividida, mas perfeita em todo e qualquer lugar. E, se consideram com critério carnal estas palavras: *O céu é o meu trono, e a terra é o escabelo de meus pés* (Is 66,1), palavras que confirma o próprio Senhor, dizendo: *Não jureis de modo algum [sem motivo justo], nem pelo céu, porque é o trono de Deus, nem pela terra, porque é o escabelo de seus pés* (Mt 5,34-35), que há de estranho em que o diabo, prostrado por terra, se tenha posto aos pés de Deus e tenha falado diante d'Ele? Quando conseguirão compreender que não há alma, por perversa que seja, e desde que possa raciocinar de alguma forma, a cuja consciência não fale Deus? Quem escreveu no coração dos homens a lei natural senão Deus? Desta lei diz o Apóstolo: *Com efeito, quando os gentios, que não têm lei [escrita], fazem naturalmente as coisas que são da lei, esses, não tendo lei, a si mesmos servem de lei, e mostram que o que a lei ordena está escrito nos seus corações, dando-lhes testemunho a sua própria consciência e os pensamentos*

si omnis anima rationalis etiam cupiditate caecata tamen cum cogitat et ratiocinatur, quidquid in ea ratiocinatione verum est non ei tribuendum est sed ipsi lumini veritatis, a quo vel tenuiter pro sui capacitate illustratur, ut verum aliquid in ratiocinando sentiat, quid mirum si diaboli anima prava cupiditate perversa quidquid tamen verum de iusto viro cogitavit, cum eum tentare vellet, ipsius Dei voce, id est ipsius veritatis voce audisse perhibetur, quidquid autem falsum, illi cupiditati tribuitur qua diaboli nomen accepit? Quamquam etiam per creaturam corporalem atque visibilem Deus plerumque locutus est seu bonis seu malis, tamquam omnium Dominus et rector et pro cuiusque rei meritis ordinator: sicut per angelos, qui hominum quoque aspectibus apparuerunt, et per prophetas dicentes: Haec dicit Dominus. Quid ergo mirum si, quamquam non in ipsa cogitatione, per aliquam certe creaturam tali operi accommodatam Deus locutus cum diabolo dicitur?

33. Nec dignitatis esse arbitrentur et quasi iustitiae meritum quod cum illo Deus locutus est, quoniam locutus est cum anima angelica quamquam stulta et cupida, tamquam si loqueretur cum anima humana stulta et cupida. Aut ipsi dicant, quomodo locutus est Deus cum illo divite, cuius cupiditatem stultissimam arguere voluit, dicens: *Stulte, hac nocte anima tua expostulatur a te; haec quae praeparasti cuius erunt?* Certe hoc ipse Dominus in Evangelio dicit, cui haeretici isti, velint nolint, colla submittunt. Si autem hoc moventur quod tentandum iustum satanas petit a Deo, non ego expono quare sit factum, sed ipsos cogo exponere, quare sit dictum in Evangelio ab ipso Domino discipulis: *Ecce satanas petit vexare vos quomodo triticum*, et Petro ait: *Ego autem postulavi ne deficiat fides tua.* Cum autem hoc exponunt mihi, simul illud quod a me quaerunt exponunt sibi. Si vero non valuerint hoc exponere, non audeant id quod in Evangelio sine offensione legunt, in aliquo libro cum temeritate culpare.

de dentro que os acusam, se fizerem o mal, ou também os defendem, se fizerem o bem. Isto se verá naquele dia em que Deus, segundo o meu Evangelho, há de julgar as coisas ocultas dos homens (Rm 2,14-16). E por isso, se toda e qualquer alma racional, apesar de enceguecida pela concupiscência, não deve quando pensa e raciocina atribuir-se a si o que há de verdade em seu raciocínio, senão à luz da verdade que há nela, iluminando-a, por mais ligeiramente que seja, para que perceba alguma verdade ao raciocinar,[15] que há de estranho em que a alma do diabo, perversa e depravada em seus desejos, nos seja mostrada a ouvir da voz de Deus mesmo, ou seja, a voz da verdade, o verdadeiro que pensou a respeito daquele varão justo, quando o quis tentar? O que todavia há de falso nesse julgamento atribua-se àquela malignidade por que recebeu ele o nome de diabo. Mas, como reitor e Senhor de todos e remunerador segundo os méritos de cada um, falou Deus a bons e a maus também por meio da criatura corpórea e visível, como os anjos que apareceram em forma humana, e como os profetas, cujas palavras eram: *Isto diz o Senhor.* Que há pois de admirarem dizer que Deus falou com o diabo, já não através do pensamento, mas de alguma criatura apropriada para tal fim?

33. E não se atribua a honra ou a mérito de justiça ter Deus falado com ele; porque falou com um espírito angélico, ainda que perverso e néscio, como se tivesse falado com uma alma humana perversa e néscia. Se assim não é, explique-se então como é que falou com aquele rico a quem quis censurar a insensatez perversa, dizendo: *Néscio, esta noite te virão demandar a tua alma; e as coisas que juntaste, para quem serão?* (Lc 12,20). O Senhor sentencia isto, indubitavelmente, no Evangelho, ante o qual tais hereges, ainda que a contragosto, têm de curvar a cerviz. Se, portanto, lhes parece inverossímil que Satanás tenha pedido a Deus para tentar um justo, não lhes irei explicar eu o porquê do fato, senão que exijo me expliquem eles por que no Evangelho disse o próprio Senhor aos discípulos: *Eis que Satanás vos reclamou com instância para vos joeirar como* [a] *trigo*, e a Pedro: *mas eu roguei por ti, para que a tua fé não falte* (Lc 22,31-32). Se eles me explicarem isto, explicar-se-ão a si mesmos, a um só tempo, o que me perguntam a mim; se no entanto não o podem explicar, não se atrevam a censurar temerariamente em outro livro o que sem dificuldade alguma admitem no Evangelho.

34. Fiunt igitur tentationes per satanan non potestate eius sed permissu Domini ad homines aut pro suis peccatis puniendos aut pro Dei misericordia probandos et exercendos. Et interest plurimum, in qualem quisque tentationem incidat. Non enim in talem incidit Iudas, qui vendidit Dominum, in qualem incidit Petrus, cum territus Dominum negavit. Sunt etiam humanae tentationes, credo, cum bono quisque animo, secundum humanam tamen fragilitatem in aliquo consilio labitur, aut irritatur in fratrem studio corrigendi, paulo tamen amplius quam christiana tranquillitas postulat. De quibus Apostolus dicit: *Tentatio vos non apprehendat nisi humana*, cum idem dicat: *Fidelis Deus, qui non vos sinat tentari supra quam potestis ferre, sed faciat cum tentatione etiam exitum, ut possitis tolerare.* In qua sententia satis ostendit non id nobis orandum esse ut non tentemur, sed ne in tentationem inducamur. Inducimur enim, si tales acciderint quas ferre non possumus. Sed cum tentationes periculosae, in quas inferri atque induci perniciosum est, aut prosperis rebus temporalibus aut adversis oriantur, nemo frangitur adversarum molestia, qui prosperarum delectatione non capitur.

35. Ultima et septima petitio est: *Sed libera nos a malo.* Orandum enim est, ut non solum non inducamur in malum quo caremus, quod sexto loco petitur, sed ab illo etiam liberemur quo iam inducti sumus. Quod cum factum fuerit, nihil remanebit formidolosum, nec omnino metuenda erit ulla tentatio. Quod tamen in hac vita, quam diu istam mortalitatem circumferimus, in quam serpentina persuasione inducti sumus, non sperandum est posse fieri; sed tamen aliquando futurum sperandum est, et haec est spes quae non videtur. De qua cum loqueretur Apostolus, ait: *Spes autem quae videtur non est spes.* Sed tamen sapientia quae in hac quoque vita concessa est fidelibus servis Dei non est desperanda. Ea est autem, ut id quod Domino revelante fugiendum esse intellexerimus cautissima vigilantia fugiamus, et id quod Domino revelante appetendum esse intellexerimus

34. Assim, tenta Satanás os homens não por seu próprio poder, mas com permissão de Deus, permissão que se dá quer para que os homens sejam punidos por seus próprios pecados, quer para que sejam provados e experimentados de acordo com a misericórdia do Senhor. E importa muito distinguir as tentações em que se pode cair; porque não caíram na mesma tentação Judas, que vendeu o Senhor, e Pedro, que o negou por temor. Há também tentações que são meramente humanas, como sucede quando alguém, com boa intenção, dá um mau passo, derrotado pela fraqueza humana; ou quando pelo desejo de corrigir o irmão alguém se encoleriza contra ele além do que permite a tranquilidade cristã. Com respeito a tudo isso diz o Apóstolo: *Ainda não vos surpreendeu nenhuma tentação que não fosse [proporcionada à fraqueza] humana*, e acrescenta: *e Deus é fiel, o qual não permitirá que sejais tentados além do que podem as vossas forças, antes fará que tireis ainda vantagem da mesma tentação, para a poderdes suportar* (1Cor 10,13). Dá-nos a entender claramente por estas palavras que devemos pedir não que não sejamos tentados, senão que não caiamos em tentação. E caímos quando a tentação é tal, que não podemos resisti-la a ela. Como porém as tentações perigosas, ou seja, aquelas em que é pernicioso cair, nascem ou da prosperidade ou da adversidade temporais, não poderá ser vencido pelo sofrimento na adversidade o que não se deixar dominar pelo gozo na prosperidade.

35. O sétimo e último pedido é: *Mas livrai-nos do mal* (Mt 6,13). De fato, temos de rezar não somente para ser preservados do mal que não padecemos, o que fazemos no sexto pedido, mas também para ser livrados do mal que já nos afeta. Conseguido isto, já nada teremos que temer, nem haveremos de preocupar-nos com nenhuma outra tentação, o que porém não é para esperar alcancemos de todo nesta vida, enquanto nos cinja esta mortalidade em que caímos por persuasão da serpente; não obstante, devemos esperar que a alcancemos algum dia, sendo esta justamente a esperança que não se vê, aquela em oposição à qual diz o Apóstolo: *Ora, a esperança que se vê não é esperança* (Rm 8,24). Mas os servos de Deus não devem desconfiar da sabedoria que ainda neste mundo é possível alcançar. Consiste ela em fugir, com vigilância prudente, do que pela revelação do Senhor entendamos devemos fugir, e em abraçar, com caridade ardentíssima, o que pela mesma revelação entendamos devemos abraçar. Desse modo, quando pela

flagrantissima caritate appetamus. Ita enim reliquo mortalitatis huius onere ipsa morte deposito ex omni hominis parte opportuno tempore perficietur beatitudo, quae in hac vita inchoata est, et cui capessendae atque obtinendae aliquando nunc omnis conatus impenditur.

X

36. Sed harum septem petitionum consideranda et commendanda distinctio est. Nam cum vita nostra temporaliter nunc agatur atque speretur aeterna, et cum aeterna priora sint dignitate, quamvis temporalibus prius actis ad illa transeatur, trium primarum petitionum impetrationes, quamquam in hac vita quae isto saeculo agitur, exordium capiant – nam et sanctificatio nominis Dei ab ipso humilitatis Domini adventu agi coepit; et adventus regni eius, quo in claritate venturus est, non iam finito saeculo sed in fine saeculi manifestabitur; et perfectio voluntatis eius, sicut in caelo et in terra, sive iustos et peccatores caelum et terram intellegas, sive spiritum et carnem, sive Dominum et Ecclesiam, sive omnia simul, ipsa perfectione nostrae beatitudinis et ideo saeculi terminatione complebitur-, tamen omnia tria in aeternum manebunt. Nam et sanctificatio nominis Dei sempiterna est, et regni eius nullus est finis, et perfectae nostrae beatitudini aeterna vita promittitur. Permanebunt ergo ista tria consummata atque cumulata in illa vita quae nobis promittitur.

37. Reliqua vero quattuor quae petimus ad temporalem istam vitam pertinere mihi videntur. Quorum primum est: *Panem nostrum cotidianum da nobis hodie.* Hoc ipso enim, quod dictus est cotidianus panis – sive spiritalis significetur sive in sacramento aut in victu iste visibilis –, ad hoc tempus pertinet, quod appellavit hodie; non quia spiritalis cibus non est sempiternus, sed quia iste, qui cotidianus dictus est in Scripturis, sive in strepitu sermonis, sive quibusque temporalibus signis exhibetur animae, quae omnia tunc utique non erunt, cum erunt

própria morte se tiver despojado o homem da restante carga de mortalidade, gozará ele em tempo oportuno, e de modo perpétuo, e sem reserva, a felicidade perfeita apenas começada nesta vida, felicidade para cuja posse se envidam agora todos os esforços.

X

36. Deve-se porém considerar e recomendar, entre estes sete pedidos, uma distinção. Sim, porque, sendo temporal nossa vida enquanto esperamos a eterna, e sendo as coisas eternas anteriores em dignidade, conquanto a elas cheguemos após passar pelas transitórias, a realização dos três primeiros pedidos, ainda que tenha início já na vida deste século, não se rematará, porém, senão na eternidade. A santificação do nome de Deus, com efeito, começou a dar-se com a humilde vinda do Senhor; e o advento de seu reino, que há de chegar com claridade, não se dará neste século finito, mas ao fim dos tempos; e a perfeição de sua vontade assim na terra como no céu – compreenda-se por céu e por terra ou os justos e os pecadores, ou o espírito e a carne, ou o Senhor e a Igreja, ou tudo isto concomitantemente – não ocorrerá senão com a mesma perfeição de nossa felicidade e, por conseguinte, também ao fim deste século. Sim, porque a santificação do nome de Deus será sempiterna, e seu reino não terá fim, e nossa felicidade perfeita terá, como prometido, duração eterna. Permanecerão assim estas três coisas, concomitantemente consumadas, na vida que se nos prometeu.

37. Os quatro pedidos restantes, a meu ver, têm que ver com esta vida temporal. O primeiro é: *O pão nosso de cada dia dai-nos hoje*. O simples fato de este pão dizer-se *de cada dia*, refira-se ele ou ao alimento espiritual, ou ao alimento sacramental, ou ao alimento corpóreo e visível, já implica que pertence ao tempo atual, a que Cristo chama *hoje*, e, se o digo, não é porque o alimento espiritual não seja sempiterno, mas sim porque este que nas Escrituras se diz *de cada dia* se mostra à alma por som de palavra ou por qualquer outro signo material, coisas essas que não haverá quando *todos forem instruídos pelo Senhor* (Is 54,13),[16] e quando todos perceberem a inefável luz da verdade já não por movimentos corporais significantes, mas tão

omnes docibiles Deo et ipsam ineffabilem lucem veritatis non motu corporum significantes sed puritate mentis haurientes. Nam fortasse propterea et panis dictus est non potus, quia panis frangendo atque mandendo in alimentum convertitur, sicut Scripturae aperiendo et disserendo animam pascunt, potus autem paratus sicuti est transit in corpus, ut isto tempore panis sit veritas, cum cotidianus panis dicitur, tunc autem potus, cum labore nullo disputandi et sermocinandi quasi frangendi atque mandendi, opus erit sed solo haustu sincerae ac perspicuae veritatis. Et peccata nobis nunc dimittuntur et nunc dimittimus, quae harum quattuor reliquarum secunda petitio est; tunc autem nulla erit venia peccatorum, quia nulla peccata. Et tentationes temporalem istam vitam infestant; non autem erunt, cum perfectum erit quod dictum est: *Abscondes eos in abscondito vultus tui*. Et malum, a quo liberari optamus, et ipsa liberatio a malo ad hanc utique vitam pertinet, quam et iustitia Dei mortalem meruimus, et unde ipsius misericordia liberamur.

XI

38. Videtur etiam mihi septenarius iste numerus harum petitionum congruere illi septenario numero ex quo totus iste sermo manavit. Si enim timor Dei est quo beati sunt pauperes spiritu, quoniam ipsorum est regnum caelorum, petamus ut sanctificetur in hominibus nomen Dei timore casto permanente in saecula saeculorum. Si pietas est qua beati sunt mites, quia ipsi haereditate possidebunt terram, petamus ut veniat regnum eius sive in nos ipsos, ut mitescamus nec ei resistamus, sive de caelo in terram in claritate adventus Domini, quo nos gaudebimus et laudabimur dicente illo: *Venite, benedicti Patris mei, accipite regnum, quod vobis paratum est ab origine mundi. In Domino* enim, inquit propheta, *laudabitur anima mea, audiant mites et iocundentur*. Si scientia est qua beati sunt qui lugent, quoniam ipsi consolabuntur, oremus ut fiat voluntas eius sicut in caelo et in

só pelo puro ato da mente. Ademais, chamou-se-lhe justissimamente pão e não bebida, porque o pão se muda em alimento depois de partido e mastigado, assim como as Escrituras são alimento para a alma depois de seu sentido ser desentranhado e explicado, enquanto a bebida, uma vez preparada, passa tal como está para o corpo; de maneira que agora a verdade é como o pão que se diz *de cada dia*, mas depois será como a bebida, quando já não houver necessidade nenhuma de disputas nem de sermões, como de partir nem de mastigar, bastando a simples contemplação da verdade pura e fulgurante, como se se tratasse de mero abrir a boca para a ingestão da bebida. Agora os pecados ou ofensas nos são perdoados, e perdoamo-los nós também, como se vê pelo segundo pedido destes quatro últimos; então, todavia, já não se necessitará de perdão nenhum, simplesmente porque não haverá pecados. Agora as tentações nos infestam a vida temporal; todas, contudo, desaparecerão quando se cumprir o dito: *Tu os esconderás no secreto da tua face* (Sl 30,21).[17] O mal de que desejamos ver-nos livres e esta própria libertação pertencem a esta vida, que por justiça de Deus é mortal, e de que por sua misericórdia somos libertos.

XI

38. Parece-me a mim, também, que o número sete deste conjunto de pedidos está em concordância com o número sete que deu origem a todo este sermão. Sim, porque, se o *temor* de Deus é o que beatifica os pobres em espírito, porque deles é o reino dos céus, peçamos que seja santificado entre os homens o nome mesmo de Deus, com temor puro e permanente, por todos os séculos dos séculos (Sl 18,10). Se é a *piedade* o que beatifica os mansos, porque possuirão a terra, peçamos que venha seu reino, ou para nós, a fim de que sejamos mansos e não nos oponhamos a ele, ou do céu para a terra na claridade da vinda do Senhor, na qual nos rejubilaremos e seremos exaltados, quando Ele nos disser: *Vinde, benditos de meu Pai, possuí o reino que vos está preparado desde o princípio do mundo* (Mt 25, 34); porque *no Senhor*, diz o Profeta, *se gloriará a minha alma. Ouçam-no os humildes, e alegrem-se* (Sl 33,2). Se a *ciência* é o que beatifica os que choram, porque serão consolados, peçamos que se faça sua vontade assim na terra como no céu,

terra, quia cum corpus tamquam terra, spiritui tamquam caelo, summa et tota pace consenserit, non lugebimus; nam nullus alius huius temporis luctus est, nisi cum adversum se ista confligunt et cogunt nos dicere: *Video aliam legem in membris meis repugnantem legi mentis meae*, et luctum nostrum lacrimosa voce testari: *Miser ego homo, quis me liberabit de corpore mortis huius?* Si fortitudo est qua beati sunt qui esuriunt et sitiunt iustitiam, quia ipsi saturabuntur, oremus ut panis noster cotidianus detur nobis hodie, quo fulti atque sustentati ad plenissimam illam saturitatem venire possimus. Si consilium est quo beati sunt misericordes, quoniam ipsorum miserebitur, dimittamus debita debitoribus nostris, et oremus ut nobis nostra dimittantur. Si intellectus est quo beati sunt mundicordes, quoniam ipsi Deum videbunt, oremus non induci in tentationem, ne habeamus duplex cor non appetendo simplex bonum, quo referamus omnia quae operamur, sed simul temporalia et aeterna sectando. Tentationes enim de his rebus quae graves et calamitosae videntur hominibus, non in nos valent, si non valeant illae quae blanditiis earum rerum accidunt, quas homines bonas et laetandas putant. Si sapientia est qua beati sunt pacifici, quoniam ipsi filii Dei vocabuntur, oremus ut liberemur a malo; ipsa enim liberatio liberos nos faciet, id est filios Dei, ut spiritu adoptionis clamemus: *Abba, Pater!*

39. Sane non neglegenter praetereundum est, quod ex omnibus his sententiis, quibus nos Dominus orare praecepit, eam potissimum commendandam esse iudicavit quae pertinet ad dimissionem peccatorum in qua nos misericordes esse voluit, quod unum est consilium miserias evadendi. In nulla enim alia sententia sic oramus, ut quasi paciscamur cum Deo; dicimus enim: *Dimitte nobis, sicut et nos dimittimus*. In qua pactione si mentimur, totius orationis nullus est fructus. Sic enim dicit: *Si enim dimiseritis hominibus peccata eorum, dimittet vobis et Pater vester qui in caelis est. Si autem non dimiseritis hominibus, neque Pater vester dimittet vobis delicta vestra*.

porque, quando o corpo – que é a terra – se submeter ao espírito – que é o céu – em suprema e plena paz, já não choraremos, pois que não há outro pranto nesta vida temporal senão quando a matéria e o espírito lutam entre si até obrigar-nos a dizer: *Vejo nos meus membros outra lei que se opõe à lei do meu espírito*, e a expressar com voz lacrimosa nosso pranto: *Infeliz de mim! Quem me livrará deste corpo [em que habita o pecado, que é causa] de morte [espiritual]?* (Rm 7,23-24). Se a *fortaleza* é o que beatifica os que têm fome e sede de justiça, porque serão saciados, rezemos para que o pão nosso de cada dia nos seja dado hoje, e para que, confortados e sustentados por ele, possamos chegar àquela saciedade plena. Se o *conselho* é o que beatifica os misericordiosos, porque alcançarão misericórdia, perdoemos as dívidas aos nossos devedores, e supliquemos que nos sejam perdoadas as nossas. Se a *inteligência* é o que beatifica os limpos de coração, porque verão a Deus, supliquemos não sejamos postos em tentação para não cair na duplicidade de coração, que é o que se dá quanto buscamos o temporal e terreno e, ao mesmo tempo, deixamos de desejar o Bem simples, que deveria ser o fim de todas as nossas ações; porque não prevalecerão contra nós as tentações que aos olhos dos homens parecem graves e calamitosas, se não prevalecerem as procedentes dos sedutores afagos de todas essas coisas que os homens consideram alegres e boas. Se a *sabedoria* é o que beatifica os pacíficos, porque serão chamados filhos de Deus, supliquemos que sejamos libertos de todo o mal, pois esta mesma libertação nos torna livres, ou seja, filhos de Deus, para que com espírito de adoção clamemos: *Abba, Pai* (Gl 4,6; Rm 8,15).

39. Não nos deve passar despercebido que, de todas estas frases com que nos mandou rezar o Senhor, julgou Ele que a referente ao perdão dos pecados é a que mais nos havia de recomendar; nela nos exorta a que sejamos misericordiosos, o que é a única forma de nos livrarmos de nossas misérias. Não é senão nesta frase que rezamos fazendo um pacto com Deus, pois que aqui dizemos: *Perdoai-nos como nós perdoamos*. Se mentimos ao fazer tal pacto, acabamos por anular todo o fruto da oração. Sim, porque Ele pronuncia as palavras seguintes: *Porque, se vós perdoardes aos homens as suas ofensas, também vosso Pai celeste vos perdoará os vossos pecados. Mas, se não perdoardes aos homens, tampouco vosso Pai vos perdoará os vossos pecados* (Mt 6,14-15).

XII

40. Sequitur de ieiunio praeceptum pertinens ad eamdem cordis mundationem, de qua nunc agitur. Nam et in hoc opere cavendum est, ne subrepat aliqua ostentatio et appetitus laudis humanae, qui duplicet cor et non sinat mundum et simplex esse ad intellegendum Deum. *Cum autem ieiunatis, inquit, nolite fieri sicut hypocritae tristes; exterminant enim vultum suum, ut videantur hominibus ieiunantes. Amen dico vobis, perceperunt mercedem suam. Vos autem ieiunantes ungite capita vestra, et facies vestras lavate, ne videamini hominibus ieiunantes sed Patri vestro qui est in abscondito; et Pater vester, qui videt in abscondito reddet vobis.* Manifestum est his praeceptis omnem nostram intentionem in interiora gaudia dirigi, ne foris quaerentes mercedem huic saeculo conformemur, et amittamus promissionem tanto solidioris atque firmioris quanto interioris beatitudinis, qua nos elegit Deus conformes fieri imaginis Filii eius.

41. In hoc autem capitulo maxime animadvertendum est non in solo rerum corporearum nitore atque pompa sed etiam in ipsis sordibus luctuosis esse posse iactantiam et eo periculosiorem, quo sub nomine servitutis Dei decipit. Qui ergo immoderato cultu corporis atque vestitus vel ceterarum rerum nitore praefulget, facile convincitur rebus ipsis pomparum saeculi esse sectator nec quemquam fallit dolosa imagine sanctitatis; qui autem in professione christianitatis inusitato squalore ac sordibus intentos in se hominum oculos facit, cum id voluntate faciat non necessitate patiatur, ceteris eius operibus potest conici, utrum hoc contemptu superflui cultus an ambitione aliqua faciat, quia et sub ovina pelle cavendos lupos Dominus praecepit. Sed *ex fructibus* inquit, *eorum cognoscetis eos.* Cum enim coeperint aliquibus tentationibus ea ipsa illis subtrahi vel negari quae isto velamine vel consecuti sunt vel consequi cupiunt, tunc necesse est appareat, utrum lupus in ovina pelle sit an ovis in sua. Non enim propterea ornatu superfluo debet aspectus hominum mulcere christianus, quia illum parcum habitum ac necessarium etiam simulatores saepe usurpant,

XII

40. Segue-se o preceito acerca do jejum, que também é parte da limpeza do coração que agora tratamos, porque igualmente temos de precaver-nos, ao praticá-lo, porque não nos tome de assalto nenhum desejo de ostentação nem de louvor humano, desejo que nos introduziria a duplicidade no coração, impedindo-o de ser limpo e simples para compreender a Deus: *E, quando jejuais, não queirais fazer-vos tristes como os hipócritas; porque eles desfiguram os seus rostos para mostrar aos homens que jejuam. Na verdade vos digo que [já] receberam a sua recompensa. Mas tu, quando jejuas, unge a tua cabeça e lava o teu rosto, a fim de que não pareças aos homens que jejuas, mas a teu Pai, que está presente ao [que há de mais] secreto, e teu Pai, que vê o secreto, te dará a recompensa* (Mt 6,16-18). Depreende-se destas palavras que toda a nossa intenção há de voltar-se para o gozo interior, sem que, buscando um prêmio exterior, adiramos a este século e percamos a promessa da bem-aventurança, a qual será tão mais firme e sólida quão mais interna for, e em virtude da qual nos elegeu Deus para que nos tornássemos conformes à imagem de seu Filho (Rm 8,29).

41. Neste capítulo, porém, devemos observar sobretudo que a ostentação se manifesta não somente no brilho e aparato das coisas do corpo, mas igualmente no mais lastimável desleixo, e que é tão mais perigoso quão mais engana sob o nome de serviço de Deus. Sim, porque quem sobressai pelo descomedido cuidado do corpo e pelo luxo do vestido e de outros objetos facilmente pode convencer-se, por essas mesmas coisas, de que efetivamente é adepto da pompa deste mundo, sem enganar a ninguém com a falsa aparência de santidade; se todavia alguém professa o cristianismo atraindo para si os olhos alheios por sua sujeira e por sua miséria incomuns, não por necessidade, mas por vontade, poder-se-á conjecturar por suas outras obras se assim procede por desprezo do supérfluo ou por qualquer ambição; porque nos ensina o Senhor que nos devemos precaver também dos lobos em pele de ovelha; mas – diz Ele – *pelos seus frutos os conhecereis* (Mt 7,16). Porque, quando, ao cederem a algumas tentações, lhes começar a subtrair-se ou a negar-se o mesmo que com tal aparência tinham conseguido ou pretendiam conseguir, aparecerá então, necessariamente, se havia lobos em pele de ovelha, ou ovelha sem sua própria pele. E nem pelo fato de os fingidores adotarem

ut incautos decipiant, quia et illae oves non debent deponere pelles suas, si aliquando eis lupi se conteguntur.

42. Quaeri ergo solet, quid sit quod ait: *Vos autem ieiunantes ungite capita vestra, et facies vestras lavate, ne videamini hominibus ieiunantes.* Non enim quispiam recte praeceperit, quamvis faciem cotidiana consuetudine lavemus, unctis etiam capitibus, cum ieiunamus, nos esse debere. Quod si turpissimum omnes fatentur, intellegendum est hoc praeceptum unguendi caput et faciem lavandi ad interiorem hominem pertinere. Ungere ergo caput ad laetitiam pertinet, lavare autem faciem ad munditiam; et ideo caput ungit qui laetatur interius mente atque ratione. Hoc enim recte accipimus caput quod in anima praeeminet et quo cetera hominis regi et gubernari manifestum est. Et hoc facit qui non foris quaerit laetitiam, ut de laudibus hominum carnaliter gaudeat. Caro enim, quae subiecta esse debet, nullo modo est totius naturae humanae caput. *Nemo quidem umquam carnem suam odio habuit*, sicut Apostolus dicit, cum de diligenda uxore praecipit; sed caput mulieris vir, cui viro caput est Christus. Interius ergo gaudeat in ieiunio suo eo ipso quo sic se ieiunando avertit a voluptate saeculi, ut sit subditus Christo, qui secundum hoc praeceptum caput unctum habere desiderat. Ita enim et faciem lavabit, id est cor mundabit, quo visurus est Deum, non interposito velamine propter infirmitatem contractam de sordibus sed firmus et stabilis, quoniam mundus et simplex. *Lavamini*, inquit, *mundi estote: auferte nequitias ab animis vestris atque a conspectu oculorum meorum.* Ab his igitur sordibus facies nostra lavanda est, quibus Dei aspectus offenditur. *Nos enim revelata facie gloriam Domini speculantes in eamdem imaginem transformabimur.*

43. Saepe etiam cogitatio necessariarum rerum ad istam vitam pertinentium sauciat et sordidat interiorem oculum nostrum et plerumque cor duplicat, ut ea quae videmur cum hominibus recte facere non eo corde faciamus quo Dominus praecepit, id est non

aparência humilde para seduzir os incautos deve o cristão buscar agradar com adorno supérfluo ao olhar dos outros: as ovelhas não devem desprender-se de sua pele só porque uma que outra vez os lobos se cobrem com ela.

42. Costuma-se perguntar o que Ele quer dar-nos a entender quando diz: *Mas tu, quando jejuas, unge a tua cabeça e lava o teu rosto, a fim de que não pareças aos homens que jejuas* (Mt 6,17-18). Não procederá bem o que ensinar que quando jejuamos, além de, como de costume, ter o rosto limpo, devemos igualmente ungir o cabelo. E, se todos têm isto por coisa vergonhosa, há de compreender-se o preceito de ungir o cabelo e lavar o rosto como dirigido ao homem interior. Por conseguinte, ungir a cabeça implica alegria, e lavar o rosto limpeza. Unge pois a cabeça o que interiormente se rejubila com alegria espiritual e racional. E neste sentido se compreende corretamente por cabeça o que, sobressaindo na alma, rege e governa de modo manifesto tudo o mais que há no homem. Faz isso o que não procura a alegria no exterior, o que não procura desfrutar carnalmente os louvores humanos. Sim, porque a carne, que é o que se deve sujeitar, de maneira nenhuma é a cabeça da natureza inteira do homem. *Ninguém*, certamente, *aborreceu jamais a sua própria carne* (Ef 5,29), como diz o Apóstolo ao tratar o amor devido à esposa; mas a cabeça da mulher é o varão, assim como a do varão é Cristo (1Cor 11,3).[18] Rejubile-se, portanto, de jejuar o que de acordo com este preceito quer ter ungida a cabeça, porque mediante o jejum se afasta dos prazeres do mundo, para ser súdito de Cristo. Assim também lavará o rosto, ou seja, limpará o coração, o que há de ver a Deus, sem nenhum véu da enfermidade contraída na imundícia, mas com a firmeza e a estabilidade que a limpeza e a simplicidade conferem. *Lavai-vos* – diz o Profeta – *purificai-vos, tirai de diante dos meus olhos a malícia dos vossos pensamentos* (Is 1,16). Essa sujeira que ofende o olhar de Deus, devemo-la, pois, expurgar do rosto, lavando-o; porque *todos nós (...), vendo de cara descoberta como num espelho a glória do Senhor, somos transformados na mesma imagem* (2Cor 3,18).

43. Amiúde até os pensamentos das coisas necessárias à vida nos enfraquecem e maculam a vida interior; e amiúde nos introduzem a duplicidade no coração, a ponto que o bem que fazemos aos homens, não o fazemos com o coração que Deus nos pede, quer dizer, fazemo-lo não porque os amamos, mas porque desejamos obter deles alguma vantagem para

quia eos diligimus, sed quia commodum ab eis aliquod propter necessitatem praesentis vitae adipisci volumus. Debemus autem bene facere illis propter salutem ipsorum aeternam non propter temporale commodum nostrum. Inclinet ergo Deus cor nostrum in testimonia sua et non in emolumentum! *Finis enim praecepti est caritas de corde puro et conscientia bona et fide non ficta.* Qui autem propter suam de hac vita necessitatem fratri consulit, non utique caritate consulit, quia non illi, quem debet tamquam se ipsum diligere, sed sibi consulit, vel potius nec sibi, quando quidem hinc sibi facit duplex cor quo impeditur ad videndum Deum in qua sola visione est beatitudo certa atque perpetua.

XIII

44. Recte ergo sequitur et praecipit qui mundando cordi nostro instat dicens: *Nolite vobis condere thesauros in terra, ubi tinea et comestura exterminant, et ubi fures effodiunt et furantur; thesaurizate autem vobis thesauros in caelo, ubi neque tinea neque comestura exterminant, et ubi fures non effodiunt nec furantur. Ubi enim est thesaurus tuus, ibi erit et cor tuum.* Ergo si in terra erit cor, id est si eo corde quisque operetur aliquid, ut terrenum commodum adipiscatur, quomodo erit mundum quod in terra volutatur? Si autem in caelo, mundum erit, quia munda sunt quaecumque caelestia. Sordescit enim aliquid, cum inferiori miscetur naturae, quamvis in suo genere non sordidae, quia etiam de puro argento sordidatur aurum, si misceatur. Ita et animus noster terrenorum cupiditate sordescit, quamvis ipsa terra in suo genere atque ordine munda sit. Caelum autem hoc loco non corporeum acceperim, quia omne corpus pro terra habendum est. Totum enim mundum debet contemnere qui sibi thesaurizat in caelo, in illo ergo caelo, de quo dictum est: *Caelum caeli Domino*, id est in firmamento spiritali. Non enim in eo quod transiet constituere et collocare debemus thesaurum nostrum et cor nostrum, sed in eo quod semper manet; *caelum* autem *et terra transient.*

atender às necessidades da vida presente. Não obstante, temos de fazer-lhes o bem por sua salvação eterna, não por nenhum proveito temporal nosso. Deus nos incline, portanto, o coração para seus ensinamentos, e não para a vantagem própria (Sl 68,36);[19] porque *o fim do preceito é a caridade nascida dum coração puro, e duma boa consciência, e duma fé não fingida* (1Tm 1,5). Quem todavia olha pelo irmão mas impelido pelas necessidades desta vida não o faz por caridade, uma vez que em verdade não olha por aquele a quem tem de amar como a si mesmo, mas por si mesmo, ou melhor, nem sequer por si mesmo, já que assim procedendo admite no coração uma duplicidade que o impede de ver a Deus, em cuja visão reside unicamente a bem-aventurança infalível e perpétua.

XIII

44. Insistindo nesta limpeza do coração, ordena-nos o Senhor em seguida: *Não queirais acumular para vós tesouros na terra, onde a ferrugem e a traça [os] consomem, e onde os ladrões [os] desenterram e roubam, mas entesourai para vós tesouros no céu, onde nem a ferrugem, nem a traça [os] consome, e onde os ladrões não [os] desenterram, nem roubam. Porque onde está o teu tesouro, aí está também o teu coração* (Mt 6,19). Logo, se estiver na terra o coração, ou seja, se alguém fizer algo com o coração voltado para obter algum bem terreno, como poderá estar limpo, se precisamente se revolve na terra? Se estiver no céu, estará limpo, pois que todo o celeste é limpo. Algo se suja quando se mistura com uma natureza inferior, ainda que esta não seja suja em seu gênero. Assim, o ouro mancha-se se se mistura com prata pura; assim também nossa alma se mancha com os desejos terrenos, ainda que a mesma terra seja limpa em seu gênero e em sua ordem. Por céu não havemos de entender aqui nada temporal, pois que todo o corpóreo é terra. Aquele que entesoura para si no céu deve desprezar o mundo todo.[20] E por isso devemos constituir e pôr nosso tesouro no céu de que se disse: *O mais alto dos céus é para o Senhor* (Sl 63,16), ou seja, no firmamento espiritual; não no que passará, mas no que permanecerá para sempre: *O céu e a terra passarão* (Mt 24,35).[21]

45. Et hic manifestat de mundando corde se cuncta ista praecipere, cum dicit: *Lucerna corporis tui est oculus tuus. Si ergo oculus tuus simplex fuerit, totum corpus tuum lucidum erit; si autem oculus tuus nequam est, totum corpus tuum tenebrosum erit. Si ergo lumen quod in te est, tenebrae sunt, tenebrae quantae?* Qui locus sic intellegendus est, ut noverimus omnia opera nostra tunc esse munda et placere in conspectu Dei, si fiant simplici corde, id est intentione in superna fine illo caritatis, quia et *plenitudo legis caritas.* Oculum ergo hic accipere debemus ipsam intentionem qua facimus quidquid facimus. Quae si munda fuerit et recta, et illud aspiciens quod aspiciendum est, omnia opera nostra, quae secundum eam operamur, necesse est bona sint. Quae opera omnia totum corpus appellavit, quia et Apostolus membra nostra dicit quaedam opera, quae improbat et mortificanda praecipit dicens: *Mortificate ergo membra vestra quae sunt super terram: fornicationem, immunditiam, avaritiam et cetera talia.*

46. Non ergo quid quisque faciat, sed quo animo faciat considerandum est. Hoc est enim lumen in nobis, quia hoc nobis manifestum est bono animo nos facere quod facimus: *Omne enim quod manifestatur lumen est.* Nam ipsa facta quae ad hominum societatem a nobis procedunt incertum habent exitum, et ideo tenebras eas vocavit. Non enim novi, cum pecuniam porrigo indigenti et petenti, quid inde aut facturus aut passurus sit; et fieri potest ut vel faciat ex ea vel propter eam patiatur aliquid mali, quod ego, cum darem, non evenire voluerim neque hoc animo dederim. Itaque si bono animo feci quod mihi, cum facerem, notum erat et ideo lumen vocatur, illuminatur etiam factum meum qualemcumque exitum habuerit. Qui exitus, quoniam incertus et ignotus est, tenebrae appellatae sunt. Si autem malo animo feci, etiam ipsum lumen tenebrae sunt. Lumen enim dicitur, quia novit quisque quo animo faciat, etiam cum malo animo facit. Sed ipsum lumen tenebrae sunt, quia non in superna dirigitur simplex intentio, sed ad inferiora declinatur et duplici corde quasi umbram facit. *Si ergo lumen quod in te est tenebrae sunt, tenebrae quantae?*, hoc est: Si ipsa cordis intentio qua facis quod facis, quae

45. Revela o Senhor, em seguida, que tudo quanto aqui é prescrito se dirige à limpeza do coração: *O teu olho é a lucerna do teu corpo. Se o teu olho for são, todo o teu corpo terá luz. Mas, se o teu olho for defeituoso, todo o teu corpo estará em trevas. Se pois a luz que há em ti é trevas, quão grandes não serão as próprias trevas!* (Mt 6,22-23). O sentido deste passo é que nos temos de persuadir de que todas as nossas obras serão limpas e agradáveis aos olhos de Deus se forem feitas com coração simples, ou seja, com intenção sobrenatural e com o fim da caridade, uma vez que *o amor é o cumprimento da lei* (Rm 13,10).[22] Por olho entendamos aqui a mesma intenção com que fazemos todas as nossas obras; se é limpa e reta, e olha para o que deve olhar, todas as nossas obras inspiradas por ela serão necessariamente boas. Ao conjunto destas obras chama Ele corpo, assim como o Apóstolo chama a certas obras, que censura, membros nossos, mandando que os mortifiquemos: *Mortificai, pois, os vossos membros terrenos: a fornicação, a impureza, (...) a avareza* (Cl 3,5) e outros que tais.

46. Assim, não se deve levar em conta o que fazemos, mas sim com que intenção o fazemos. Para nós a intenção é como uma luz, pois nos manifesta que fazemos com boa intenção o que fazemos; porque tudo quanto se manifesta é luz (Ef 5,13). As ações, porém, que procedem de nós para nossos semelhantes têm fim incerto, e por isso chamou-lhes Cristo trevas. Com efeito, não sei, quando dou esmola ao necessitado ou ao que pede, o que haverá de fazer ou sofrer por ela. Pode acontecer que com ela faça algo mau, ou que por causa dela sofra algum mal, o que ao dar-lha eu não desejava, dando-lha, pois, não com tal intenção. E, assim, se agi com boa intenção, ela me era conhecida enquanto eu agia, e por isso é chamada luz; e também me fica iluminada a obra, seja qual for seu resultado; mas este resultado, por incerto e por desconhecido, é chamado trevas. Diz-se luz porque sabe cada um com que intenção age, ainda que seja esta má; a própria luz, no entanto, são trevas quando não se dirige ao alto com intenção simples, senão que se inclina para o baixo, produzindo uma sombra oriunda da duplicidade do coração: *Se pois a luz que há em ti é trevas, quão grandes não serão as próprias trevas!* (Mt 6,23). Ou seja, se a própria intenção do coração, a intenção com que fazes o que fazes, e que te é conhecida, for maculada e enceguecida

tibi nota est, sordidatur appetitu rerum terrenarum et temporalium atque caecatur, quanto magis ipsum factum, cuius incertus est exitus, sordidum et tenebrosum est, quia et si bene alicui proveniat quod tu non recta et munda intentione facis, quomodo tu feceris tibi imputatur, non quomodo illi provenerit.

XIV

47. Quod autem sequitur et dicit: *Nemo potest duobus dominis servire*, ad hanc ipsam intentionem referendum est, quod consequenter exponit dicens: *Aut enim unum odio habebit et alterum diliget, aut alterum patietur et alterum contemnet.* Quae verba diligenter consideranda sunt. Nam qui sunt duo domini, deinceps ostendit cum dicit: *Non potestis Deo servire et mammonae. Mammona* apud Hebraeos divitiae appellari dicuntur. Congruit et punicum nomen; nam lucrum punice *mammon* dicitur. Sed qui servit mammonae, illi utique servit qui rebus istis terrenis merito suae perversitatis praepositus magistratus huius saeculi a Domino dicitur. *Aut* ergo hunc *odio habebit homo et alterum diliget*, id est Deum, *aut alterum patietur et alterum contemnet*. Patitur enim durum et perniciosum dominum quisquis servit mammonae; sua enim cupiditate implicatus subditur diabolo, et non eum diligit – quis enim est qui diligat diabolum? –, sed tamen patitur. Sicut in maiore aliqua domo qui ancillae alienae coniunctus est propter cupiditatem suam duram patitur servitutem, etiamsi non diligat eum cuius ancillam diligit.

48. *Alterum autem contemnet*, dixit, non: odio habebit. Nullius enim fere conscientia Deum potest odisse, contemnit autem, id est non timet, cum quasi de eius bonitate securus est. Ab hac neglegentia et perniciosa securitate revocat Spiritus Sanctus, cum per prophetam dicit: *Fili, ne adicias peccatum super peccatum et dicas: Miseratio Dei magna est, ignorans quia patientia Dei ad penitentiam te invitat.* Cuius enim tanta misericordia commemorari potest quam eius qui omnia donat peccata conversis et oleastrum facit participem pinguedinis oleae ? Et cuius tanta severitas quam eius qui naturalibus ramis non pepercit, sed

pelo apetite das coisas terrenas e temporais, quão mais sórdido e tenebroso não será o resultado, que desconheces? Sim, porque, ainda que resulte algum bem da obra que não praticas com intenção limpa e reta, ser-te-á imputada a ti tal obra não por seu resultado, mas pela intenção que nela puseste.

XIV

47. O que se segue, *Ninguém pode servir a dois senhores*, deve aplicar-se a esta mesma intenção, o que Ele explica de imediato: *porque ou há de odiar um e amar o outro, ou há de sujeitar-se a um e desprezar o outro* (Mt 6,24).[23] Devemos debruçar-nos detidamente sobre estas palavras. Quais são estes dois senhores, revela-o Cristo a seguir, dizendo: *Não podeis servir a Deus e à mamona.*[24] Os hebreus chamam mamona à riqueza, enquanto no idioma púnico é *mammon* o nome para lucro ou ganho; e quem serve à mamona serve em verdade àquele a que, posto à frente dos negócios temporais, em razão de sua perversidade o Senhor chama *príncipe deste mundo* (Jo 12,31; 14,30). *Porque ou há de odiar um e amar o outro*, ou seja, a Deus, *ou há de sujeitar-se a um e desprezar o outro*. Padece, indubitavelmente, a um senhor duro e pernicioso o que serve à riqueza, porque, enredado no desejo dela, se submete ao diabo sem amá-lo (pois quem há que ame o diabo?); todavia, padece-o; é como quem se une a uma escrava de outro: por causa de sua paixão padece dura servidão, ainda que não ame ao que é senhor dessa escrava.

48. *E há de desprezar o outro*. Não disse: odiará, pois que é difícil haver alguém que odeie conscientemente a Deus;[25] mas não quem O despreze, ou seja, quem não O tema, como se estivesse certo de permanecer impune sob o manto de Sua bondade. Dessa negligência e dessa temerária certeza tenta afastar-nos o Espírito Santo, quando nos diz pelo Profeta: *Não amontoes pecados sobre pecados. E não digas: A misericórdia do Senhor é grande* (Eclo 5,5-6), e alhures: *Ignoras que a bondade de Deus te convida à penitência?* (Rm 2,4). Quem pode dizer-se mais misericordioso que O que perdoa todos os pecados aos que se convertem, e que dá a fertilidade da oliveira ao zambujeiro? E quem mais severo que O que não perdoou aos *ramos, que foram quebrados (...) por causa da sua incredulidade* (Rm 11,20-21)? Por

propter infidelitatem fregit illos? Sed quisquis vult diligere Deum et cavere ne offendat, non se arbitretur duobus dominis posse servire, et intentionem cordis sui rectam ab omni duplicitate explicet! Ita enim sentiet de Domino in bonitate, et in simplicitate cordis quaeret illum.

XV

49. *Ideo*, inquit, *dico vobis non habere sollicitudinem in anima vestra quid edatis, neque corpori quid induatis*, ne forte, quamvis iam superflua non quaerantur, propter ipsa necessaria cor duplicetur, et ad ista conquirenda nostra detorqueatur intentio, cum aliquid quasi misericorditer operamur, id est ut, cum consulere alicui videri volumus, nostrum emolumentum ibi potius quam illius utilitatem attendamus, et ideo nobis non videamur peccare, quia non superflua sed necessaria sunt quae consequi volumus. Dominus autem admonet, ut meminerimus multo amplius nobis Deum dedisse, quod nos fecit et composuit ex anima et corpore, quam est alimentum atque tegumentum, quorum cura nos duplicare cor non vult. *Nonne anima*, inquit, *plus est quam esca*, ut tu intellegas eum qui dedit animam multo facilius escam esse daturum, *et corpus quam vestimentum*, id est plus est, ut similiter intellegas, eum qui corpus dedit, multo facilius daturum esse vestimentum.

50. Quo loco quaeri solet, utrum ad animam cibus iste pertineat, cum anima incorporea sit, iste autem cibus corporeus. Sed animam hoc loco pro ista vita positam noverimus cuius retinaculum est alimentum istud corporeum. Secundum hanc significationem dictum est etiam illud: *Qui amat animam suam perdet illam*. Quod nisi de hac vita acceperimus quam oportet pro regno Dei perdere, quod potuisse martyres claruit, contrarium hoc praeceptum erit illi sententiae qua dictum est: *Quid prodest homini, si totum mundum lucretur, animae autem suae detrimentum faciat*.

51. *Respicite*, inquit, *volatili caeli, quoniam non serunt neque metunt neque congregant in horrea; et Pater vester caelestis pascit ea. Nonne vos pluris estis illis,*

isso, o que quiser amar a Deus e evitar ofendê-lo não pense que pode servir a dois senhores, e preserve reta e livre de toda e qualquer duplicidade a intenção do coração: *Que os vossos pensamentos sobre o Senhor sejam dignos dele, e buscai-o com simplicidade de coração* (Sb 1,1).

XV

49. *Portanto vos digo: Não andeis [demasiadamente] inquietos nem com o que [vos é preciso para] alimentar a vossa vida, nem com o que [vos é preciso para] vestir o vosso corpo* (Mt 6,25). Disse isto Jesus Cristo para que, ainda quando não busquemos o supérfluo, não se nos divida o coração ao procurar o necessário, nem se nos torça a intenção pelo afã de alcançá-lo quando fazemos algo com ares de misericórdia, ou seja, quando queremos parecer solícitos pelo bem do outro, atendendo porém mais a nosso proveito particular que ao benefício daquele, e crendo, ademais, que não pecamos, dado que não buscamos nada supérfluo, mas algo necessário. O Senhor, no entanto, exorta-nos a lembrar que o que Deus nos dá ao criar-nos e ao unir-nos a alma ao corpo é muito mais que o alimento e o vestido, por cujo cuidado Ele não quer que se nos divida o coração. *Porventura* – diz-nos Nosso Senhor – *não vale mais a vida que o alimento?* (Mt 6,25), querendo fazer-nos compreender que quem nos deu a alma nos dará muito mais facilmente o alimento. *E o corpo* – prossegue – *não é mais que o vestido?* (Mt 6,25), querendo fazer-nos compreender que O que nos deu o corpo nos dará com muito mais facilidade o vestido.

50. Costuma-se perguntar, a esta altura, como esta comida pode pertencer à alma, uma vez que a alma é incorpórea e que a comida a que aqui se alude é corpórea. Temos todavia de levar em conta que por alma se entende aqui esta vida, para cuja conservação é preciso tal alimento corpóreo. Em conformidade com este significado se disse: *O que ama a sua vida perdê-la-á* (Jo 12,25), o que, se se não entendesse por esta vida, que temos de estar dispostos a perder pelo reino de Deus como fizeram os mártires, estaria em contradição com a sentença que diz: *Pois que aproveita ao homem ganhar todo o mundo, se vier a perder a sua alma?* (Mt 16,26).

51. *Olhai* – diz Cristo – *para as aves do céu, que não semeiam, nem ceifam, nem fazem provisão nos celeiros, e contudo vosso Pai celeste as sustenta. Porventura não sois*

id est carius vos valetis? Quia utique rationale animal, sicuti est homo, sublimius ordinatum est in rerum natura quam irrationabilia, sicuti sunt aves. *Quis autem vestrum*, inquit, *curans potest adicere ad staturam suam cubitum unum? Et de vestimento quid solliciti estis?*, id est: Cuius potestate atque dominatu factum est ut ad hanc staturam corpus vestrum perduceretur, eius providentia etiam vestiri potest. Non autem vestra cura factum esse, ut ad hanc staturam veniret corpus vestrum, ex hoc intellegi potest, quod si curetis et velitis adicere unum cubitum huic staturae, non potestis. Illi ergo etiam tegendi corporis curam relinquite, cuius videtis cura factum esse, ut tantae staturae corpus habeatis.

52. Dandum autem erat etiam documentum propter vestitum, sicut datum est propter alimentum. Itaque sequitur et dicit: *Considerate lilia agri quomodo crescunt; non laborant neque nent. Dico autem vobis quoniam nec Salomon in omni gloria sua sic vestitus est ut unum ex his. Si autem fenum agri, quod hodie est et cras in clibanum mittitur, Deus sic vestit, quanto magis vos, modicae fidei?* Sed ista documenta non sicut allegoriae discutienda sunt, ut quaeramus quid significent aves caeli aut lilia agri; posita sunt enim, ut de rebus minoribus maiora persuaderentur. Sicuti est illud de iudice, qui nec Deum timebat, nec hominem reverebatur, et tamen saepe interpellanti viduae cessit, ut eius causam consideraret, non propter pietatem aut humanitatem, sed ne taedium pateretur. Non enim ullo modo ille iniustus iudex personam Dei allegorice sustinet; sed tamen quantum Deus, qui bonus et iustus est, curet deprecantes se, hinc conici Dominus voluit, quod nec iniustus homo eos qui illum adsiduis precibus tundunt vel propter taedium devitandum potest contemnere.

XVI

53. *Nolite ergo*, inquit, *solliciti esse dicentes: Quid edemus aut quid bibemus aut quid vestiemur? Haec enim omnia gentes quaerunt. Scit enim Pater vester quia horum omnium indigetis. Quaerite primum regnum et iustitiam Dei, et haec omnia*

vós muito mais do que elas? (Mt 6,26). Ou seja: Não valeis mais vós? O animal racional, com efeito, ocupa na ordem da natureza lugar mais elevado que o dos irracionais, como as aves. *E qual de vós* – acrescenta – *por muito que pense, pode acrescentar um côvado à sua estatura? E por que vos inquietais com o vestido?* (Mt 6,27-28).Ou seja: Aquele a cujo poder e domínio se deve que vosso corpo tenha tal estatura pode, igualmente, com sua providência, vesti-lo; e um sinal de que não se deve a vós que vosso corpo tenha tal estatura é que não lhe podeis acrescentar um côvado a ela, por mais que queirais e vos esforceis. Deixai, portanto, o cuidado de cobrir-vos o corpo a Aquele a cujo poder se deve ter vosso corpo a estatura que tem.

52. Era preciso dar explicação sobre o vestido, como se dera sobre o alimento. Por isso prossegue Ele: *Considerai como crescem os lírios do campo; eles não trabalham nem fiam. E digo-vos todavia que nem Salomão, em toda a sua glória, se vestiu jamais como um deles. Se pois Deus veste assim uma erva do campo, que hoje existe, e amanhã é lançada no forno, quanto mais a vós, homens de pouca fé!* (Mt 6,28-30). Não se nos apresenta esta explicação ao modo de alegoria, de modo que tivéssemos de procurar que sentido encerram as aves do céu e os lírios do campo; aqui, refere-se Ele a coisas de natureza inferior para fazer-nos entender por elas as coisas de ordem superior, como faz com o exemplo do juiz que não temia a Deus nem respeitava os homens e que no entanto concordou, após o muito instar da viúva, em fazer-lhe justiça, mas não por piedade nem humanidade, tão somente para livrar-se do incômodo que ela lhe causava (Lc 18,2-8). De modo algum esse juiz injusto representa alegoricamente a Deus; mas quis aqui o Senhor *deduzíssemos* quanto se preocupa Ele, que é bom e justo, com os que a Ele recorrem suplicantes, uma vez que até um homem tão injusto, ainda que tão somente para livrar-se do incômodo, não pôde afinal repelir a que instantemente lhe dirigia suas súplicas.

XVI

53. E prossegue: *Não vos aflijais, pois, dizendo: Que comeremos, ou que beberemos, ou com que nos vestiremos? Porque os gentios é que procuram [com excessivo cuidado] todas estas coisas. Vosso Pai sabe que tendes necessidade de todas elas. Buscai, pois, em primeiro lugar, o reino de Deus e a sua justiça, e todas estas coisas vos serão dadas por*

apponentur vobis. Hic manifestissime ostendit non haec esse appetenda tamquam talia bona nostra, ut propter ipsa debeamus bene facere, si quid facimus, sed tamen esse necessaria. Quid enim intersit inter bonum, quod appetendum est, et necessarium, quod sumendum est, hac sententia declaravit, cum ait: *Quaerite primum regnum et iustitiam Dei, et haec omnia apponentur vobis.* Regnum ergo et iustitia Dei bonum nostrum est et hoc appetendum et ibi finis constituendus, propter quod omnia faciamus quaecumque facimus. Sed quia in hac vita militamus, ut ad illud regnum pervenire possimus, quae vita sine his necessariis agi non potest: *Apponentur haec vobis*, inquit, sed vos *regnum Dei et iustitiam primum quaerite*! Cum enim dixit illud primum, significavit quia hoc posterius quaerendum est non tempore sed dignitate: illud tamquam bonum nostrum, hoc tamquam necessarium nostrum, necessarium autem propter illud bonum.

54. Neque enim verbi gratia ideo debemus evangelizare ut manducemus, sed ideo manducare ut evangelizemus. Nam si propterea evangelizamus ut manducemus, vilius habemus Evangelium quam cibum; et erit iam bonum nostrum in manducando, necessarium autem in evangelizando. Quod etiam Apostolus prohibet, cum dicit licere sibi quidem et permissum esse a Domino, ut qui Evangelium adnuntiant de Evangelio vivant, id est de Evangelio habeant ea quae huic vitae sunt necessaria, sed tamen se non esse abusum hac potestate. Erant enim multi qui occasionem habere cupiebant adquirendi et vendendi Evangelium, quibus eam volens amputare Apostolus manibus suis victum suum toleravit. De his enim alio loco dicit: *Ut amputem occasionem his qui quaerunt occasionem.* Quamquam etiam si ut ceteri et boni Apostoli permissu Domini de Evangelio viveret, non in eo victu constitueret finem evangelizandi, sed magis ipsius victus sui finem in Evangelio collocaret, id est, ut superius dixi, non ideo evangelizaret, ut perveniret ad cibum et si qua sunt alia necessaria, sed ideo ista sumeret, ut illud impleret, ne non volens

acréscimo (Mt 6,31-33). Aqui nos dá a entender, evidentemente, que não devemos apetecer estas coisas como se fossem bens nossos tais, que por eles é que fizéssemos precisamente tudo quanto temos de fazer; senão que, não obstante isso, são coisas necessárias. Que diferença há entre um bem que devemos apetecer e um bem necessário que temos de obter, declarou-o Ele com esta sentença: *Buscai em primeiro lugar o reino de Deus e a sua justiça, e todas estas coisas vos serão dadas por acréscimo.* O reino de Deus e sua justiça são, por conseguinte, bens nossos que devemos buscar e considerar como o fim por que temos de fazer quanto pudermos. Como porém nesta vida militamos para poder chegar àquele reino, e nela necessitamos de algumas coisas para subsistir, diz-nos Nosso Senhor: *estas coisas vos serão dadas por acréscimo;* mas *buscai em primeiro lugar o reino de Deus e a sua justiça.* Ao dizer *em primeiro lugar,* dá-nos a compreender que o que vem em segundo lugar igualmente o devemos buscar, e não com posterioridade temporal, mas com dignidade: aquilo, como a um bem nosso; isto, como a algo necessário, e necessário para aquele bem.

54. Não devemos, pois, pregar o Evangelho para comer, senão que devemos comer para poder pregar o Evangelho. Pois, se pregarmos o Evangelho para comer, teremos o Evangelho em menos conta que à comida; e nosso bem estará então em comer, passando o Evangelho a mera necessidade, o que também o Apóstolo proíbe, dizendo porém que a ele próprio lhe é permitido viver do Evangelho (1Cor 9,14), ou seja, tirar do Evangelho o necessário para a vida, como permite o mesmo Senhor a todos os que anunciam o Evangelho; não obstante – confessa –, ele nunca abusou dessa concessão. De fato, havia muitos que buscavam ocasião de adquirir e vender o Evangelho; e, querendo o Apóstolo evitar esse abuso, buscava pacientemente o próprio sustento com o trabalho de suas mãos (At 20,34). A respeito disto diz alhures: *a fim de cortar ocasião àqueles que desejam uma ocasião* (2Cor 11,12), ainda que, se tivesse vivido ele próprio do Evangelho, como os demais bons Apóstolos, com autorização do Senhor, nem por isso teria tido a comida por fim de sua pregação, senão que teria tido o Evangelho por fim de sua comida; ou seja, como eu já disse, não teria evangelizado para ganhar o sustento ou nenhuma outra coisa necessária, senão que teria usado destas coisas para cumprir o dever da pregação, por amor, e não por mera necessidade. Isto último

sed necessitate evangelizaret. Hoc enim improbat, cum dicit: *Nescitis quoniam qui in templo operantur, quae de templo sunt edunt, qui altario deserviunt altario compartiuntur? Sic et Dominus ordinavit his qui Evangelium adnuntiant de Evangelio vivere. Ego autem nullius horum usus sum.* Hinc ostendit permissum esse non iussum, alioquin contra praeceptum Domini fecisse tenebitur. Deinde sequitur et dicit: *Non autem scripsi haec, ut ita fiant in me. Bonum est mihi magis mori quam gloriam meam quisquam inanem faciat.* Hoc dixit, quia iam statuerat propter quosdam occasionem quaerentes manibus suis victum transigere. *Si enim evangelizavero,* inquit, *non est mihi gloria,* id est: Si evangelizavero, ut ita fiant in me, id est si propterea evangelizavero, ut ad illa perveniam et finem Evangelii in cibo et potu et vestitu collocavero. Sed quare non est ei gloria? *Necessitas enim,* inquit, *mihi incumbit,* id est: ut ideo evangelizem, quia unde vivam non habeo, aut ut adquiram temporalem fructum de praedicatione aeternorum. Sic enim iam necessitas erit in Evangelio non voluntas. *Vae enim mihi erit,* inquit, *si non evangelizavero.* Sed quomodo debet evangelizare? Scilicet ut in ipso Evangelio et in regno Dei ponat mercedem. Ita enim potest non coactus evangelizare sed volens. *Si enim volens,* inquit, *hoc facio, mercedem habeo; si autem invitus, dispensatio mihi credita est,* id est: Si coactus inopia earum rerum quae temporali vitae sunt necessariae praedico Evangelium, alii per me habebunt mercedem Evangelii, qui Evangelium ipsum me praedicante diligent; ego autem non habebo, quia non ipsum Evangelium diligo sed eius pretium in illis temporalibus constitutum. Quod nefas est fieri, ut non tamquam filius ministret quisque Evangelium, sed tamquam servus cui *dispensatio credita est,* ut tamquam alienum eroget, nihil inde ipse capiat praeter cibaria, quae non de participatione regni sed ad sustentaculum miserae servitutis dantur extrinsecus. Quamquam alio loco et dispensatorem se dicat. Potest enim et servus in filiorum numerum adoptatus, eam rem in qua coheredis sortem meruit, fideliter dispensare participibus suis. Sed nunc ubi ait: *Si autem invitus,*

ele reprova, ao dizer: *Não sabeis que os que trabalham no santuário comem do que é do santuário, e que os que servem ao altar têm parte [do que se oferece] no altar? Assim ordenou também o Senhor aos que pregam o Evangelho, que vivam do Evangelho. Porém eu de nada disto tenho usado* (1Cor 9,13-15). Declara, assim, que se trata de concessão e não de mandado; pois de outro modo teria agido contra um preceito do Senhor. E prossegue, dizendo: *Nem tampouco escrevi estas coisas para que se faça assim comigo; porque tenho por melhor morrer, antes que alguém me faça perder a minha glória* (1Cor 9,15). Disse isto porque já se tinha decidido a procurar seu sustento com as próprias mãos, para combater o comportamento dos que buscavam a referida ocasião. *Porquanto* – acrescenta – *se eu evangelizar*, quer dizer, se evangelizar para que não me faltem estas coisas, ou melhor, se evangelizar para obtê-las e puser o fim do Evangelho na comida, na bebida e no vestido, *não tenho de que me gloriar* (1Cor 9,16). E por que não tenho de que me gloriar? Porque então – responde – atuarei por obrigação, ou seja, evangelizarei por necessidade, por não ter meios de vida ou para tirar alguma vantagem temporal da pregação das coisas eternas; se assim proceder, mover-me-á a necessidade, não o desejo de evangelizar. Mas *ai de mim, se eu não evangelizar* (1Cor 9,16). E como deverá evangelizar? Pondo a recompensa no Evangelho e no reino de Deus; assim evangelizará não constrangidamente, mas espontaneamente: *Se o faço de boa vontade, tenho prêmio; mas, se constrangido, dispenso [somente] o que me foi confiado* [para dispensar, sem ter por isso prêmio especial] (1Cor 9,17). É como se dissesse: Se prego o Evangelho impelido pela carência das coisas que são necessárias para a vida, outros alcançarão por meio de mim o prêmio do Evangelho, porque amarão o Evangelho graças à minha pregação; eu todavia não o alcançarei, porque não amarei o Evangelho em si, mas seu preço, que consiste nas coisas temporais. O que aqui se proíbe é o servir ao Evangelho como um escravo a quem se tenha encomendado um serviço, em vez de fazê-lo como um filho; ou como quem administra o alheio, recebendo pelo trabalho somente a comida, o que não é precisamente participar do reino, mas um mero sustentar-se para prolongar tão miserável servidão. E, se alhures o Apóstolo se chama a si mesmo verdadeiro dispensador, não o faz senão porque pode muito bem um servo adotado como filho dispensar, distribuir lealmente aos semelhantes o mesmo bem de que mereceu tornar-se coerdeiro. Na passagem que nos ocupa aqui, no entanto, ao dizer: *se*

dispensatio mihi credita est, talem dispensatorem intellegi voluit qui alienum dispensat, unde ipse nihil accipiat.

55. Ergo quaecumque res propter aliud aliquid quaeritur sine dubio inferior est quam id propter quod quaeritur. Et ideo illud primum est propter quod istam rem quaeris, non ista res quam propter illud quaeris. Quapropter si Evangelium et regnum Dei propter cibum quaerimus, priorem facimus cibum et posterius regnum Dei; ita ut si non desit cibus, non quaeramus regnum Dei. Hoc est ergo primum quaerere cibum et deinde regnum Dei, id est hoc priore loco ponere illud posteriore. Si autem ideo quaeramus cibum, ut habeamus regnum Dei, facimus quod dictum est: *Quaerite primum regnum et iustitiam Dei, et haec omnia apponentur vobis*.

XVII

56. Quaerentibus enim primum regnum et iustitiam Dei, id est hoc praeponentibus ceteris rebus, ut propter hoc cetera quaeramus, non debet subesse sollicitudo, ne illa desint quae huic vitae propter regnum Dei sunt necessaria. Dixit enim superius: *Scit Pater vester quia horum omnium indigetis*. Et ideo cum dixisset: *Quaerite primum regnum et iustitiam Dei*, non dixit: deinde ista quaerite, quamvis sint necessaria, sed ait: *Haec omnia apponentur vobis*, id est consequentur, si illa quaeratis, sine ullo vestro impedimento, ne cum ista quaeritis, illinc avertamini, aut ne duos fines constituatis, ut et regnum Dei propter se appetatis et ista necessaria, sed haec potius propter illud. Ita vobis non deerunt; quia non potestis duobus dominis servire. Duobus autem dominis servire conatur qui et regnum Dei pro magno bono appetit et haec temporalia. Non poterit autem simplicem habere oculum et uni domino Deo servire, nisi quaecumque sunt cetera, si sunt necessaria, propter hoc unum adsumat, id est propter regnum

constrangido, dispenso [somente] o que me foi confiado, refere-se ao que dispensa o bem alheio sem possibilidade de receber nada especial por isso.

55. Tudo quanto para nós é unicamente meio para conseguir outra coisa é, indubitavelmente, inferior ao que por esse meio queremos conseguir. Por isso, a nossos olhos, em primeiro lugar está o fim a que nos propomos, e não o que só é meio para chegar a este fim. Assim, se buscamos o Evangelho e o reino de Deus para obter nosso sustento, é porque consideramos principal o alimento, e secundário o reino de Deus, ou seja, caso tenhamos assegurado já o sustento, não nos ocuparemos de modo algum do reino de Deus. Nisto consiste o buscar primeiro o alimento e depois o reino de Deus, ou seja, pôr aquele em primeiro lugar e este em último. Se, no entanto, ao contrário, buscamos a comida para poder chegar ao reino de Deus, então cumprimos o que nos foi dito: *Buscai (...) em primeiro lugar o reino de Deus e a sua justiça, e todas estas coisas vos serão dadas por acréscimo* (Mt 6,33).

XVII

56. Os que buscam em primeiro lugar o reino e a justiça de Deus, ou seja, os que os antepõem às demais coisas, a ponto de buscá-las, a todas, por causa daqueles, não devem andar preocupados com que por causa do reino de Deus lhes venham a faltar as coisas necessárias para a vida. Disse já o Senhor: *Vosso pai sabe que tendes necessidade de todas elas* (Mt 6,32). E, assim, após ter dito: *Buscai em primeiro lugar o reino de Deus e a sua justiça*, não acrescentou: Buscai depois estas coisas, por necessárias; mas disse: *e todas estas coisas vos serão dadas por acréscimo*, ou seja, se buscais aquelas, chegar-vos-ão estas por si mesmas, sem trabalho de vossa parte; não suceda que, buscando estas, vos afasteis daquelas, nem que vos proponhais a dois fins: buscar o reino de Deus por si mesmo, e estas coisas que vos são necessárias; haveis de buscar estas coisas por causa daquele: assim não vos faltarão. Porque não podeis servir a dois senhores, e tenta servir a dois senhores o que por um lado deseja o reino de Deus como a um grande bem, e por outro lado deseja as coisas temporais. Não poderá, todavia, ter olhar simples e servir unicamente a nosso Deus e Senhor senão o que considere todas as coisas necessárias, quaisquer que sejam, como mero meio para chegar ao reino

Dei. Sicut autem omnes militantes accipiunt annonam et stipendium, sic omnes evangelizantes accipiunt victum et tegumentum. Sed non omnes propter salutem rei publicae militant sed propter illa quae accipiunt; sic non omnes propter salutem Ecclesiae ministrant Deo sed propter haec temporalia, quae tamquam annonam et stipendia consequuntur, aut et propter hoc et propter illud. Sed supra iam dictum est: *Non potestis duobus dominis servire.* Ergo simplici corde tantummodo propter regnum Dei debemus operari bonum ad omnes, non autem in hac operatione vel solam vel cum regno Dei mercedem temporalium cogitare. Quorum omnium temporalium nomine crastinum posuit dicens: *Nolite ergo solliciti esse de crastino.* Non enim dicitur crastinus dies nisi in tempore, ubi praeterito succedit futurum. Ergo cum aliquid boni operamur, non temporalia sed aeterna cogitemus! Tunc erit illud bonum et perfectum opus. *Crastinus enim dies,* inquit, *sollicitus erit sibi ipse*; id est ut cum oportuerit, sumas cibum vel potum vel indumentum, cum ipsa scilicet necessitas urguere coeperit. Aderunt enim haec, quia novit Pater noster quod horum omnium indigeamus. *Sufficit enim,* inquit, *diei malitia sua*; id est: Sufficit quod ista sumere urgebit ipsa necessitas, quam propterea malitiam nominatam arbitror, quia poenalis est nobis; pertinet enim ad hanc fragilitatem et mortalitatem quam peccando meruimus. Huic ergo poenae temporalis necessitatis noli addere aliquid gravius, ut non solum patiaris harum rerum indigentiam, sed etiam propter hanc explendam milites Deo.

57. Hoc autem loco vehementer cavendum est, ne forte, cum viderimus aliquem servum Dei providere ne ista necessaria desint vel sibi vel eis quorum sibi cura commissa est, iudicemus eum contra praeceptum Domini facere et de crastino esse sollicitum. Nam et ipse Dominus, cui ministrabant angeli, tamen propter exemplum, ne quis postea scandalum pateretur, cum aliquem servorum eius

de Deus. Assim como todos os que servem na milícia recebem alimentação e soldo, assim todos os obreiros do Evangelho recebem teto e comida. Assim porém como nem todos militam pelo bem da república, mas pelo que recebem, assim nem todos servem a Deus pelo bem da Igreja, mas pelos bens materiais que recebem a modo de provisões e de estipêndio, ou por ambas as coisas a uma só vez. Mas já o dissemos mais acima: *Ninguém pode servir a dois senhores*. Logo, com coração simples, tão somente pelo reino de Deus, devemos fazer bem a todos, não pensando, ao fazê-lo, unicamente na retribuição temporal, nem nela e no reino de Deus concomitantemente. A tudo o que significa bem temporal, englobou-o Nosso Senhor na expressão *o dia de amanhã*, dizendo: *Não queirais pois andar [demasiadamente] inquietos pelo dia de amanhã* (Mt 6,34). Não se diz *o dia de amanhã* senão em referência ao tempo em que ao passado sucede o futuro. Logo, quando fizermos algum bem, pensemos não nas coisas temporais, mas nas eternas, e assim nos será boa, nos será perfeita a obra. *Porque o dia de amanhã* – diz Ele – *cuidará de si* (Mt 6,34), isto é, que nos alimentemos, e bebamos, e nos vistamos quando nos for conveniente, isto é, quando principie a premer-nos a necessidade; pois não nos faltará comida, nem bebida, nem vestido, porque nosso Pai sabe que temos necessidade de todas estas coisas. *A cada dia basta o seu cuidado* (Mt 6,34), isto é, basta que a mesma necessidade nos obrigue a tomar estas coisas, necessidade que penso é como uma pena,[26] por ser parte da fragilidade e da mortalidade que merecemos pelo pecado.[27] Não queiras, portanto, acrescentar algo mais grave a esta pena de necessidade temporal, para que não suceda não só padeceres indigência de tais coisas, mas para superá-la te alistares nas fileiras dos que militam por Deus.

57. Devemos pois cuidar-nos diligentemente, se virmos algum servo de Deus buscar que não faltem tais coisas necessárias, seja para si mesmo, seja para os que estão entregues a seu cuidado, devemos cuidar-nos de julgar que está indo contra o preceito do Senhor e anda *demasiadamente inquieto pelo dia de amanhã*. Pois o próprio Senhor, a quem serviam os anjos (Mt 4,11), dignou-se, para dar-nos exemplo, e para que ninguém depois se escandalizasse ao ver-lhe algum dos discípulos buscar o necessário, dignou-se de ter uma bolsa com dinheiro com que satisfizesse necessidades ordinárias; dessa bolsa, como está escrito, foi custódio e ladrão Judas,

animadvertisset ista necessaria procurare, loculos habere dignatus est cum pecunia, unde usibus necessariis quidquid opus fuisset praeberetur. Quorum loculorum custos et fur, sicut scriptum est, Iudas fuit, qui eum tradidit. Sicut et apostolus Paulus potest videri de crastino cogitasse, cum dixit: *De collectis autem in sanctos, sicut ordinavi ecclesiis Galatiae, ita et vos facite. Secundum unam sabbati unusquisque vestrum apud se ponat thesaurizans, quod sibi placuerit, ut non cum venero, tunc collectae fiant. Cum autem advenero, quoscumque probaveritis per epistulas, hos mittam perferre gratiam vestram in Ierusalem. Quod si dignum fuerit ut ego eam, mecum ibunt. Veniam autem ad vos, cum Macedoniam transiero; Macedoniam enim pertranseo. Apud vos forsitan remanebo vel etiam hiemabo, ut vos me deducatis quocumque iero. Nolo enim vos nunc in transitu videre; spero enim me aliquid temporis manere apud vos, si permiserit Dominus. Permanebo autem Ephesi usque ad Pentecosten.* Item in *Actibus Apostolorum* scriptum est, ea quae ad victum sunt necessaria, procurata esse in futurum propter imminentem famem. Sic enim legimus: *In illis autem diebus descenderunt ab Ierosolima prophetae Antiochiam, eratque magna exultatio. Congregatis autem nobis surgens unus ex illis nomine Agabus, significabat per Spiritum famem magnam futuram in universo orbe, quae et facta est sub Claudio. Discentium autem, ut quisque abundabat, statuerunt unusquisque eorum in ministerium mittere presbyteris habitantibus in Iudaea fratribus, qui et miserunt per manum Barnabae et Sauli.* Et quod naviganti eidem apostolo Paulo imposita sunt utensilia quae offerebantur, non ad unum tantum diem videtur victus iste procuratus. Et quod idem scribit: *Qui furabatur iam non furetur; magis autem laboret operans manibus suis bonum, ut habeat unde tribuere cui opus est*, male intellegentibus non videtur servare praeceptum Domini qui ait: *Respicite volatilia caeli, quoniam non serunt neque metunt neque congregant in horrea*; et: *Considerate lilia agri quomodo crescunt; non laborant neque nent*, cum istis praecepit ut laborent operantes manibus suis, ita ut habeant quod etiam aliis possint tribuere. Et quod saepe de se ipso dicit, quod

aquele que O haveria de entregar (Jo 12,6). E pode parecer que também o Apóstolo Paulo estivesse inquieto pelo dia de amanhã, quando disse: *Quanto, porém, às coletas que se fazem em benefício dos santos, fazei também vós o mesmo que eu ordenei às igrejas da Galácia. No primeiro dia da semana, cada um de vós ponha de parte e junte o que* [bem] *lhe parecer, para que se não façam as coletas na própria ocasião em que eu chegar. E, quando eu estiver presente, mandarei com cartas os que vós tiverdes escolhido para levar a Jerusalém o vosso socorro. E, se a coisa merecer que eu vá também, irão comigo. Ora, eu irei ter convosco, quando tiver passado pela Macedônia, porque tenho de atravessar a Macedônia. E talvez que ficarei convosco, e passarei também o inverno; para que vós me acompanheis aonde eu tiver de ir. Porque não quero agora ver-vos* [só] *de passagem, mas espero demorar-me algum tempo convosco, se o Senhor o permitir. E ficarei em Éfeso até ao Pentecostes* (1Cor 16,1-8). E, igualmente, escreve-se nos Atos dos Apóstolos que as coisas que são necessárias para a vida foram buscadas para o futuro por causa de uma fome iminente; lemos o seguinte: *E, naqueles dias, foram de Jerusalém a Antioquia uns profetas; e, levantando-se um deles, chamado Ágabo, fazia saber por virtude do Espírito que haveria uma grande fome por todo o mundo, a qual veio no tempo de Cláudio. E os discípulos, cada um segundo os seus meios, resolveram enviar algum socorro aos irmãos que habitavam na Judeia; o que eles efetivamente fizeram, enviando-o aos anciãos por mãos de Barnabé e de Saulo* (At 11,27-30). E parece que não foi comida para um só dia o que se buscou juntar, pois que se entregou ao mesmo Apóstolo Paulo, antes de seu embarque, uma quantidade de provisões (At 28,10). E escreve ele próprio: *Aquele que furtava, não furte mais, mas antes ocupe-se, trabalhando com suas mãos em qualquer coisa honesta, a fim de ter que dar ao que está em necessidade* (Ef 4,28). Os que não interpretam corretamente estas palavras, esses as julgam contrárias ao preceito do Senhor que diz: *Olhai para as aves do céu, que não semeiam, nem ceifam, nem fazem provisão nos celeiros, considerai como crescem os lírios do campo; eles não trabalham nem fiam* (Mt 6,26 e 28). Com efeito, com aquelas palavras ordena o Apóstolo ao que furtava que passe a trabalhar com as próprias mãos, a fim de ter para poder dar aos outros. Ele mesmo, quando afirmou que trabalhava com as próprias mãos a fim de não ser pesado para ninguém (1Ts 2,9; 2Ts 3,8) – o que é confirmado pelas Escrituras, quando narram que ele se uniu a Áquila, que tinha o mesmo ofício que ele, para trabalharem juntos e ele, assim, melhor

manibus suis operatus est, ne quem gravaret, et de illo scriptum est, quod coniunxerit se Aquilae propter artis similitudinem ut simul operarentur unde victum transigerent, non videtur imitatus aves caeli et lilia agri. His et huiusmodi Scripturarum locis satis apparet Dominum nostrum non hoc improbare, si quis humano more ista procuret, sed si quis propter ista Deo militet, ut in operibus suis non regnum Dei sed istorum adquisitionem intueatur.

58. Ad hanc ergo regulam hoc totum praeceptum redigitur, ut etiam in istorum provisione regnum Dei cogitemus, in militia vero regni Dei ista non cogitemus. Ita enim, etiamsi aliquando defuerint, quod plerumque propter exercitationem nostram Deus sinit, non solum non debilitant propositum nostrum, sed etiam examinatum probatumque confirmant. *Gloriamur* enim, inquit, *in tribulationibus scientes quia tribulatio patientiam operatur, patientia probationem, probatio spem, spes vero non confundit, quoniam caritas Dei diffusa est in cordibus nostris per Spiritum Sanctum, qui datus est nobis.* In commemoratione autem tribulationum ac laborum suorum idem Apostolus non tantum in carceribus et naufragiis atque huiusmodi multis molestiis, sed etiam in fame ac siti, in frigore et nuditate se laborasse commemorat. Quod cum legimus, non aestimemus Domini promissa titubasse, ut famem ac sitim et nuditatem pateretur Apostolus, quaerens regnum et iustitiam Dei, cum dictum sit nobis: *Quaerite primum regnum et iustitiam Dei, et haec omnia apponentur vobis*, quando quidem ista sicut adiutoria novit ille medicus, cui semel nos totos commisimus, et a quo habemus promissionem vitae praesentis et futurae, quando apponat, quando detrahat, sicut nobis iudicat expedire; quos et consolandos et exercendos in hac vita et post hanc vitam in perpetua requie stabiliendos atque firmandos gubernat et dirigit. Non enim et homo, cum plerumque iumento suo cibaria detrahit, deserit illud cura sua, ac non potius curando haec facit.

poder ganhar seu sustento (At 18,2-3) –, não parece ter imitado as aves do céu nem os lírios do campo. Por estas e outras passagens das Escrituras é que se demonstra suficientemente que Nosso Senhor não condena que busquemos estas coisas, como é comum entre os homens, e sim que por causa delas não sirvamos a Deus, buscando com nossas ações não o reino de Deus, mas a aquisição destas mesmas coisas.

58. Reduz-se todo este preceito à norma seguinte: pensar no reino de Deus ainda em meio aos esforços por obter as coisas necessárias para a vida, e não pensar nestas coisas ao militar pelo reino de Deus. Assim, ainda quando alguma vez nos faltarem estas coisas – o que por vezes Deus permite, para experimentar-nos –, não se nos enfraquecerá o propósito; ficará, isto sim, robustecido e provado, e confirmar-nos-emos nele. *Também nos gloriamos* – diz o Apóstolo – *nas tribulações, sabendo que a tribulação produz a paciência, a paciência produz a prova, e a prova a esperança, e a esperança não traz engano, porque a caridade de Deus está derramada em nossos corações pelo Espírito Santo, que nos foi dado* (Rm 5,3-5). E, quando o Apóstolo lembra seus trabalhos e tribulações, não menciona somente açoites, naufrágios e outros males que tais, mas também a fome e a sede, o frio e a nudez (2Cor 25-27). Não pensemos, ao ler isto, que o Senhor faltou à sua promessa permitindo que o Apóstolo passasse fome e sede e padecesse nudez enquanto se ocupava de buscar o reino de Deus e sua justiça, tendo dito embora Ele próprio: *Buscai (...) em primeiro lugar o reino de Deus e a sua justiça, e todas estas coisas vos serão dadas por acréscimo* (Mt 6,33); porque aquele médico a que nos entregamos de todo, e de que recebemos a vida presente e a promessa da vida futura, sabe perfeitamente dar-nos algumas vezes estas coisas, e outras no-las tirar, segundo entenda ser-nos conveniente: dirige-nos, governa-nos Ele consolando-nos e provando-nos nesta vida, para depois desta estabelecer-nos e confirmar-nos no descanso eterno. O homem mesmo, quando por vezes tira a comida a seu próprio jumento, não lhe nega seu cuidado, antes lho dispensa, curando-o.

XVIII

59. Et quoniam, cum ista vel procurantur in futurum vel, si causa non est quare illa impendas, reservantur, incertum est quo animo fiat, cum possit simplici corde fieri, possit et duplici, opportune hoc loco subiecit: *Nolite iudicare, ne iudicetur de vobis; in quo enim iudicio iudicaveritis, iudicabitur de vobis; et in qua mensura mensi fueritis, remetietur vobis.* Hoc loco nihil aliud nobis praecipi existimo, nisi ut ea facta quae dubium est quo animo fiant, in meliorem partem interpretemur. Quod enim scriptum est: *Ex fructibus eorum cognoscetis eos*, de manifestis dictum est, quae non possunt bono animo fieri, sicuti sunt stupra vel blasphemiae vel furta vel ebriositas et si qua sunt alia, de quibus nobis iudicare permittitur dicente Apostolo: *Quid enim mihi de his qui foris sunt iudicare? Nonne de his qui intus sunt vos iudicatis?* De genere autem ciborum, quia possunt bono animo et simplici corde sine vitio concupiscentiae quicumque humani cibi indifferenter sumi, prohibet idem Apostolus iudicari eos qui carnibus vescebantur et vinum bibebant ab eis qui se ab huiusmodi alimentis temperabant. *Qui manducat*, inquit, *non manducantem non spernat; et qui non manducat manducantem non iudicet.* Ibi etiam ait: *Tu quis es, qui iudices alienum servum? Suo domino stat, aut cadit.* De talibus enim rebus quae possunt bono et simplici et magno animo fieri, quamvis possint etiam non bono, volebant illi, cum homines essent, in occulta cordis ferre sententiam de quibus solus Deus iudicat.

60. Ad hoc pertinet etiam illud quod alio loco dicit: *Nolite ante tempus quidquam iudicare, quoadusque veniat Dominus et illuminet abscondita tenebrarum et manifestabit cogitationes cordis. Et tunc laus erit unicuique a Deo.* Sunt ergo quaedam facta media, quae ignoramus quo animo fiant, quia et bono et malo fieri possunt, de quibus temerarium est iudicare, maxime ut condemnemus. Horum autem veniet tempus ut iudicentur, cum Dominus illuminabit abscondita tenebrarum et manifestabit cogitationes cordis. Item alio loco dicit idem Apostolus: *Quorundam* autem *hominum peccata manifesta sunt, praecedentia ad iudicium,*

XVIII

59. E, dado que não se sabe com que intenção procedem os homens ao buscar as coisas necessárias para o futuro, ou ao reservá-las quando não há necessidade de consumi-las imediatamente, uma vez que as podem buscar ou reservar com coração simples ou com coração dúplice, disse muito bem o Senhor em seguida: *Não julgueis, para que não sejais julgados. Pois, segundo o juízo com que julgardes, sereis julgados; e, com a medida com que tiverdes medido, vos medirão também a vós* (Mt 7,1-2). Não creio que nos preceitue, neste passo, outra coisa que o interpretar no melhor sentido o que não sabemos com que intenção se faz. O que está escrito: *Vós os conhecereis pelos seus frutos* (Mt 7,20), refere-se ao que patentemente não se pode fazer com boa intenção, como os comércios carnais ilícitos, as blasfêmias, os furtos, as bebedeiras e coisas semelhantes, de todas as quais nos é permitido julgar, como diz o Apóstolo: *Porque que me importa a mim julgar aqueles que estão fora* [da Igreja]? *Porventura não julgais vós aqueles que estão dentro?* (1Cor 5,12). Quanto ao gênero dos alimentos, uma vez que se pode comer qualquer comida própria dos homens com boa intenção e coração simples, e pois sem pecado de concupiscência, proíbe o Apóstolo sejam julgados os que comem carne e os que bebem vinho pelos que se abstêm de tais alimentos. *O que come* – diz – *não despreze o que não come; e o que não come não julgue o que come, porque Deus o recebeu.* E acrescenta: *Quem és tu para julgar o servo alheio? Se ele está de pé ou cai, isso é com o seu senhor* (Rm 14,3-4). Di-lo porque, tratando-se de coisas que se podem fazer com intenção boa, simples e magnânima – conquanto também se possam fazer com intenção má –, queriam eles, os romanos, sendo somente homens, julgar das intimidades do coração que só Deus pode julgar.

60. Também a isto se refere o que diz ele alhures: *Não julgueis antes do tempo, até que venha o Senhor, o qual não só porá às claras o que se acha escondido nas trevas, mas ainda descobrirá os desígnios dos corações; e então cada um receberá de Deus o louvor [que lhe é devido]* (1Cor 4,5). Assim, há certas obras intermédias que se fazem com intenção que não conhecemos, dado poderem-se fazer com intenção ou má ou boa, e que, portanto, é temerário julgar, e ainda mais condenar. Virá o tempo em que serão julgadas, quando Ele *não só porá às claras o que se acha escondido nas trevas, mas ainda descobrirá os desígnios dos corações*. Diz,

quaedam autem et subsequuntur. Manifesta ea dicit de quibus clarum est quo animo fiant; haec praecedunt ad iudicium, id est quia, si fuerit ista subsecutum iudicium, non est temerarium. Subsequuntur autem illa quae occulta sunt, quia nec ipsa latebunt tempore suo. Sic et de bonis factis intellegendum est. Nam ita subiungit: *Similiter et facta bona manifesta sunt; et quaecumque aliter se habent abscondi non possunt.* De manifestis ergo iudicemus; de occultis vero Deo iudicium relinquamus, quia et ipsa abscondi non possunt, sive mala sive bona, cum tempus advenerit quo manifestentur.

61. Duo sunt autem in quibus temerarium iudicium cavere debemus: cum incertum est quo animo quidque factum sit, vel cum incertum est qualis futurus sit qui nunc vel malus vel bonus apparet. Si ergo quispiam, verbi gratia, conquestus de stomacho ieiunare noluit, et tu id non credens edacitatis id vitio tribueris, temere iudicabis. Item si manifestam edacitatem ebriositatemque cognoveris et ita reprehenderis, quasi numquam ille possit corrigi atque mutari, nihilo minus temere iudicabis. Non ergo reprehendamus ea quae nescimus quo animo fiant; neque ita reprehendamus quae manifesta sunt, ut desperemus sanitatem, et vitabimus iudicium de quo nunc dicitur: *Nolite iudicare, ne iudicetur de vobis.*

62. Potest autem movere quod ait: *In quo enim iudicio iudicaveritis, iudicabitur de vobis; et in qua mensura mensi fueritis, in ea remetietur vobis.* Numquid enim, si nos in iudicio temerario iudicaverimus, temere de nobis etiam Deus iudicabit? Aut numquid, si mensura iniqua mensi fuerimus, et apud Deum iniqua mensura est, unde nobis remetietur? Nam et mensurae nomine ipsum iudicium significatum arbitror. Nullo modo Deus vel temere iudicat vel iniqua mensura cuiquam rependit. Sed hoc dictum est, quoniam temeritas qua punis alium eadem ipsa te puniat necesse est. Nisi forte arbitrandum est quod iniquitas ei noceat aliquid in quem procedit, ei autem nihil a quo procedit. Immo vero saepe nihil nocet ei qui patitur iniuriam, ei

ademais, em outra passagem, o Apóstolo: *Os pecados de alguns homens são manifestos [mesmo] antes de se examinarem em juízo; mas os de outros manifestam-se somente depois* (1Tm 5,24). Chama manifestos àqueles pecados cuja intenção é indubitável; estes precedem ao juízo, ou seja: sendo o juízo posterior a estes pecados, não será temerário. São posteriores, em contrapartida, os pecados ocultos, que no devido tempo serão julgados. E deve pensar-se também assim a respeito das obras boas: *Igualmente as boas obras são manifestas; e as que o não são ainda, não podem permanecer ocultas* (1Tm 5,25). Em suma, julguemos dos atos manifestos, e deixemos para Deus o juízo dos ocultos: estes, sejam bons, sejam maus, poderão permanecer ignorados até chegar o tempo de se manifestarem.

61. Há duas ocasiões em que devemos evitar o juízo temerário: quando não se sabe com certeza com que intenção se fez uma coisa, e quando se ignora como será futuramente o que agora aparece como bom ou como mau. Assim, por exemplo, se alguém, queixando-se do estômago, deixou de jejuar, e tu, não acreditando nele, o atribuíste à glutonaria, terás julgado temerariamente. Da mesma forma, se percebes em alguém manifesta glutonaria ou manifesto vício de bebida, e o repreendes como se nunca pudesse corrigir-se ou mudar, não menos terás julgado temerariamente. Não repreendamos, por conseguinte, as ações que se fizeram com intenção que não conhecemos, nem ponhamos em dúvida a emenda do autor das que são manifestamente censuráveis; evitaremos assim o juízo de que agora Ele nos fala: *Não julgueis, para que não sejais julgados* (Mt 7,1).

62. Pode chamar-nos a atenção o que Nosso Senhor em seguida acrescenta: *Pois, segundo o juízo com que julgardes, sereis julgados; e, com a medida com que tiverdes medido, vos medirão também a vós* (Mt 7,2). Se cometemos juízo temerário, por acaso nos julgará temerariamente Deus a nós? Ou, se medimos com medida injusta, porventura terá Deus uma igual para medir-nos a nós? Digo isto porque compreendo por medida o próprio juízo. De modo algum são temerários os juízos de Deus, nem a ninguém aplica Ele nenhuma medida injusta. Inequivocamente, o sentido de tais palavras é que a mesma temeridade com que ofendes a outrem haverá de ser teu próprio castigo; não penses jamais, portanto, que a injustiça prejudica tão só o que é sua vítima e não o que é seu autor. Mais ainda: muitas vezes não prejudica o que sofre a ofensa, senão que necessariamente se volta contra o mesmo ofensor.

autem qui facit necesse est ut noceat. Quid enim nocuit martyribus iniquitas persequentium? Ipsis autem persecutoribus plurimum. Quia etsi aliqui eorum correcti sunt, eo tamen tempore quo persequebantur excaecabat illos malitia eorum. Sic et temerarium iudicium plerumque nihil nocet ei de quo temere iudicatur, ei autem qui temere iudicat ipsa temeritas necesse est ut noceat. Ista regula etiam illud dictum arbitror: *Omnis qui percusserit gladio, gladio morietur*. Quam multi enim gladio percutiunt nec tamen gladio moriuntur, sicut nec ipse Petrus! Sed ne istum venia peccatorum talem poenam evasisse quis putet, quamquam nihil absurdius quam ut maiorem putet gladii poenam esse potuisse, quae Petro non accidit, quam crucis quae accidit, quid tamen de latronibus dicturus est qui cum Domino crucifixi sunt, quia et ille qui meruit veniam, posteaquam crucifixus est meruit, et alter omnino non meruit? An forte omnes quos occiderant crucifixerant; et propterea hoc etiam ipsi pati meruerunt? Ridiculum est hoc putare. Quid ergo aliud dictum est: *Omnis enim qui gladio percusserit gladio morietur*, nisi quia ipso peccato anima moritur, quodcumque commiserit?

XIX

63. Et quoniam de temerario et iniquo iudicio nos hoc loco Dominus monet – vult enim ut simplici corde et in unum Deum intento faciamus quaecumque facimus; et multa incertum est quo corde fiant, de quibus iudicare temerarium est, maxime autem hi temere iudicant de incertis et facile reprehendunt qui magis amant vituperare et damnare quam emendare atque corrigere, quod vitium vel superbiae est, vel invidentiae –, consequenter subicit et dicit: *Quid autem vides festucam in oculo fratris tui, trabem autem in oculo tuo non vides?*, ut si forte verbi gratia ira ille peccavit, tu odio reprehendas. Quantum autem inter festucam et trabem, quasi tantum inter iram distat atque odium. Odium est enim ira inveterata, quasi quae

Que mal, com efeito, causou aos mártires a maldade de seus perseguidores? Aos próprios perseguidores, porém, grandíssimo mal. Conquanto alguns deles tenham acabado por corrigir-se, enquanto eram perseguidores, todavia, estavam enceguecidos por sua própria malícia. Assim, não raro o juízo temerário não prejudica o que é julgado temerariamente, ao passo que o que temerariamente julga é prejudicado por sua própria temeridade. E neste mesmo sentido, a meu ver, é que se disseram as palavras seguintes: *Todos os que tomarem espada morrerão à espada* (Mt 26,52). Mas não é certo que muitos tomaram espada e, no entanto, não morreram à espada, como não morreu o mesmo Pedro? Não obstante, para que ninguém pense que este se livrou de tal pena por lhe terem sido perdoados os pecados – conquanto nada mais absurdo que pensar que poderia ter sido maior a pena da espada, não sofrida por Pedro, que a pena da cruz, que ele indubitavelmente sofreu –, que se dirá dos ladrões que foram crucificados com o Senhor? Porque o que mereceu o perdão, mereceu-o após ter sido crucificado; e o outro absolutamente não o mereceu. Por acaso estes dois ladrões tinham crucificado todos aqueles a que tinham tirado a vida, tendo sido esta a causa mesma de merecerem eles próprios morrer na cruz? É risível pensá-lo. Que outro motivo, pois, há para dizer: *Todos os que tomarem espada morrerão à espada* senão que a alma perece vítima de seu próprio pecado?

XIX

63. E, uma vez que aqui nos adverte o Senhor quanto ao juízo temerário e injusto – pois quer que tudo quanto fizermos seja feito com coração simples e voltado unicamente para Deus; ademais, ignoramos com que intenção se fazem muitas obras, razão por que seria temerário julgá-las; e, já que os que temerariamente julgam do que desconhecem e facilmente censuram são os que antes que emenda e correção buscam injuriar e fazer mal, vício próprio da soberba ou da inveja –, acrescenta o seguinte: *E por que vês tu a aresta no olho de teu irmão, e não vês a trave no teu olho?* (Mt 7,3). E tal se dá quando, diante de um pecado do próximo, alguém o repreende por ódio. Quanta distância entre a aresta e a trave, ou seja, entre a ira e o ódio! Com efeito, o ódio é ira inveterada, tão robustecida, por assim dizer, pela

vetustate ipsa tantum robur acceperit, ut merito appelletur trabes. Fieri autem potest ut, si irascaris homini, velis eum corrigi; si autem oderis hominem, non potes eum velle corrigere.

64. *Quomodo enim dicis fratri tuo: Sine eiciam festucam de oculo tuo, et ecce trabes est in oculo tuo? Hypocrita, eice primum trabem de oculo tuo, et tunc videbis eicere festucam de oculo fratris tui,* id est: Primum abs te expelle odium, et deinde poteris iam eum quem diligis emendare. Et bene ait: *Hypocrita.* Accusare enim vitia officium est virorum bonorum et benivolorum quod cum mali faciunt, alienas partes agunt sicut hypocritae qui tegunt sub persona quod sunt, et ostentant in persona quod non sunt. Hypocritarum ergo nomine simulatores acceperis. Et est vere multum cavendum et molestum simulatorum genus, qui cum omnium vitiorum accusationes odio et livore suscipiant, etiam consultores videri se volunt. Et ideo pie cauteque vigilandum est, ut cum aliquem reprehendere vel obiurgare necessitas coegerit, primo cogitemus, utrum tale sit vitium quod numquam habuimus vel quo iam caruimus. Et si numquam habuimus, cogitemus et nos homines esse et habere potuisse; si vero habuimus et non habemus, tangat memoriam communis infirmitas, ut illam reprehensionem aut obiurgationem non odium sed misericordia praecedat, ut sive ad correctionem eius propter quem id facimus, sive ad perversionem valuerit – nam incertus est exitus – nos tamen de simplicitate oculi nostri securi simus. Si autem cogitantes nosmetipsos invenerimus in eo esse vitio in quo est ille quem reprehendere parabamus, non reprehendamus neque obiurgemus, sed tamen congemiscamus; et non illum ad obtemperandum nobis sed ad pariter conandum invitemus!

65. Nam et illud quod dicit Apostolus: *Factus sum Iudaeis quasi Iudaeus, ut Iudaeos lucrifacerem; his qui sub lege sunt quasi sub lege, cum non sim ipse sub lege, ut eos qui sub lege erant lucrifacerem; his qui sine lege sunt, quasi sine lege, cum sine lege Dei non sim, sed sim in lege Christi, ut lucrifacerem eos qui sine lege sunt. Factus sum infirmis infirmus, ut infirmos lucrifacerem. Omnibus omnia factus sum, ut omnes lucrifacerem,* non utique

longa duração, que justissimamente pode chamar-se viga. O que se encoleriza contra outrem pode concomitantemente desejar-lhe a emenda, mas aquele que odeia não lha pode querer.

64. *Ou como dizes a teu irmão: Deixa-me tirar-te do olho uma aresta, tendo tu no teu uma trave? Hipócrita, tira primeiro a trave do teu olho, e então verás para tirar a aresta do olho do teu irmão* (Mt 7,4-5). Ou seja: primeiro livra-te do ódio, e já depois poderás corrigir a quem amas. E com toda a sua justiça diz o Senhor: *Hipócrita*. Acusar os delitos é um dever de todo e qualquer varão bom e benévolo, e, quando o fazem os maus, desempenham papel alheio, assim como procedem os hipócritas, que escondem atrás da máscara o que são enquanto ostentam o que não são. Por hipócritas, portanto, há que entender os fingidores, esse gênero de gente molesta com que devemos ter sempre cuidado, e que, conquanto seja por ódio ou por inveja que se atribui a tarefa de acusar todos os vícios, pretende aparecer como conselheira. Estejamos piedosa e prudentemente atentos, por conseguinte, para que, quando a necessidade nos obrigue a repreender ou censurar alguém, pensemos primeiramente se nós mesmos já não tivemos o vício de que se trata ou até se ainda não o temos; e, se o tivemos e já não o temos, lembremo-nos da fraqueza comum, a fim de que a repreensão ou censura se preceda não de ódio, mas de misericórdia; e, siga-se quer a emenda daquele que repreendemos ou censuramos, quer sua perversão (dado ser incerto o resultado), estaremos certos da simplicidade do ângulo por que o vimos. Se, todavia, refletindo acerca de nós mesmos, julgamos que somos culpados da mesma culpa em que caiu aquele a quem pretendíamos repreender ou censurar, não o repreendamos nem censuremos, mas choremos com ele, e não o exortemos a obedecer-nos, mas a esforçar-se por emendar-se junto com nós mesmos.

65. *E fiz-me judeu com os judeus* – dizia o Apóstolo – *para ganhar os judeus; com os que estão sob a lei, [fiz-me] como se estivesse sob a lei (não estando eu sob a lei), para ganhar aqueles que estavam sob a lei; com os que estavam sem lei, [fiz-me] como se estivesse sem lei (não estando sem lei de Deus, mas estando na lei de Cristo), para ganhar os que estavam sem lei. Fiz-me fraco com os fracos, para ganhar os fracos. Fiz-me tudo para todos, para salvar a todos* (1Cor 9,20-22). E dizia isto não por fingimento – ao contrário de como pretendem alguns entendê-lo, para que seu próprio

simulatione faciebat, quemadmodum quidam intellegi volunt, ut eorum detestanda simulatio tanti exempli auctoritate muniatur; sed hoc faciebat caritate, qua eius infirmitatem cui volebat subvenire tamquam suam cogitabat. Hoc enim et praestruit dicendo: *Cum enim liber sim ex omnibus, omnium me servum feci, ut plures lucrifacerem.* Quod ut intellegas non simulatione sed caritate fieri, qua infirmis hominibus tamquam nos simus compatimur, ita monet alio loco dicens: *Vos in libertatem vocati estis, fratres, tantum ne libertatem in occasionem carnis detis, sed per caritatem servite invicem.* Quod fieri non potest, nisi alterius infirmitatem quisque habeat quasi suam, ut eam aequanimiter ferat, donec ab ea liberetur ille cuius curat salutem.

66. Raro ergo et magna necessitate obiurgationes adhibendae sunt, ita tamen ut etiam in his ipsis non nobis sed Deo ut serviatur instemus. Ipse est enim finis, ut nihil duplici corde faciamus, auferentes trabem de oculo nostro invidentiae, vel malitiae vel simulationis, ut videamus eicere festucam de oculo fratris. Videbimus enim eam oculis columbae, quales in sponsa Christi praedicantur, quam sibi elegit Deus gloriosam Ecclesiam non habentem maculam, neque rugam, id est mundam et simplicem.

XX

67. Sed quoniam potest nonnullos Dei praeceptis obtemperare cupientes nomen simplicitatis decipere, ut sic putent vitiosum esse aliquando verum occultare, quomodo vitiosum est aliquando falsum dicere, atque hoc modo aperiendo ea quae hi quibus aperiuntur sustinere non possunt, amplius noceant, quam si ea penitus semperque occultarent, rectissime subiungit: *Nolite dare sanctum canibus, neque miseritis margaritas vestras ante porcos, ne forte conculcent eas pedibus suis et conversi disrumpant vos.* Quia et Dominus, quamvis nihil mentitus sit, vera tamen aliqua occultare se ostendit dicens: *Adhuc multa habeo vobis dicere, sed adhuc non potestis illa portare.* Et apostolus Paulus: *Non potui,*

fingimento se abone por exemplo tão autorizado –, mas por caridade, que o fazia considerar como sua a fraqueza daquele a quem queria socorrer. E confirma-o ele próprio ao dizer: *Sendo livre para com todos, fiz-me servo de todos, para ganhar um maior número* (1Cor 9,19). E, para que compreendamos que dizia isto não por fingimento, mas precisamente por essa caridade que nos impele a compadecer-nos dos fracos como se fracos fôssemos nós mesmos, diz-nos alhures: *Vós, irmãos, fostes chamados à liberdade; convém somente que não façais desta liberdade um pretexto para viver segundo a carne; mas servi-vos uns aos outros pela caridade* (Gl 5,13), o que não pode dar-se senão se cada um considera a fraqueza do próximo como sua, e a suporta com toda a equanimidade, até que se livre dela aquele cuja salvação se busca.

66. Assim, só raramente, ou melhor, só em caso de extrema necessidade, devemos recorrer à repreensão, buscando, ainda assim, como sempre, que não sejamos servidos nós mesmos, mas Deus, já que é Ele o fim único; e, para que não façamos nada com duplicidade de coração, há sempre que tirar de nosso próprio olho a viga da inveja, da malícia e do fingimento, a fim de que, vendo agora, possamos tirar a aresta do olho do irmão. Olhá-la-emos, então, com olhos de pomba, como se diz são os olhos da Esposa de Cristo (Ct 4,1),[28] a que Deus escolheu para Si, a gloriosa Igreja, sem mácula nem ruga (Ef 5,27),[29] ou seja, santa e imaculada.[30]

XX

67. Porque, todavia, muitos que desejam cumprir os preceitos de Deus podem ser enganados pela palavra *simplicidade*, julgando ser pecado ocultar por vezes a verdade como o é afirmar a mentira, e porque, assim, revelando coisas a quem não as consegue suportar, podem fazer-lhe mais mal do que fariam se nada lhe tivessem dito, acrescenta justissimamente o Senhor: *Não deis aos cães o que é santo, nem lanceis aos porcos as vossas pérolas, para que não suceda que eles as calquem com os seus pés, e que, voltando-se contra vós, vos dilacerem* (Mt 7,6). Sim, porque o mesmo Senhor, conquanto nunca tenha mentido, nos dá a entender que Ele próprio oculta algumas verdades: *Tenho ainda muitas coisas a dizer-vos, mas vós não as podeis compreender agora* (Jo 16,12). E também o Apóstolo Paulo: *E eu, irmãos, não vos pude falar como*

inquit, *vobis loqui quasi spiritalibus sed quasi carnalibus. Tamquam parvulis in Christo lac vobis potum dedi non escam; neque enim poteratis, sed neque nunc potestis; adhuc enim estis carnales.*

68. In hoc autem praecepto quo prohibemur dare sanctum canibus, et mittere ante porcos margaritas nostras, diligenter quaerendum est quid sit sanctum, quid margaritae, quid canes, quid porci. Sanctum est quod violare atque corrumpere nefas est. Cuius utique sceleris conatus et voluntas tenetur rea, quamvis illud sanctum natura inviolabile atque incorruptibile maneat. Margaritae autem quaecumque spiritalia magna aestimanda sunt; et quia in abdito latent, tamquam de profundo eruuntur, et allegoriarum integumentis quasi apertis conchis inveniuntur. Intellegi licet itaque: una eademque res et sanctum et margarita dici potest, sed sanctum ex eo quod non debet corrumpi, margarita ex eo quod non debet contemni. Conatur autem quisque corrumpere quod non vult esse integrum; contemnit vero quod vile ducit et quasi infra se esse existimat, et ideo calcari dicitur quidquid contemnitur. Quapropter canes, quoniam insiliunt ad dilacerandum; quod autem dilacerant integrum esse non sinunt. *Nolite*, inquit, *dare sanctum canibus*, quia etsi dilacerari et corrumpi non potest et manet integrum atque inviolabile, illi tamen quid velint cogitandum est qui acriter atque inimicissime resistunt, et quantum in ipsis est, si fieri possit, conantur perimere veritatem. Porci vero, quamvis non ita ut canes morsu appetant, passim tamen calcando inquinant. *Ne* ergo *miseritis*, inquit, *margaritas vestras ante porcos, ne forte conculcent eas pedibus suis et conversi disrumpant vos*. Canes ergo pro oppugnatoribus veritatis, porcos pro contemptoribus positos non incongruenter existimo.

69. Quod autem ait: *Conversi disrumpant vos*, non ait: ipsas margaritas disrumpant. Illas enim conculcando etiam cum convertuntur, ut adhuc aliquid audiant, disrumpunt tamen eum a quo iam missas margaritas conculcaverunt. Non enim facile inveneris, quid ei gratum esse possit qui margaritas calcaverit, id est cum magno labore

a espirituais, mas como a carnais. Como a pequeninos em Cristo, nutri-vos com leite, não com alimento sólido; porque não podíeis digeri-lo e nem ainda agora podeis, porque sois ainda carnais (1Cor 3,1-2).

68. Neste preceito, em que nos é proibido dar aos cães o que é santo e lançar aos porcos nossas pérolas, temos de investigar detidamente o que é santo, o que são as pérolas, o que são os cães e o que são os porcos. Santo é aquilo cuja violação ou profanação é delito, sendo culpável já o mero desejo ou a mera tentativa de cometê-la, ainda que o que é santo permaneça, por sua própria natureza, incorruptível e inviolável. As pérolas são os bens espirituais, que se devem ter em altíssima estima, e que, como estão ocultos, se tiram como das profundezas e se encontram no envoltório das alegorias como numa concha. Pode pois afirmar-se que o que é santo e as pérolas são uma só e mesma coisa: o que é santo, porque não se pode corromper; e a pérola, porque não se deve desprezar. Se alguém se empenha em corromper o que não quer que permaneça íntegro, e se despreza o que julga vil, considerando-o inferior a ele próprio, então é efetivamente para dizer que calca o que despreza. E, porque saltam os cães para dilacerar, e porque o que dilaceram não pode permanecer íntegro, diz o Senhor: *Não deis o que é santo aos cães*, pois que, embora o que é santo não possa dilacerar-se nem corromper-se e permaneça íntegro e inviolável, devemos pensar quais são as intenções dos que resistem com aspereza e hostilidade à verdade, tentando por todos os meios destruí-la, como se tal fosse possível. Os porcos, por seu lado, conquanto não ataquem com mordidas como os cães, mancham porém tudo quanto pisam: *Não lanceis*, pois, *aos porcos as vossas pérolas, para que não suceda que eles as calquem com os seus pés, e que, voltando-se contra vós, vos dilacerem.* Com razão se pode, por conseguinte, entender por cães os que atacam a verdade, e por porcos os que a desprezam.

69. *Voltando-se contra vós, vos dilacerem.* Veja-se que não disse: despedacem as pérolas, uma vez que, calcando-as, ainda que se voltem para escutar alguma verdade, dilaceram o que lançara as pérolas que eles pisaram. Sim, porque não poderás achar com facilidade nada que possa ser agradável a quem pisou as pérolas, ou seja, a quem desprezou as coisas divinas encontradas graças a muito esforço. Não vejo como possa deixar de dilacerar-se de indignação e de desgosto o que ensina a homens desse

divina inventa contempserit. Qui autem tales docet quomodo non disrumpatur indignando et stomachando, non video. Utrumque autem animal immundum est, et canis et porcus. Cavendum est ergo, ne quid aperiatur ei qui non capit; melius enim quaerit quod clausum est, quam id quod apertum est aut infestat aut neglegit. Neque vero alia causa repperitur, cur ea quae manifesta et magna sunt, non accipiantur praeter odium aut contemptum, quorum propter unum canes propter alterum porci nominati sunt. Quae tamen omnis immunditia rerum temporalium dilectione concipitur, id est dilectione huius saeculi, cui iubemur renuntiare, ut mundi esse possimus. Qui ergo simplex et mundum cor habere appetit, non debet sibi reus videri, si aliquid occultat quod ille cui occultat capere non potest. Nec ex eo arbitrandum est licere mentiri; non enim est consequens ut, cum verum occultatur, falsum dicatur. Agendum ergo primum est, ut impedimenta detrahantur quibus efficitur ut non capiat; quia utique si propter sordes non capit, mundandus est vel verbo vel opere, quantum fieri a nobis potest.

70. Quod autem Dominus noster quaedam dixisse invenitur quae multi qui aderant vel resistendo vel contemnendo non acceperunt, non putandus est sanctum dedisse canibus aut margaritas misisse ante porcos; non enim eis dedit qui capere non poterant, sed eis qui poterant et simul aderant quos propter aliorum immunditiam neglegi non oportebat. Et cum eum tentatores interrogabant respondebatque illis ita ut quid contradicerent non haberent, quamvis venenis suis contabescerent potius quam illius cibo saturarentur, alii tamen qui poterant capere ex illorum occasione multa utiliter audiebant. Hoc dixi, ne quis forte, cum interroganti respondere non potuerit, hac sententia sibi excusatus videatur si dicat nolle se sanctum canibus dare vel ante porcos mittere margaritas. Qui enim novit quid respondeat, debet respondere vel propter alios quibus desperatio suboritur, si propositam quaestionem solvi non posse crediderint, et hoc de rebus utilibus et ad instructionem salutis pertinentibus. Multa sunt enim

gênero. E ambos, o cão como o porco, são animais imundos. Por conseguinte, evite-se revelar algo aos que não estejam em condições de compreendê-lo, porque preferirão o que permanece oculto, e odiarão e desprezarão o que se revelou. Não pode conceber-se outro motivo para que rejeitem verdades tão manifestas e excelsas senão tal ódio e tal desprezo; pelo ódio são ditos cães, e pelo desprezo porcos. E toda essa imundície não é possível senão pelo amor das coisas temporais, ou seja, pelo amor deste mundo, ao qual se nos ordena renunciemos para que possamos estar limpos. Aquele pois que quer ter coração simples e limpo não deve sentir-se culpado se esconde alguma verdade a alguém que não está em condições de compreendê-la; mas nem por isso devemos pensar que seja lícita a mentira, pois não se segue que haja mentira quando se esconde a verdade. Comecemos por tirar os obstáculos que impedem a alguém compreender certa verdade; porque, se não a compreende por ter a alma maculada, devemos buscar que se limpe, exortando-o quanto possamos com nossas palavras e com nosso exemplo.

70. E não devemos pensar que o Senhor, por dizer coisas que muitos dos que O escutavam não só não aceitaram mas resistiram ou desprezaram, deu o que é santo aos cães ou lançou pérolas aos porcos, pois que não os deu aos que não o podiam compreender, mas sim aos que, estando presentes, podiam fazê-lo, a quem pois não era justo deixar de parte pela imundície dos outros. E, se alguns, tentando-O, perguntavam-Lhe e Ele lhes respondia de modo que os deixava sem ter que retorquir, preferindo porém consumir-se eles em seu próprio veneno a saciar-se com o manjar que Ele mesmo lhes oferecia, havia outros, em contrapartida, que podendo compreender estavam em condições de ouvir muitas coisas com proveito. E se o digo é para que ninguém, por não poder responder ao que se lhe pergunta, se tenha por escusado e diga que não quer dar o que é santo aos cães nem lançar pérolas aos porcos. O que sabe o que responder deve fazê-lo, ao menos pelos que perderão a esperança se julgarem que a questão proposta não pode ser resolvida; mas isto não vale senão para o que diz respeito às coisas úteis e às atinentes à doutrina da salvação, porque muitas são as coisas que os ociosos podem perguntar, coisas vãs e supérfluas, e amiúde prejudiciais, as quais, se algo houver que dizer delas, devemos

quae inquiri ab otiosis possunt, supervacua et inania et plerumque noxia, de quibus tamen nonnihil dicendum est: sed hoc ipsum aperiendum et explicandum, cur inquiri talia non oporteat. De rebus vero utilibus aliquando ad id respondendum est quod interrogamur, sicut Dominus fecit, cum eum Sadducaei de muliere interrogassent quae septem viros habuit, cuius eorum in resurrectione futura esset. Respondit enim quod *in resurrectione neque nubent neque uxores ducent, sed erunt sicut angeli in caelis*. Aliquando autem ille qui interrogat, interrogandus est aliud, quod tamen si dixerit, ipse sibi ad id quod interrogavit respondeat; si autem dicere noluerit, non videatur his qui adsunt iniustum, si et ipse quod interrogavit non audiat. Nam et illi qui interrogaverunt tentantes, utrum reddendum esset tributum, interrogati sunt aliud, id est cuius haberet nummus imaginem qui ab ipsis prolatus est; et quia dixerunt quod interrogati erant, id est Caesaris imaginem habere nummum, ipsi sibi quodammodo responderunt id quod Dominum interrogaverant. Itaque ille ex eorum responsione ita conclusit: *Reddite ergo Caesari quod Caesaris est, et Deo quod Dei est*. Cum autem principes sacerdotum et seniores populi interrogassent, in qua potestate illa faceret, interrogavit eos de baptismate Iohannis; et cum nollent dicere quod contra se videbant dici, de Iohanne autem nihil mali dicere auderent propter circumstantes: *Nec ego*, inquit, *vobis dicam, in qua potestate haec facio*, quod iustissimum apparuit circumstantibus. Hoc enim se dixerunt nescire quod non nesciebant, sed dicere nolebant. Et re vera iustum erat, ut qui sibi volebant responderi quod interrogaverant, prius ipsi facerent quod erga se fieri postulabant; quod si fecissent, ipsi sibi utique respondissent. Ipsi enim miserant ad Iohannem quaerentes quis esset, vel potius ipsi missi erant sacerdotes et levitae putantes quod ipse esset Christus, cum ille se negavit esse et de Domino testimonium perhibuit. De quo testimonio si confiteri vellent, ipsi se docerent, in qua potestate illa faceret Christus, quod quasi nescientes interrogaverant, ut calumniandi aditum repperirent.

qualificar franca e precisamente como se acaba de fazer, explicando, ao mesmo tempo, a inconveniência de perguntá-las. Tratando-se porém de coisas úteis, devemos muitas vezes responder ao que nos perguntem, como o fez o Senhor quando os saduceus Lhe perguntaram de qual marido a mulher que tivera sete havia de ser esposa após a ressurreição. Respondeu Ele que após a ressurreição ninguém tomará esposa nem marido, sendo todos como os anjos no céu. Por vezes, no entanto, a quem pergunta deve perguntar-se outra coisa, porque, se responder a esta, ele próprio responderá ao que ele mesmo perguntou; se porém não quiser responder, não parecerá injusto aos presentes que não se lhe tenha respondido à questão. Sim, porque ainda aos que Lhe perguntaram, tentando-O, se se devia pagar tributo, fez-lhes Ele outra pergunta, qual seja, de quem era a imagem que trazia a moeda apresentada por eles, e, uma vez que todos responderam a esta última pergunta, dizendo que a moeda trazia a imagem de César, eles próprios, de certo modo, responderam ao que eles mesmos tinham perguntado ao Senhor, razão por que Ele, segundo a resposta deles, concluiu: *Dai pois a César o que é de César, e a Deus o que é de Deus* (Mt 20,21). E, como noutra ocasião os príncipes dos sacerdotes e os anciãos do povo Lhe tivessem perguntado com que poder fazia o que fazia, perguntou-lhes sobre o batismo de João, e, como não quisessem responder, porque viam que suas palavras se voltariam contra eles mesmos, e porque, por temor dos circunstantes, não se atreviam a falar mal de João, respondeu Cristo: *Pois nem eu vos digo com que poder faço estas coisas* (Mt 21,27), resposta que aos presentes pareceu muitíssimo justa. Afirmaram aqueles príncipes e anciãos que ignoravam o que em verdade conheciam perfeitamente, e se assim procederam é porque não queriam dizê-lo; e era justo que, querendo eles resposta à sua pergunta, fizessem primeiro aquilo mesmo que queriam se fizesse com respeito a eles: se o tivessem feito, eles próprios ter-se-iam respondido a si mesmos. Eles tinham enviado alguns a perguntar a João quem era ele, ou melhor: os próprios enviados eram sacerdotes e levitas que criam fosse ele o Cristo, o que ele negou, dando assim testemunho do Senhor (Jo 1,19); se reconhecessem este testemunho, confessar-se-iam a si mesmos com que poder fazia Cristo aquelas coisas, e por isso perguntaram o que perguntaram simulando ignorância, com o fim de achar pretexto para caluniá-Lo.

XXI

71. Cum igitur praeceptum esset, ne sanctum detur canibus et margaritae ante porcos mittantur, potuit auditor occurrere ac dicere, conscius ignorantiae atque infirmitatis suae et audiens praecipi sibi ne daret quod se ipsum nondum accepisse sentiebat: potuit ergo occurrere ac dicere: Quod sanctum me dare canibus et quas margaritas me mittere ante porcos vetas, cum adhuc ea me habere non videam? Opportunissime subiecit dicens: *Petite, et dabitur vobis; quaerite, et invenietis; pulsate, et aperietur vobis. Omnis enim qui petit accipit, et qui quaerit invenit, et pulsanti aperietur.* Petitio pertinet ad impetrandam sanitatem firmitatemque animi, ut ea quae praecipiuntur implere possimus, inquisitio autem ad inveniendam veritatem. Cum enim beata vita actione et cognitione compleatur, actio facultatem virium, contemplatio manifestationem rerum desiderat. Horum ergo primum petendum, secundum quaerendum est, ut illud detur, hoc inveniatur. Sed cognitio in hac vita viae prius quam ipsius possessionis est. Sed cum quisque veram viam invenerit, perveniet ad ipsam possessionem, quae tamen pulsanti aperietur.

72. Ut ergo tria ista, id est petitio, inquisitio, pulsatio, manifesta fiant, sub aliquo exemplo ponamus aliquem infirmis pedibus ambulare non posse. Prius ergo sanandus et firmandus est ad ambulandum, et ad hoc pertinet quod dixit: *Petite.* Quid autem prodest quod ambulare iam vel etiam currere potest, si per devia itinera erraverit? Secundum ergo est ut inveniat viam quae ducit eo quo vult pervenire. Quam cum tenuerit et peregerit, eum ipsum locum ubi habitare vult si clausum invenerit, neque ambulare potuisse neque ambulasse ac pervenisse profuerit, nisi aperiatur; ad hoc pertinet quod dictum est: *Pulsate.*

73. Magnam autem spem dedit ille qui promittendo non decipit; ait enim: *Omnis qui petit accipit, et qui quaerit invenit, et pulsanti aperietur.* Ergo perseverantia opus est, ut accipiamus quod petimus,

XXI

71. Tendo, portanto, proibido Ele que se desse o que é santo aos cães e que se lançassem pérolas aos porcos, e como podia muito bem suceder que algum de seus ouvintes, ciente de sua ignorância e de sua fraqueza, ao ouvir que se lhe proibia dar o que ainda não sentia ter recebido, se apresentasse para dizer-Lhe: Que é isso que é santo e que me proíbes dê aos cães, e que pérolas não hei de lançar aos porcos, se ainda não vejo que as tenha?, oportunamente acrescentou o Senhor: *Pedi e vos será dado; buscai, e achareis; batei, e abrir-se-vos-á. Porque todo o que pede recebe; e o que busca encontra; e a quem bate, abrir-se-á* (Mt 7,6-7). O pedir visa a obter a saúde e a firmeza da alma, para que possamos cumprir o que se nos manda; o buscar visa a encontrar a verdade; porque, como a vida bem-aventurada é constituída pela ação e pelo conhecimento, e como a ação requer o uso das próprias forças, e a contemplação requer a revelação das coisas, é preciso pedir a primeira, para obtê-la, e buscar a segunda, para encontrá-la. E, conquanto nesta vida o conhecimento do caminho anteceda ao conhecimento do bem que se há de possuir, no momento mesmo, porém, em que alguém encontrar o caminho verdadeiro, alcançará a própria posse deste bem, posse que todavia só se abre ao que bate.

72. A fim de que se compreendam claramente estas três coisas, o pedir, o buscar e o bater,[31] imaginemos alguém doente dos pés e impossibilitado de andar. Antes de tudo o enfermo deve ser curado, para que possa caminhar; e a isto refere-se Ele ao dizer: *Pedi*. Mas que lhe vale poder andar, e até correr, se marcha errante por caminhos tortos? Segue-se, assim, que deve primeiro encontrar o caminho que o há de conduzir ao lugar aonde quer chegar. Após ter encontrado o caminho, e após ter chegado à casa onde deseja viver, se porém a encontra fechada, e se não a abrem, de nada lhe terá valido o ter podido andar nem o ter chegado ao objetivo. E a isto se refere Cristo ao dizer: *Batei*.

73. É grande a esperança que nos deu, e que nos dá, O que não engana ao prometer. Diz o Senhor: *Todo o que pede recebe; e o que busca encontra; e a quem bate, abrir-se-á* (Mt 7,6-7). Portanto, é de perseverança que necessitamos para receber o que pedimos, para encontrar o que buscamos e

et inveniamus quod quaerimus, et quod pulsamus aperiatur. Quemadmodum autem egit de volatilibus caeli et de liliis agri, ne victum nobis vestitumque desperaremus affuturum, ut spes a minoribus ad maiora consurgeret, ita et hoc loco: *Aut quis erit*, inquit, *ex vobis homo, quem si petierit filius eius panem, numquid lapidem porriget ei? Aut si piscem petierit, numquid serpentem porriget ei? Si ergo vos, cum sitis mali, nostis bona data dare filiis vestris, quanto magis Pater vester qui in caelis est dabit bona petentibus se!* Quomodo mali dant bona? Sed malos appellavit dilectores adhuc saeculi huius et peccatores. Bona vero quae dant secundum eorum sensum bona dicenda sunt, quia haec pro bonis habent. Quamquam et in rerum natura ista bona sint, sed temporalia et ad istam vitam infirmam pertinentia. Et quisquis ea malus dat non de suo dat; *Domini est* enim *terra et plenitudo eius*; *qui fecit caelum et terram et mare et omnia quae in eis sunt*. Quantum ergo sperandum est daturum Deum nobis bona petentibus nec nos posse decipi, ut accipiamus aliud pro alio cum ab ipso petimus, quando nos etiam, cum sumus mali, novimus id dare quod petimur! Non enim decipimus filios nostros; et qualiacumque bona damus, non de nostro sed de ipsius damus.

XXII

74. Firmitas autem et valentia quaedam ambulandi per sapientiae viam in bonis moribus constituta est, qui perducuntur usque ad mundationem simplicitatemque cordis, de qua iam diu loquens ita concludit: *Omnia ergo quaecumque vultis ut faciant vobis homines bona, ita et vos facite illis; haec est enim Lex et Prophetae.* In exemplaribus graecis sic invenimus: *Omnia ergo quaecumque vultis ut faciant vobis homines, ita et vos facite illis.* Sed ad manifestationem sententiae puto a latinis additum *bona*. Occurrebat enim quod, si quisquam flagitiose aliquid erga se fieri velit et ad hoc referat istam sententiam, veluti

para que se nos abra a porta a que batemos. E, assim como alhures referiu as aves do céu e os lírios do campo, para que não duvidássemos que não nos haveriam de faltar a comida nem o vestido, e para que a esperança se elevasse do menor para o maior, assim diz aqui o Senhor: *E qual de vós porventura é o homem que, se seu filho lhe pedir pão, lhe dará uma pedra? E, se lhe pedir um peixe, dar-lhe-á uma serpente? Se vós, pois sendo maus, sabeis dar boas dádivas a vossos filhos, quanto mais vosso Pai, que está nos céus, dará bens aos que lhos pedirem?* (Mt 7,9-11).Como os maus podem dar bens? Sucede que Ele chamou maus aos que ainda amam este século e aos pecadores, e os bens que eles dão devem, segundo seu mesmo critério, chamar-se bens, porque de fato os têm por tais; e, naturalmente falando, trata-se de verdadeiros bens, mas bens temporais e próprios desta vida efêmera, e, ademais, nada de tudo quanto dá um homem mau é verdadeiramente seu, uma vez que *do Senhor é a terra, e tudo o que ela encerra* (Sl 23,1), o mesmo Senhor que *fez o céu e a terra, o mar e todas as coisas que neles há* (Sl 145,6). Com quanta confiança, portanto, podemos esperar que Deus nos dê os bens que Lhe peçamos, e quão certos devemos estar de que não seremos enganados, de que não nos dará uma coisa por outra quando Lhe pedimos, se até nós mesmos, que somos maus, sabemos dar o que nos é pedido!? Com efeito, não enganamos nossos filhos, mas quando damos bens não damos nada de nosso, dado serem todos d'Ele.

XXII

74. A firmeza e a coragem para avançar na estrada da sabedoria radicam nos bons costumes, os quais se aperfeiçoam até alcançar a limpeza e a simplicidade de coração, a respeito das quais, após tê-las tratado detidamente, conclui deste modo o Senhor: *Assim, todos os bens que quereis que os homens vos façam a vós, fazei-os também vós a eles, porque esta é a Lei e os Profetas* (Mt 7,12).[32] Nos exemplares gregos, lemo-lo assim: *Tudo o que quereis que os homens vos façam a vós, fazei-o também vós a eles.*[33] Julgo que para esclarecer-nos o pensamento é que acrescentaram os exemplares latinos a palavra *bens*, pois que, com efeito, podia suceder que alguém, apoiando-se neste texto, desejasse lhe fizessem algo péssimo, como estimulá-lo a beber descomedidamente e

se velit aliquis provocari ut immoderate bibat et se ingurgitet poculis et hoc prior illi faciat a quo sibi fieri cupit, ridiculum est hunc putare istam implevisse sententiam. Cum hoc ergo moveret ut arbitror, additum est ad manifestationem rei unum verbum, ut posteaquam dictum est: *Omnia ergo quaecumque vultis ut faciant vobis homines*, adderetur *bona*. Quod si deest exemplaribus graecis, etiam illa emendanda sunt. Sed quis hoc audeat? Intellegendum est ergo plenam esse sententiam et omnino perfectam, etiamsi hoc verbum non addatur. Id enim quod dictum est: *Quaecumque vultis*, non usitate ac passim sed proprie dictum accipi oportet. Voluntas namque non est nisi in bonis; nam in malis flagitiosisque factis cupiditas proprie dicitur non voluntas. Non quia sic semper loquuntur Scripturae, sed ubi oportet ita omnino proprium verbum tenent, ut non aliud sinant intellegi.

75. Videtur autem hoc praeceptum ad dilectionem proximi pertinere non etiam ad Dei, cum alio loco duo praecepta esse dicat in quibus *tota Lex pendet et* omnes *Prophetae*. Nam si dixisset: Omnia quaecumque vultis fieri vobis, haec et vos facite, hac una sententia utrumque illud praeceptum complexus esset; cito enim diceretur diligi se velle unumquemque et a Deo et ab hominibus. Itaque cum ei hoc praeciperetur, ut quod sibi fieri vellet hoc faceret, id utique praeciperetur, ut diligeret et Deum et homines. Cum vero expressius de hominibus dictum est: *Omnia ergo quaecumque vultis ut faciant vobis homines, ita et vos facite illis*, nihil aliud dictum videtur quam: *Diliges proximum tuum tamquam te ipsum*. Sed non est neglegenter attendendum quod hic subiecit: *Haec est enim Lex et Prophetae*. In illis autem duobus praeceptis non tantum ait: *Lex pendet et Prophetae*, sed addidit: *tota Lex et* omnes *Prophetae*, pro eo quod est omnis prophetia. Quod cum hic non addidit, servavit locum alteri praecepto quod ad dilectionem Dei pertinet. Hic autem, quoniam praecepta simplicis cordis exsequitur, et erga eos metuendum est, ne habeat quisque duplex cor, quibus

engolfar-se na embriaguez, e fizesse ele primeiramente a outro precisamente o que queria que lhe fizessem a ele. Com efeito, seria ridículo este homem pensar que estivesse cumprindo tal preceito, mas justamente para que, esclarecido absolutamente o assunto, se evitassem de todo interpretações equívocas é que, a meu ver, se acrescentou à frase *Tudo o que quereis que os homens vos façam a vós, fazei-o também vós a eles* a palavra *bens*, deixando-a tal como a lemos nos exemplares latinos. Mas, se esta palavra de fato fizesse falta nos exemplares gregos, haveria que emendá-los também a eles. Quem todavia ousaria fazê-lo? Devemos portanto admitir que o pensamento está completo e perfeito ainda que não se tenha o acréscimo da palavra *bens*; porque não se deve considerar que se disse a expressão *tudo o que quereis* em sentido geral e indefinido: disse-se em sentido próprio, uma vez que a vontade não se volta senão para o bem, e uma vez que o mau e o perverso não são objeto da vontade, mas da paixão. Nem sempre falam as Escrituras em sentido próprio; quando no entanto convém, usam de palavras em sentido próprio, para não permitir que se subentendam outras.

75. Parece, pois, que este preceito se refere ao amor do próximo, e não concomitantemente ao amor de Deus, já que alhures afirma o Senhor que são dois os preceitos de que dependem toda a Lei e os Profetas (Mt 22,37-40).[34] Se tivesse dito: Tudo o que quereis que vos façam a vós, fazei-o também vós, ter-se-ia abarcado nesta única frase aqueles dois preceitos, uma vez que, então, poderíamos discorrer desta maneira: cada um quer ser amado tanto por Deus como pelos homens, e, assim, no próprio preceito de querer para os outros o que quereríamos para nós mesmos, estaria subentendido o de amar a Deus e aos homens. Como todavia o Senhor se refere expressamente aos homens: *Tudo o que quereis que os homens vos façam a vós, fazei-o também vós a eles*, parece que se refere unicamente ao mandamento: *Amarás o teu próximo como a ti mesmo* (Mt 22,39). Mas note-se que no preceito que aqui nos ocupa Ele acrescentou: *porque esta é a Lei e os Profetas* (Mt 7,12). Quanto àqueles dois preceitos, não disse tão somente que deles dependiam a Lei e os Profetas, mas *toda a Lei e os Profetas* (Mt 22,40), ou seja: todas as profecias. Por conseguinte, se no preceito que nos ocupa não se expressou desta maneira, é porque reservou outro lugar para o preceito do amor de Deus. Como, no entanto, propõe aqui

occultari cor potest, id est erga homines, id ipsum praecipiendum fuit. Nemo enim fere est qui velit quemquam duplici corde secum agere. Id autem fieri non potest, id est ut simplici corde aliquid homo homini tribuat, nisi ita tribuat, ut nullum ab eo temporale commodum expectet, et ea intentione faciat de qua superius satis tractavimus, cum de oculo simplici loqueremur.

76. Mundatus ergo oculus simplexque redditus aptus et idoneus erit ad intuendam et contemplandam interiorem lucem suam. Iste enim oculus cordis est. Hunc autem talem oculum habet ille qui finem bonorum operum suorum ut vere bona opera sint, non in eo constituit, ut hominibus placeat, sed etiam, si provenerit ut eis placeat, ad eorum salutem potius hoc refert et ad gloriam Dei, non ad inanem iactantiam suam; neque propterea boni aliquid ad salutem proximi operatur, ut ex eo comparet ea quae huic vitae transigendae sunt necessaria; neque temere animum hominis voluntatemque condemnat in eo facto in quo non apparet quo animo et voluntate sit factum; et quidquid officiorum exhibet homini, hac intentione exhibet qua sibi exhiberi vult, id est ut non ab eo commodi aliquid temporalis expectet. Ita erit cor simplex et mundum, in quo quaeritur Deus. *Beati* ergo *mundicordes, quia ipsi Deum videbunt.*

XXIII

77. Sed hoc quia paucorum est, iam incipit de investiganda et possidenda sapientia loqui, quod est lignum vitae. Cuius utique investigandae ac possidendae, id est contemplandae, talis oculus per omnia superiora perductus est, quo videri iam possit arta via et angusta porta. Quod ergo deinceps dicit: *Introite per angustam portam; quam lata porta et spatiosa via quae ducit ad perditionem, et multi sunt qui introeunt per eam. Quam angusta est porta et arta via quae ducit ad vitam, et pauci sunt qui eam inveniunt,* non ideo dicit quia iugum Domini asperum

normas a respeito da simplicidade de coração, e como não podemos ter coração dúplice senão quando tratamos com aqueles a quem podemos esconder nosso próprio coração, ou seja, com os homens, teve Ele de expressar-se desta maneira. Sim, porque dificilmente haverá quem deseje ser tratado com duplicidade de coração. Pois bem, não agiremos com simplicidade de coração com respeito a nossos semelhantes senão quando agirmos sem esperar nenhuma retribuição temporal, e quando os tratarmos com aquela intenção simples de que já nos ocupamos bastante ao falar do olho simples.

76. Uma vez que se tenha purificado e se tenha tornado simples, nosso olho estará apto e será idôneo para contemplar sua própria luz interior, pois que é o olho do coração. E este olho puro e simples é próprio do que, por desejar que suas boas ações sejam verdadeiramente boas, não põe o fim delas em agradar aos homens; e, se acaba por agradar-lhes, refere-o antes à salvação deles mesmos e à glória de Deus do que à vã jactância própria; não obra pela salvação do próximo visando antes a prover-se do necessário para esta vida, nem condena temerariamente a intenção nem a vontade de outrem quando não está patente com que espírito nem com que vontade agiu; e presta todo e qualquer serviço que presta com a mesma intenção com que deseja lho prestem a ele, ou seja, sem esperar por seu serviço nenhum bem temporal: assim deve ser o coração puro e simples com que se busca a Deus. *Bem-aventurados*, pois, *os limpos de coração, porque verão a Deus.*

XXIII

77. Como no entanto poucos conseguem isto, passa já a falar o Senhor da busca e da posse da sabedoria, que é a árvore da vida, tendo sido o olho limpo preparado do modo dito acima precisamente para descobri-la e possuí-la, ou seja, contemplá-la, e para poder conhecer o caminho e a porta estreita. Diz Ele: *Entrai pela porta estreita, porque larga é a porta e espaçoso o caminho que conduz à perdição, e muitos são os que entram por ela. Que estreita é a porta e que apertado o caminho que conduz à vida, e quão poucos são os que acertam com ele!* (Mt 7,13-14). E isto não se diz porque seja duro o jugo do Senhor e grande

est aut sarcina gravis, sed quia labores finire pauci volunt minus credentes clamanti: *Venite ad me omnes qui laboratis, et ego vos reficiam. Tollite iugum meum et discite a me, quoniam mitis sum et humilis corde; iugum enim meum lene est, et sarcina mea levis est* – hinc autem iste sermo sumpsit exordium de humilibus et mitibus corde –, quod iugum lene et levem sarcinam multi respuunt, pauci subeunt; eoque fit arta via quae ducit ad vitam, et angusta porta qua intratur in eam.

XXIV

78. Hic ergo illi qui promittunt sapientiam cognitionemque veritatis, quam non habent, praecipue cavendi sunt, sicut sunt haeretici, qui se plerumque paucitate commendant. Et ideo, cum dixisset paucos esse qui inveniunt angustam portam et artam viam, ne se illi supponant nomine paucitatis, statim subiecit: *Cavete a pseudoprophetis, qui veniunt ad vos in vestitu ovium, intrinsecus autem sunt lupi rapaces.* Sed isti non fallunt oculum simplicem, qui arborem dignoscere ex fructibus novit; ait enim: *Ex fructibus eorum cognoscetis eos. Deinde similitudines adiungit: numquid colligunt de spinis uvas aut de tribulis ficus? Sic omnis arbor bona bonos fructus facit, mala autem arbor malos fructus facit. Non potest arbor bona fructus malos facere, neque arbor mala fructus bonos facere. Omnis arbor quae non facit fructum bonum, excidetur et in ignem mittetur. Igitur ex fructibus eorum cognoscetis eos.*

79. Quo loco illorum error maxime cavendus est qui de his ipsis duabus arboribus duas naturas opinantur esse, quarum una sit Dei, altera vero nec Dei nec ex Deo. De quo errore in aliis libris et iam disputatum est uberius et, si adhuc parum est, disputabitur; nunc autem non eos adiuvare istas duas arbores docendum est. Primo quia de hominibus eum dicere tam clarum est, ut quisquis praecedentia et consequentia legerit, miretur eorum caecitatem. Deinde attendunt quod dictum est: *Non potest arbor bona fructus malos facere, neque arbor mala*

seu peso, mas sim porque são poucos os que querem que tenham fim seus trabalhos, dando pouco crédito a Aquele que clama: *Vinde a mim todos os que trabalhais [fatigando-vos] e vos achais carregados, e eu vos aliviarei. Tomai sobre vós o meu jugo, e aprendei de mim, que sou manso e humilde de coração* (...). *Porque o meu jugo é suave, e o meu peso é leve* (Mt 11,28-30). (Daqui teve início este sermão: dos humildes e mansos de coração.) Muitos rejeitam este jugo suave e este peso leve, e poucos os aceitam, e por isso é estreito o caminho que conduz à vida, e estreita a porta por que se entra nela.

XXIV

78. A esse respeito, devemo-nos precaver sobretudo dos que prometem a sabedoria e o conhecimento da verdade, sabedoria e conhecimento que eles próprios não têm, como é o caso dos hereges, que amiúde se recomendam a si mesmos por ser pequeno seu número. Assim, tendo dito o Senhor que são poucos os que encontram a porta e o caminho estreitos, acrescenta, precisamente para que não se sintam aludidos tais hereges quando fala de *poucos*: *Guardai-vos dos falsos profetas, que vêm a vós com vestidos de ovelhas, e por dentro são lobos rapazes* (Mt 7,15). Mas estes não enganam o olhar simples, que sabe distinguir a árvore por seus frutos. Por isso prossegue o Senhor: *Pelos seus frutos os conhecereis*, palavras a que se segue uma quantidade de comparações: *Porventura colhem-se uvas dos espinhos, ou figos dos abrolhos? Assim, toda a árvore boa dá bons frutos, e a árvore má dá maus frutos. Não pode uma árvore boa dar maus frutos, nem uma árvore má dar bons frutos. Toda a árvore que não dá bom fruto será cortada e lançada no fogo. Vós os conhecereis pelos seus frutos* (Mt 7,16-19).

79. A esta altura, é preciso ter particular cuidado com o erro dos que, fundados nestas duas árvores, deduzem que há duas naturezas: uma que é de Deus, e uma que não é de Deus nem procede de Deus. Deste erro já me ocupei longamente em outros livros, e me ocuparei sempre que necessário; agora, é preciso provar que estas duas árvores não lhes favorecem a teoria. Primeiramente, porque é tão claro que Cristo se refere aqui aos homens, que quem quer que analise o que antecede a estas suas palavras e o que se lhes segue ficará admirado da cegueira daqueles equivocados. Depois, fixam-se

fructus bonos facere, et ideo putant neque animam malam fieri posse ut in melius commutetur neque bonam in deterius, quasi dictum sit: Non potest arbor bona mala fieri neque arbor mala bona fieri. Sed dictum est: *Non potest arbor bona malos fructus facere, neque arbor mala bonos fructus facere.* Arbor est quippe ipsa anima, id est ipse homo, fructus vero opera hominis. Non ergo potest malus homo bona operari neque bonus mala. Malus ergo, si vult bona operari, bonus primo fiat. Sic alio loco evidentius dicit ipse Dominus: *Aut facite arborem bonam, aut facite arborem malam.* Quod si duas naturas istorum his duabus arboribus figuraret, non diceret: *Facite.* Quis enim hominum potest facere naturam? Deinde etiam ibi, cum ipsarum duarum arborum mentionem fecisset, subiecit: *Hypocritae, quomodo potestis bona loqui, cum sitis mali?* Quam diu ergo quisque malus est, non potest facere fructus bonos; si enim bonos fructus fecerit, iam malus non erit. Sic verissime dici potuit: Non potest esse nix calida; cum enim calida esse coeperit, non iam eam nivem sed aquam vocamus. Potest ergo fieri ut quae nix fuit non sit, non autem potest fieri ut nix calida sit. Sic potest fieri ut qui malus fuit non sit malus, non tamen fieri potest ut malus bene faciat. Qui etiamsi aliquando utilis est, non hoc ipse facit, sed fit de illo divina procurante providentia, sicut de pharisaeis dictum est: *Quae dicunt facite; quae autem faciunt, facere nolite.* Hoc ipsum quod bona dicebant, et ea quae dicebant, utiliter audiebantur et fiebant, non erat illorum: *Cathedram* enim, inquit, *Moysi sedent.* Per divinam ergo providentiam legem Dei praedicantes, possunt esse audientibus utiles, cum sibi non essent. De talibus alio loco per prophetam dictum est: *Seminatis triticum et spinas metitis*, quia bona praecipiunt et mala faciunt. Non ergo qui eos audiebant et faciebant quae ab eis dicebantur, de spinis legebant uvas, sed per spinas de vite legebant uvas; tamquam si manum aliquis per sepem mittat, aut certe de vite quae sepi fuerit involuta, uvam legat, non spinarum est fructus ille sed vitis.

eles nestas palavras: *Não pode uma árvore boa dar maus frutos, nem uma árvore má dar bons frutos*, e deduzem delas que nem a alma boa pode fazer-se má, nem a má pode tornar-se boa, como se se tivesse dito: Não pode uma árvore boa fazer-se má, nem uma árvore má tornar-se boa. Mas as palavras do Senhor são exatamente estas: *Não pode uma árvore boa dar maus frutos, nem uma árvore má dar bons frutos*. Com efeito, a árvore é a alma, ou seja, o homem, e os frutos são as obras do homem; logo, não pode o homem mau obrar o bem, nem pode o homem bom obrar o mal. Se o mau quer fazer obras boas, deve primeiro tornar-se bom. E, de fato, assim se expressa alhures o Senhor, em termos ainda mais claros: *Ou fazei a árvore boa, ou fazei a árvore má* (Mt 12,33).[35] Se estas duas árvores fossem figuras de duas naturezas, não teria dito Ele: *Fazei*, porque que homem pode fazer qualquer natureza? Ademais, após mencionar as duas árvores, acrescenta: *Raça de víboras, como podeis dizer coisas boas, vós, que sois maus?* (Mt 12,34). Em suma, enquanto alguém é mau, não pode dar frutos bons, pois se desse frutos bons já não seria mau. Por isso pode dizer-se, com toda a verdade: a neve não pode ser quente, pois que, assim que começa a ficar quente, já não lhe chamamos neve, mas água. Pode suceder, sim, que o que foi neve já não o seja, mas não que a neve seja quente. Igualmente, pode suceder, sim, que o que foi mau já não o seja, mas não que o que é mau faça o bem. Se este alguma vez faz algo útil, não o faz ele, senão que é a Divina Providência a que então faz dele instrumento, como se vê pelo que se disse dos fariseus: *Fazei tudo o que eles vos disserem; mas não imiteis as suas ações* (Mt 23,3).[36] O fato de dizerem o que é bom, bem como o fato de suas palavras serem escutadas com proveito e postas pois em prática, não era coisa deles, porque se tinham sentado *sobre a cadeira de Moisés* (Mt 23,2). Podiam eles, portanto, graças à Divina Providência, ser úteis aos ouvintes quando pregavam a Lei de Deus, conquanto não o fossem a si mesmos. Deles disse alhures o Profeta: *Semearam trigo, e colheram espinhos* (Jr 12,13), precisamente porque mandavam fazer o bem mas praticavam o mal. Assim, não colhiam uvas dos espinhos os que os escutavam e que faziam o que eles diziam, senão que através dos espinhos colhiam uvas da videira. É como se alguém, metendo a mão através de uma sebe, colhesse uvas da videira que está atrás desta sebe, o que, obviamente, não quereria dizer que tais uvas fossem fruto do espinheiro-ardente, mas tão somente da mesma videira.

80. Rectissime sane quaeritur, quos fructus nos attendere voluerit, quibus cognoscere arborem possimus. Multi enim quaedam in fructibus deputant, quae ad vestitum ovium pertinent, et hoc modo a lupis decipiuntur: sicuti sunt vel ieiunia vel orationes vel eleemosynae; quae omnia nisi fieri etiam ab hypocritis possent, non superius diceret: *Cavete iustitiam vestram facere coram hominibus, ut videamini ab eis.* Qua sententia proposita ipsa tria exsequitur: eleemosynam, orationem, ieiunium. Multi enim multa pauperibus non misericordia sed ambitione largiuntur; et multi orant vel potius videntur orare, non intuentes Deum sed hominibus placere cupientes; et multi ieiunant et mirabilem abstinentiam praetendunt eis quibus ista difficilia videntur et honore digna existimantur. Et huiusmodi dolis eos capiunt, dum aliud ostentant ad decipiendum, aliud exerunt ad depraedandum vel interficiendum eos qui sub isto vestitu ovino lupos videre non possunt. Hi ergo non sunt fructus de quibus cognosci arborem monet. Ista enim cum bono animo in veritate fiunt, propriae sunt ovium vestes; cum autem malo in errore, non aliud quam lupos contegunt. Sed non ideo debent oves odisse vestimentum suum, quod plerumque illo se occultant lupi.

81. Qui sunt ergo fructus quibus inventis cognoscamus arborem malam, dicit Apostolus: *Manifesta autem sunt opera carnis, quae sunt fornicationes, immunditiae, luxuriae, idolorum servitus, veneficia, inimicitiae, contentiones, aemulationes, animositates, dissensiones, hereses, invidiae, ebrietates, comessationes et his similia; quae praedico vobis, sicut praedixi, quoniam qui talia agunt regnum Dei non possidebunt.* Et qui sunt fructus per quos cognoscamus arborem bonam, idem ipse consequenter dicit: *Fructus autem spiritus est caritas, gaudium, pax, longanimitas, benignitas, bonitas, fides, mansuetudo, continentia.* Sane sciendum est hic gaudium proprie positum; mali enim homines non gaudere sed gestire proprie dicuntur; sicut superius diximus voluntatem proprie positam quam non habent mali, ubi dictum est: *Omnia quaecumque vultis ut faciant vobis*

80. Com razão podemos perguntar-nos que frutos quer o Senhor que olhemos para poder conhecer a árvore. Muitos se fixam em certas coisas que são como a pele das ovelhas, e acabam enganados por lobos; e entre tais coisas estão os jejuns, as orações, as esmolas. Sim, porque se os hipócritas não pudessem fazer também essas coisas não teria dito o Senhor: *Guardai-vos de fazer as vossas boas obras diante dos homens, com o fim de serdes vistos por eles* (Mt 6,1). E após dizê-lo refere justamente aquelas três coisas: a esmola, a oração e o jejum, pois que muitos dão muito aos pobres, mas não por misericórdia, tão só por ostentação; muitos também oram, ou melhor, parece que oram, sem olhar para Deus, desejando tão só agradar aos homens; e muitos, por fim, jejuam e dão grande exemplo de abstinência aos que julgam difíceis coisas como esta e as têm em alta conta: é com semelhantes enganos que caçam a estes, ostentando uma coisa para seduzi-los, e praticando outra para roubar ou matar os que não podem ver que são lobos em pele de ovelha. Tais não são, portanto, os frutos por que nos disse o Senhor que se conhece a árvore; porque, feitas com boa intenção e com verdade, estas coisas são vestidos de ovelhas; feitas porém com má intenção e com engano, não são senão disfarces de lobos. Todavia, não porque por vezes ocultam os lobos é que devem as ovelhas menosprezar seu próprio vestido.

81. Quais são os frutos que, conhecidos, nos fazem distinguir a árvore má, no-lo diz o Apóstolo: *Ora, as obras da carne são manifestas, são a fornicação, a impureza, a luxúria, a idolatria, os malefícios, as inimizades, as contendas, as rivalidades, os ódios, as rixas, as heresias, as seitas, as invejas, os homicídios, a embriaguez, as glutonarias, e outras coisas semelhantes, a respeito das quais vos previno, como já vos disse, que os que fazem tais coisas não possuirão o reino de Deus* (Gl 5,19-21).[37] E quais são os frutos por que podemos conhecer a árvore boa, no-lo diz o mesmo Apóstolo, em seguida: *Ao contrário, o fruto do Espírito é a caridade, o gozo, a paz, a longanimidade, a benignidade, a bondade, a fé, a mansidão, a continência, a castidade* (Gl 5,22).[38] Devemos notar que a palavra *gozo* se usa aqui em sentido próprio, porque dos maus não se diz, propriamente falando, que gozam, e sim que aparentam gozar, assim como dissemos mais acima que *querer*, ou seja, o ato da vontade, da qual, propriamente falando, carecem os maus, é empregado em sentido próprio nesta passagem: *Tudo o que quereis*

homines, haec et vos facite illis. Ex ista proprietate verbi, qua gaudium non dicitur nisi in bonis, etiam propheta loquitur: *Non est gaudere impiis, dicit Dominus.* Ita quod posita est fides, non quaecumque utique sed vera *fides*, et cetera quae hic posita sunt, habent quasdam imagines suas in malis hominibus et deceptoribus, ut omnino fallant, nisi quisque iam mundum oculum et simplicem habuerit, quo ista cognoscat. Optimo itaque ordine primo actum est de oculo mundando, et deinde dicta sunt quae caverentur.

XXV

82. Sed quoniam, quamvis quisque oculo mundo sit, id est sincero et simplici corde vivat, non potest tamen cor alterius intueri, quaecumque in factis vel dictis apparere non potuerint, tentationibus aperiuntur. Tentatio autem duplex est: aut in spe adipiscendi aliquod commodum temporale aut in terrore amittendi. Et maxime cavendum est, ne tendentes ad sapientiam, quae in solo Christo inveniri potest – *in quo sunt omnes thesauri sapientiae et scientiae absconditi* –, cavendum ergo est, ne ipso Christi nomine ab haereticis vel quibuslibet male intellegentibus et saeculi huius amatoribus decipiamur. Nam ideo sequitur et monet : *Non omnis qui dicit mihi: Domine, Domine, intrabit in regnum caelorum; sed is qui facit voluntatem Patris mei qui in caelis est, ipse intrabit in regnum caelorum,* ne putemus ad illos fructus iam pertinere, si quis Domino nostro dicat: *Domine Domine,* et ex eo nobis arbor bona videatur. Sed illi sunt fructus: facere voluntatem Patris qui est in caelis, cuius faciendae se ipsum exemplum praebere dignatus est.

83. Sed merito potest movere, quomodo huic sententiae conveniat illud Apostoli ubi ait: *Nemo in Spiritu Dei loquens dicit: anathema Iesu; et nemo potest dicere: Dominus Iesus, nisi in Spiritu Sancto,* quia neque aliquos habentes Spiritum Sanctum possumus dicere non introituros in regnum caelorum, si perseveraverint usque in finem, neque illos qui

que os homens vos façam a vós, fazei-o também vós a eles (Mt 7,12).[39] E, com a mesma propriedade com que a palavra *gozo* se diz tão somente dos bons, também se expressa o Profeta neste passo: *Não há gozo para os ímpios, diz o Senhor* (Is 58,21). Também assim se emprega a palavra *fé*: não uma fé qualquer, mas a verdadeira. Igualmente, todas as demais palavras usadas aqui só aparentemente se realizam nos homens maus e falsos, e é preciso ter olho limpo e simples para sabê-lo e, portanto, para não deixar-se enganar. Assim, segundo uma ordem excelente, tratou-se primeiro da limpeza do olho, e depois daquilo de que nos devemos precaver.

XXV

82. Como, todavia, ter olho limpo, ou seja, viver com coração simples e sincero, não torna ninguém capaz de sondar o coração alheio, tudo quanto não se possa ver pelos fatos ou pelas palavras manifestam-no as tentações. A tentação pode consistir em duas coisas: ou a esperança de obter alguma comodidade temporal, ou o temor de perdê-la. E devemo-nos precaver para que, tendendo embora à sabedoria, que não se pode encontrar senão em Cristo, *no qual estão encerrados todos os tesouros da sabedoria e da ciência* (Cl 2,3), não sejamos enganados, com o próprio nome de Cristo, pelos hereges ou por outros maus entendedores da verdade e amadores deste mundo. Disto fala-nos o Senhor: *Nem todo o que me diz: Senhor, Senhor, entrará no reino dos céus, mas o que faz a vontade de meu Pai, que está nos céus, esse entrará no reino dos céus* (Mt 7,21). Não pensemos, pois, que pelo mero dirigir-se a Nosso Senhor e dizer-Lhe: *Senhor, Senhor*, alguém produz já os frutos que distinguem a árvore boa. Os únicos frutos bons consistem em fazer a vontade do Pai, que está nos céus, o mesmo fazer a vontade do Pai de que Ele próprio se dignou de dar-se como exemplo.

83. Pode preocupar-nos, porém, como conciliar estas palavras com aquelas outras que disse o Apóstolo: *Faço-vos saber que ninguém que fala pelo Espírito de Deus diz anátema a Jesus. E ninguém pode dizer Senhor Jesus senão pelo Espírito Santo* (1Cor 12,3). Sim, porque, se por um lado não podemos sustentar que os que têm o Espírito Santo e perseveram até ao fim não entrarão no reino dos céus, por outro lado tampouco podemos sustentar que os

dicunt: *Domine, Domine*, et tamen non intrant in regnum caelorum possumus dicere habere Spiritum Sanctum. Quomodo ergo: *Nemo dicit: Dominus Iesus, nisi in Spiritu Sancto*, nisi quia proprie Apostolus posuit verbum quod est *dicit*, ut significet voluntatem atque intellectum dicentis? Dominus vero generaliter posuit verbum quo ait: *Non omnis qui dicit mihi: Domine, Domine, intrabit in regnum caelorum*. Videtur enim dicere etiam ille qui nec vult nec intellegit quod dicit; sed ille proprie dicit qui voluntatem ac mentem suam sono vocis enuntiat. Sicut paulo ante quod dictum est *gaudium*, in fructibus Spiritus proprie dictum est, non eo modo quo alibi dicit idem Apostolus: *Non gaudet super iniquitatem*, quasi quisquam possit super iniquitatem gaudere, quia illa elatio est animi turbide gestientis non gaudium; nam hoc soli boni habent. Ergo dicere videntur etiam illi qui non hoc, quod sonant, et intellectu cernunt et voluntate agunt, sed voce tantum sonant; secundum quem modum Dominus ait: *Non omnis qui mihi dicit: Domine, Domine, intrabit in regnum caelorum*. Vere autem ac proprie illi dicunt a quorum voluntate atque mente non abhorret prolatio sermonis sui; secundum quam significationem dicit Apostolus: *Nemo potest dicere: Dominus Iesus, nisi in Spiritu Sancto*.

84. Atque illud ad rem maxime pertinet, ne decipiamur tendentes ad contemplationem veritatis non solum nomine Christi per eos qui nomen habent et facta non habent, sed etiam quibusdam factis atque miraculis. Qualia propter infideles cum fecerit Dominus, monuit tamen ne talibus decipiamur arbitrantes ibi esse invisibilem sapientiam, ubi visibile miraculum viderimus. Adiungit ergo et dicit: *Multi mihi dicent in illa die: Domine, Domine, nonne in nomine tuo prophetavimus, et in nomine tuo daemonia eiecimus, et in nomine tuo virtutes multas fecimus? Et tunc dicam illis: numquam vos cognovi; recedite a me qui operamini iniquitatem*. Non ergo cognoscit nisi eum qui operatur aequitatem. Nam et ipsos discipulos suos prohibuit gaudere de talibus, id est quod daemonia illis subiecta fuerint, *sed gaudete*, inquit, *quod nomina vestra scripta sunt in*

que dizem: *Senhor, Senhor* e não entrarão no reino dos céus têm na alma o Espírito Santo. Como compreender, então, que ninguém diz *Senhor Jesus* senão pelo Espírito Santo? A diferença está em que o Apóstolo empregou a palavra *diz* em sentido próprio, ou seja, significando a inteligência e a vontade daquele mesmo que o diz. Em contrapartida, o Senhor empregou em sentido mais largo a palavra *diz* ao afirmar: *Nem todo o que me diz: Senhor, Senhor, entrará no reino dos céus*. Não se pode sustentar, em verdade, que realmente *diz* aquele que não entende nem quer o que diz; mas aquele que com o som da própria voz expressa o que lhe vai pela mente e o que lhe dita a vontade, esse *diz* em sentido próprio. E anteriormente, ao contar o *gozo* entre os frutos do Espírito, também se falou em sentido próprio, e não no sentido em que se expressou o Apóstolo alhures: [a caridade] *não se goza com a iniquidade* (1Cor 13,6).[40] Como se alguém pudesse gozar-se com a iniquidade! Trata-se aí antes da alma turbada, não de gozo propriamente dito, pois que este não se dá senão nas almas boas. Segue-se, então, que há dois modos de *dizer*: o dos que expressam o que apreendem com a inteligência e querem com a vontade, e o dos que somente *dizem* com a voz. A este sentido é que se referia o Senhor ao afirmar: *Nem todo o que me diz: Senhor, Senhor, entrará no reino dos céus*. Mas *dizem* com verdade e com propriedade aqueles cuja mente e cuja vontade não estão em desacordo com sua palavra, e neste sentido é que se expressou o Apóstolo ao afirmar: *E ninguém pode dizer Senhor Jesus senão pelo Espírito Santo*.

84. E é de suma importância assinalar que não nos devemos deixar enganar nós, os que aspiramos à contemplação da verdade, pelo mero nome de Cristo, pois há os que pronunciam este nome e não praticam suas obras, nem por certos prodígios e milagres semelhantes aos que o Senhor fez em atenção aos infiéis, e acerca dos quais Ele próprio nos preveniu, dizendo que não nos deixássemos seduzir por eles crendo que a invisível sabedoria haveria de estar sempre onde testemunhássemos algum milagre visível. Assim, acrescenta: *Muitos me dirão naquele dia: Senhor, Senhor, não profetizamos nós em teu nome, e em teu nome expelimos os demônios, e em teu nome fizemos muitos milagres? E então eu lhes direi bem alto: Nunca vos conheci; apartai-vos de mim, vós, que obrais a iniquidade* (Mt 7,22-23). Não reconhecerá Ele, portanto, senão o que tiver obrado a justiça. E aos próprios discípulos lhes proibiu se

caelo, credo in illa civitate Ierusalem quae est in caelis, in qua nonnisi iusti sanctique regnabunt. *An nescitis*, ait Apostolus, *quoniam iniqui regnum Dei non possidebunt?*

85. Sed fortasse quis dicat non posse iniquos visibilia illa miracula facere, et mentiri potius istos credat qui dicturi sunt: *In nomine tuo prophetavimus et daemonia eiecimus et virtutes multas fecimus.* Legat ergo, quanta fecerint resistentes famulo Dei Moysi magi Aegyptiorum! Aut si hoc non vult legere, quia non in nomine Christi fecerunt, legat quae ipse Dominus dicit de pseudoprophetis ita loquens: *Tunc si quis vobis dixerit: Ecce hic est Christus aut illic, nolite credere. Surgent enim pseudochristi et pseudoprophetae et dabunt signa magna et prodigia, ita ut in errorem inducantur etiam electi. Ecce praedixi vobis.*

86. Quam ergo mundo et simplici oculo opus est, ut inveniatur via sapientiae, cui tantae malorum et perversorum hominum deceptiones erroresque obstrepunt! Quos omnes evadere, hoc est venire ad certissimam pacem et immobilem stabilitatem sapientiae. Vehementer enim metuendum est, ne studio altercandi et contendendi quisque non videat quod a paucis videri potest: ut parvus sit strepitus contradicentium, nisi etiam ipse sibi obstrepat. Quo pertinet etiam illud quod dicit Apostolus: *Servum autem Domini litigare non oportet sed mitem esse ad omnes, docibilem, patientem, in modestia corripientem diversa sentientes, ne forte det illis Deus paenitentiam ad cognoscendam veritatem. Beati* ergo *pacifici, quoniam ipsi filii Dei vocabuntur.*

87. Conclusio ergo huius totius sermonis quam terribiliter inferatur, valde attendendum est. *Omnis ergo*, inquit, *qui audit verba mea haec et facit ea, similis erit viro prudenti, qui aedificavit domum suam super petram.* Non enim quisque firmat quae audit vel percipit nisi faciendo. Et si petra est Christus, sicut multa Scripturarum testimonia praedicant, ille aedificat in Christo qui quod ab illo audit facit. *Descendit pluvia, venerunt flumina, flaverunt venti et offenderunt in domum illam et non cecidit; fundata enim fuit super petram.* Non ergo iste metuit

gozassem de tais coisas, ou seja, de que os demônios lhes estivessem submetidos a eles: *Mas gozai-vos* – diz – *de vossos nomes estarem escritos no céu* (Lc 10,20),⁴¹ ou seja, na Jerusalém celeste, em que não reinarão senão os justos e os santos. *Porventura não sabeis* – diz o Apóstolo – *que os injustos não possuirão o reino de Deus?* (1Cor 6,9).

85. Talvez haja quem diga que os malvados não podem fazer tais milagres visíveis, e que estarão mentindo os que ousarem dizer: *Em teu nome profetizamos, expelimos demônios e fizemos muitos milagres* (Mt 7,22). Pois então que esse leia quantos milagres fizeram os magos egípcios ao opor-se ao servo de Deus Moisés (Ex 7,11-12), e, caso não queira ler isto, leia os dos falsos profetas que o próprio Senhor refere com estas palavras: *Então, se alguém vos disser: Eis aqui está Cristo, ou: Ei-lo acolá, não deis crédito. Porque se levantarão falsos cristãos e falsos profetas, e farão grandes milagres e prodígios, de tal modo que [se fosse possível] até os escolhidos se enganariam. Eis que eu vo-lo predisse* (Mt 24,23-25).

86. Portanto, quão necessário é ter o olho limpo e simples para encontrar o caminho da sabedoria, obstruído por tantos enganos e por tantos erros dos homens maus e perversos! Evitá-los a todos é alcançar uma paz certa e segura, a posse permanente da imutável sabedoria. Sim, é para muito temer que no calor da discussão e da contenda não se veja o que alguns poucos podem ver: que o barulho da altercação seria pequeno se cada um não se aturdisse a si mesmo. É a isto que se refere o que disse o Apóstolo: *Ora, não convém que o servo do Senhor se ponha a altercar, mas que seja manso para com todos, pronto para instruir, paciente, que corrija com modéstia os que resistem à verdade, na esperança de que Deus lhes dará a graça de se converterem ao conhecimento da verdade* (2Tm 2,24-25). *Bem-aventurados*, pois, *os pacíficos, porque serão chamados filhos de Deus* (Mt 5,9).

87. A conclusão que de todo este sermão se infere é terrível, e exige-nos toda a atenção. Diz o Senhor: *Todo aquele, pois, que ouve estas minhas palavras, e as observa, será semelhante ao homem sábio que edificou a sua casa sobre rocha* (Mt 7,24). Sim, porque ninguém afirma o que diz nem ordena senão com fatos, e, se a rocha é Cristo, como o testificam muitas passagens das Escrituras,⁴² edifica em Cristo todo o que lhe pratica os ensinamentos. *E caiu a chuva, e transbordaram os rios, e sopraram os ventos, e investiram contra aquela casa, e ela não caiu, porque estava fundada sobre rocha* (Mt 7,25). Com efeito, não temeu este

ullas caliginosas superstitiones – quid enim aliud intellegatur pluvia, cum in mali alicuius significatione ponitur? – aut rumores hominum, quos ventis comparatos puto, aut vitae huius fluvium carnalibus concupiscentiis tamquam fluentem super terram. Horum enim trium qui prosperitatibus inducitur, adversitatibus frangitur; quorum nihil metuit qui fundatam habet domum super petram, id est qui non solum audit praecepta Domini sed etiam facit. Et his omnibus periculose subiacet qui audit et non facit; non enim habet stabile fundamentum, sed audiendo et non faciendo ruinam aedificat. Ait enim consequenter: *Et omnis qui audit verba mea haec et non facit ea, similis erit viro stulto, qui aedificavit domum suam super arenam. Descendit pluvia, venerunt flumina, flaverunt venti et offenderunt in domum illam et cecidit; et facta est ruina eius magna. Et factum est, cum consummasset Iesus verba haec, admirabantur turbae super doctrinam eius; erat enim docens eos quasi potestatem habens non quasi scribae eorum.* Hoc est quod ante dixi per prophetam in psalmis significatum esse, cum diceret: *Fiducialiter agam in eo. Eloquia Domini eloquia casta, argentum igne probatum terrae purgatum septuplum.* Propter quem numerum admonitus sum etiam praecepta ista ad septem illas referre sententias quas in principio sermonis huius posuit, de beatis cum diceret, et ad illas septem operationes Spiritus Sancti quas Isaias propheta commemorat. Sed sive iste ordo in his considerandus sit, sive aliquis alius, facienda sunt quae audivimus a Domino, si volumus aedificare super petram.

sábio nenhuma superstição tenebrosa (que outra coisa pode entender-se aqui por *chuva*, usada como está para significar algum mal?); nem os rumores dos homens, que julgo se comparam aqui aos ventos; nem o rio desta vida, figura das concupiscências carnais que correm, caudalosas e transbordantes, sobre a terra. O que se deixa seduzir pela prosperidade é alquebrado por essas três adversidades, das quais nada tem que temer o que edificou sua casa sobre rocha, ou seja, o que não só ouve os mandamentos de Deus, mas os cumpre. Aquele porém que ouve a palavra de Deus e não a cumpre, esse é vencido por aquelas três adversidades, dado carecer de fundamento firme: por ouvir e não cumprir aquela palavra, não edifica senão ruínas. E é precisamente isto o que diz o Senhor: *E todo o que ouve estas minhas palavras e não as pratica será semelhante ao homem louco que edificou a sua casa sobre areia; e caiu a chuva, e transbordaram os rios, e sopraram os ventos, e investiram contra aquela casa, e ela caiu, e foi grande a sua ruína. E aconteceu que, tendo Jesus acabado este discurso, estavam as multidões admiradas da sua doutrina, porque os ensinava como quem tinha autoridade, e não como os seus escribas e os fariseus* (Mt 7,26-29). E é justamente isto o que é significado pelo Profeta num dos salmos: *Nisto procederei confiadamente. As palavras do Senhor, palavras sinceras, são prata purificada no fogo, acendrada no crisol, refinada sete vezes* (Sl 11,6-7). É este número o que me levou a relacionar tais preceitos com as sete sentenças proferidas pelo Senhor, no início do Sermão, ao falar dos bem-aventurados, e com as sete operações do Espírito Santo referidas pelo profeta Isaías (Is 11,2-3). Seja porém esta a divisão que se adote, seja outra, temos de praticar o que ouvimos do Senhor, se de fato queremos edificar sobre rocha.

NOTAS DO LIVRO SEGUNDO

¹ Isto é, os santos ou cristãos de Filipos.

² Eis o versículo inteiro, na tradução do Padre Matos Soares: *Não é que eu busque dádivas, mas busco o fruto que vá aumentando a vossa conta [diante de Deus]*.

³ Na tradução do Padre Matos Soares: *Do [mal] que pensais nos vossos corações, compungi-vos no retiro dos vossos leitos*.

⁴ Na tradução do Padre Matos Soares: *Pai nosso, que estais nos céus, santificado seja o teu nome. Venha o teu reino. Seja feita a tua vontade, como no céu, assim na terra. Dá-nos hoje o pão necessário à nossa subsistência. E perdoa-nos as nossas dívidas, assim como nós perdoamos aos nossos devedores. E não nos deixes cair em tentação. Mas livra-nos do mal. Amém*.

⁵ Na tradução do Padre Matos Soares: *O Senhor está próximo dos que têm o coração atribulado*.

⁶ Então, consideravam-se incorruptíveis os corpos celestes, donde a dignidade de que fala o Santo.

⁷ Escreveria Santo Agostinho: "Não sei se posso chamar 'homem do Senhor' [*homo dominicus*] ao que é mediador entre Deus e os homens, Jesus Cristo homem, sendo ele ao mesmo tempo o verdadeiro Senhor. E quem entre os que Lhe compõem a santa família não pode chamar-se homem do Senhor? Expressei-me assim após tê-lo lido em certos comentadores católicos dos livros sagrados; sempre, todavia, que empreguei esta expressão, teria querido não tê-la usado. Posteriormente entendi que a expressão não é apropriada, conquanto se pudesse defender com certos visos de razão" (*Retractationum Libri Duo*, liv. I, cap. 19, n. 8).

⁸ Na tradução do Padre Matos Soares: *Glória a Deus no mais alto dos céus, e paz na terra aos homens, [objeto] da boa vontade [de Deus]*. E veja-se, pelo que se segue no texto de Santo Agostinho, que são de todo corretos os complementos entre colchetes que o Padre Matos Soares inseriu na tradução deste versículo.

⁹ Na tradução do Padre Matos Soares: *Eu sou o pão vivo que desci do céu*.

¹⁰ Trata-se dos dezoito homens sobre os quais caiu a torre de Siloé (cf. Lc 13,4).

¹¹ Em Lucas 13,1, lê-se Pilatos e não Herodes.

¹² Na tradução do Padre Matos Soares: *não convém que o servo do Senhor se ponha a altercar*. O verbo latino *litĭgo, as, āvi, ātum, āre* tem três acepções: a) ter demanda, pleitear, litigar; b) contestar, disputar; c) lutar, combater. Como mais adiante se verá (no parágrafo 86), o verbo está presente neste versículo com a acepção *b*, donde o acerto da tradução do Padre

Matos Soares. Como, porém, pela polissemia mesma deste verbo latino, pôde aqui Santo Agostinho valer-se dele em sua primeira acepção, tal obriga a que em português se use, também aqui, e tão somente aqui, *litigar*.

[13] *Vide* liv. I, caps. 19-20.

[14] Na tradução do Padre Matos Soares: *o Senhor vosso Deus vos põe à prova, para se tornar manifesto se o amais*.

[15] A tese agostiniana da *iluminação divina* é caudatária do platonismo, e será corrigida por Santo Tomás de Aquino. Mas dizia este: "Agostinho seguiu a Platão até ao ponto em que lhe permitia a fé cristã".

[16] Cf. João 6,45.

[17] Eis o versículo inteiro, na tradução do Padre Matos Soares: *Tu os esconderás no secreto da tua face / contra o tumulto dos homens. / Tu os defenderás no teu tabernáculo / das línguas maldizentes*.

[18] Eis o versículo inteiro, na tradução do Padre Matos Soares: *Porém, quero que saibais que Cristo é a cabeça de todo o homem; e o homem a cabeça da mulher; e Deus a cabeça de Cristo [como homem]*.

[19] Em Santo Agostinho: "Inclinet ergo Deus cor nostrum in testimonia sua, et non in emolumentum". E eis tradução do versículo feita pelo Padre Matos Soares: *Inclina o meu coração para os teus preceitos, e não para a avareza*.

[20] Acerca do desprezo do mundo, insista-se em que ou será *em ordem a Cristo*, ou será uma contrafação, como diz o Père Calmel, O.P.: "Devemos desprezar, devemos combater nossa afeição desregrada aos bens da terra (e antes de tudo o amor desordenado de nossa própria pessoa, de nosso valor e de nossa excelência próprios); devemos afastar-nos dos bens da terra em toda a medida em que isso é necessário para pôr fim à nossa afeição desregrada (e esta medida não é pequena); devemos consentir em ver-nos privados dos bens da terra quando isso prouver ao Senhor, certos de que esta privação não Lhe praz senão para nosso bem, seja para reparar-nos os pecados, seja, sobretudo (e por vezes unicamente), para introduzir-nos em mais amor. O desprezo cristão de nós mesmos e das criaturas não significa nada mais que isso. Não é o contrário do amor verdadeiro; contradiz somente o mau amor ou o amor imperfeito. Não supõe que nós mesmos não valemos absolutamente nada, que nosso próximo igualmente não vale nada, que o esplendor de um ente que nos encantou é em si uma abominação, que a estima e os estímulos dos amigos não têm importância, que as doenças não importam, que a honra e a harmonia da cidade representam um luxo inútil. Na doutrina como na prática cristãs, nunca o desprezo das criaturas teve sentido niilista ou de desgosto. Não é um desprezo que relegue as criaturas, é o desprezo do que repugna a Deus em nós mesmos, em nossas inclinações para as criaturas saídas das mãos de Deus.

"(...) após Santo Agostinho e Santo Alberto Magno, após a *Imitação de Cristo* e São João da Cruz, [digamos] que se trata de *desprezo místico e não niilista*. O cristão não despreza o ser das criaturas (e antes de tudo seu ser pessoal) enquanto visto e querido por Deus em Cristo; isso seria o *desprezo niilista*; simplesmente tem horror da afeição desordenada que não permite amar os entes como deve amar quem os vê e os quer em Deus através de Cristo; é este o *desprezo místico* do cristão que quer aderir ao mistério sobrenatural de Deus em Cristo. (...)

"Poderia prosseguir longamente a análise do significado *místico mas não niilista* do desprezo do mundo e das criaturas; e esta análise deveria estender-se a todas as inclinações: o amor entre o homem e a mulher, a paixão da justiça, a avidez de saber, o gosto da beleza, a vontade de criar uma bela obra" (*Théologie de l'Histoire*, Grez-en-Bouère. Dominique Martin Morin, 1984, p. 130-132).

[21] Eis o versículo inteiro, na tradução do Padre Matos Soares: *O céu e a terra passarão, mas as minhas palavras não passarão.*

[22] Leia-se toda esta passagem (v. 8-10) da Epístola aos Romanos, sempre na tradução do Padre Matos Soares: *A ninguém devais coisa alguma, a não ser o amor mútuo; porque aquele que ama o próximo cumpriu a lei. Porque [estes mandamentos]: Não cometerás adultério; não matarás; não furtarás; não dirás falso testemunho; não cobiçarás; e se há algum outro mandamento, [tudo] está resumido nesta palavra: Amarás o teu próximo como a ti mesmo. O amor do próximo não faz o mal. Logo, o amor é o cumprimento da lei.*

[23] Na tradução do Padre Matos Soares: *porque ou há de odiar um e amar o outro, ou há de afeiçoar-se a um e desprezar o outro.*

[24] *Mamona* (< lat. *mammōna(s), ae* < gr. *Mamōnâs, â* ["Mamona, deus da riqueza"] < aram. *māmōnā, māmŏn* ["riqueza, ganho"]): 1. Deus fenício-sírio da riqueza. 2. Riqueza, dinheiro, bens. – Na tradução do Padre Matos Soares: *Não podeis servir a Deus e à riqueza.*

[25] Quanto a esta asserção escreveria Santo Agostinho: "Não devia ter escrito isto, pois são muitos aqueles de quem está escrito: *A soberba dos que te odeiam* (Sl 73,23)" [na tradução do Padre Matos Soares: *o tumulto dos que se insurgem contra ti*] (*Retractationum Libri Duo*, liv. I, cap. 19, n. 8).

[26] Note-se que *pena* tem por sinônimos, em uma das suas acepções, *cuidado, aflição, sofrimento*, enquanto em outra tem *castigo, punição*.

[27] A respeito desta afirmação escreveria Santo Agostinho: "Ao dizer isto, não me dei conta de que ainda a nossos primeiros pais se deram, no Paraíso, alimentos para o corpo, antes que merecessem, pelo pecado, esta pena de morte. Pois eram de tal modo imortais num corpo ainda não espiritual, mas animal, que usavam nesta imortalidade alimentos corpóreos" (*Retractationum Libri Duo*, liv. I, cap. 19, n. 9).

[28] Eis todo o versículo, na tradução do Padre Matos Soares: *Oh, como és formosa, minha amiga, como és formosa! / Os teus olhos são como os das pombas, / sem falar no que está escondido dentro. / Os teus cabelos são como os rebanhos das cabras / que subiram do monte de Galaad.*

[29] Eis o versículo inteiro, na tradução do Padre Matos Soares: *para apresentar a si mesmo esta Igreja gloriosa, sem mácula, nem ruga, ou coisa semelhante, mas santa e imaculada.*

[30] Escreveria Santo Agostinho: "Não quis dizer com isto que já o seja completamente, conquanto não haja dúvida de que foi escolhida para sê-lo quando tornar a aparecer Cristo, que é sua vida. Então também ela aparecerá, com Ele, na glória. E em razão desta glória é que se chama *Igreja gloriosa*" (*Retractationum Libri Duo*, liv. I, cap. 19, n. 9).

[31] Escreveria Santo Agostinho: "Andava pensando então, não sem esforço, na melhor maneira de expor em que se distinguem estas três coisas; agora julgo mais acertado, porém, referi-las

à oração que se faz com grande insistência. E é precisamente isto o que nos dá a entender o Senhor quando com um só verbo abarca os demais, dizendo: *Quanto mais vosso Pai, que está nos céus, dará bens aos que lhos pedirem?* (Mt 7,11). Não disse, certamente: aos que pedirem, buscarem e baterem" (*Retractationum Libri Duo*, liv. I, cap. 19, n. 9).

[32] Na tradução do Padre Matos Soares: *Assim, tudo o que vós quereis que os homens vos façam, fazei-o também vós a eles, porque esta é a lei e os profetas.*

[33] Repare-se que em Santo Agostinho está: *Omnia ergo quaecumquevultis ut faciantvobis homines, ita et vos facite illis.*

[34] Eis estes versículos, na tradução do Padre Matos Soares: *Jesus disse-lhe: Amarás o Senhor teu Deus de todo o teu coração, e de toda a tua alma, e de todo o teu espírito. Este é o máximo e o primeiro mandamento. E o segundo é semelhante a este: Amarás o teu próximo como a ti mesmo. Destes dois mandamentos depende toda a lei e os profetas.*

[35] Na tradução do Padre Matos Soares: *Ou dizei que a árvore é boa (...); ou dizei que a árvore é má (...).*

[36] Eis o versículo inteiro, na tradução do Padre Matos Soares: *Observai, pois, e fazei tudo o que eles vos disserem; mas não imiteis as suas ações, porque dizem e não fazem.*

[37] Na tradução do Padre Matos Soares: *Ora, as obras da carne são manifestas, são o adultério, a fornicação, a impureza, a luxúria, a idolatria, os malefícios, as inimizades, as contendas, as rivalidades, as iras, as rixas, as discórdias, as seitas, as invejas, os homicídios, a embriaguez, as glutonarias, e outras coisas semelhantes, a respeito das quais vos previno, como já vos disse, que os que fazem tais coisas não possuirão o reino de Deus.*

[38] Na tradução do Padre Matos Soares: *Ao contrário, o fruto do Espírito é a caridade, o gozo, a paz, a paciência, a benignidade, a bondade, a longanimidade, a mansidão, a fidelidade, a modéstia, a continência, a castidade.*

[39] Na tradução do Padre Matos Soares: *Não há paz para os ímpios, diz o Senhor Deus.*

[40] Leia-se toda esta passagem (1Cor 13,4-7), na tradução do Padre Matos Soares: *A caridade é paciente, é benéfica; a caridade não é invejosa, não é temerária; não se ensoberbece, não é ambiciosa, não busca os seus próprios interesses, não se irrita, não suspeita mal, não folga com a injustiça* ["não se goza com a iniquidade"], *mas folga com a verdade; tudo desculpa, tudo crê, tudo espera, tudo sofre.*

[41] Na tradução do Padre Matos Soares: *mas alegrai-vos porque os vossos nomes estão escritos no céu.*

[42] Especialmente esta: *e todos beberam da mesma bebida espiritual (porque bebiam da pedra espiritual que os seguia; e esta pedra era Cristo)* (1Cor 10,4).

CONHEÇA AS DEMAIS OBRAS DA COLEÇÃO *GRANDES COMENTADORES*

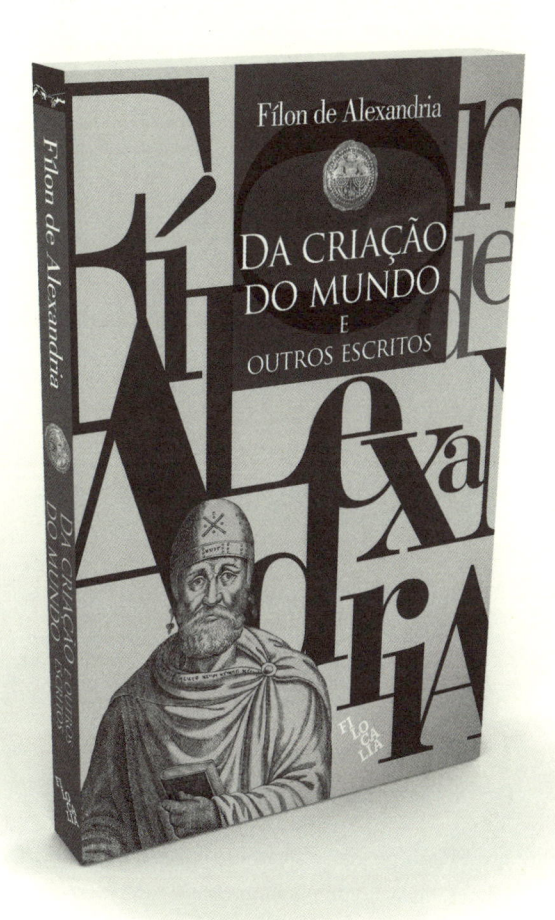

Este livro de Fílon de Alexandria faz parte da Coleção Grandes Comentadores, que vem preencher grave lacuna no panorama editorial brasileiro: a que diz respeito aos grandes comentadores, em língua grega e em língua latina, da Bíblia, de Platão e de Aristóteles. Nos escritos que compõem este volume, Fílon recorre à filosofia platônica, à pitagórica, à estoica, etc., para tratar os mais importantes temas teológicos, com o que inaugura toda uma longa tradição que atingirá o apogeu na escolástica cristã.

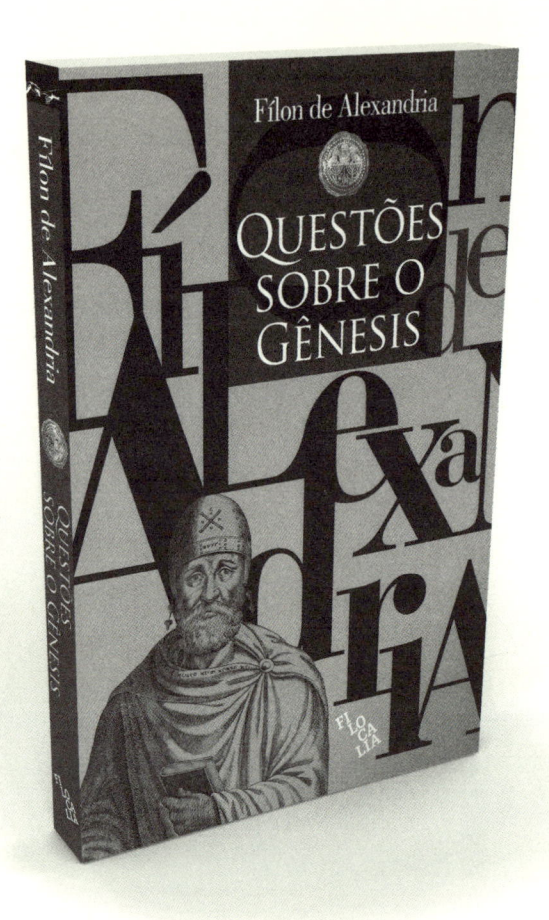

Este livro de Fílon de Alexandria faz parte da Coleção Grandes Comentadores, que vem preencher grave lacuna no panorama editorial brasileiro: a que diz respeito aos grandes comentadores, em língua grega e em língua latina, da Bíblia, de Platão e de Aristóteles. *Questões sobre o Gênesis* é obra indispensável não só para conhecer o método alegorista de Fílon, mas ainda para entender a fonte de onde brotariam diversas correntes filosóficas e o próprio método de exegese bíblica que predominará no período patrístico.

Os livros da Editora Filocalia são comercializados e distribuídos pela É Realizações.

facebook.com/erealizacoeseditora twitter.com/erealizacoes instagram.com/erealizacoes youtube.com/editorae

issuu.com/editora_e erealizacoes.com.br atendimento@erealizacoes.com.br